WINSURANCE HISTORY
WORLD

世界保险史话

主编◎董波

中国金融出版社

责任编辑：张清民
责任校对：张志文
责任印制：程　颖

图书在版编目（CIP）数据

世界保险史话/ 董波主著．—北京：中国金融出版社，2020.6
ISBN 978 - 7 - 5220 - 0644 - 4

Ⅰ.①世…　Ⅱ.①董…　Ⅲ.①保险业—经济史—世界　Ⅳ.①F841.9

中国版本图书馆 CIP 数据核字（2020）第 096154 号

世界保险史话
SHIJIE BAOXIAN SHIHUA
出版
发行　中国金融出版社

社址　北京市丰台区益泽路 2 号
市场开发部　（010）66024766，63805472，63439533（传真）
网 上 书 店　www.cfph.cn
　　　　　　　（010）66024766，63372837（传真）
读者服务部　（010）66070833，62568380
邮编　100071
经销　新华书店
印刷　河北松源印刷有限公司
尺寸　169 毫米×239 毫米
印张　14.75
字数　256 千
版次　2020 年 6 月第 1 版
印次　2023 年 9 月第 3 次印刷
定价　46.00 元
ISBN 978 - 7 - 5220 - 0644 - 4
如出现印装错误本社负责调换　联系电话(010)63263947

《世界保险史话》编委会 □ □ □

主　　编：董　波

副 主 编：徐　晓

编委会成员：董　波　徐　晓　张乃和

刘景鹏　齐　莹　王思琪

撰 稿 人：李心昌　袁跃华

序 一 □□□　　　　　PREFACE 1

　　保险起源于海上贸易，它是市场经济的产物，现代保险本身也是一种以市场经济的手段化解风险的制度安排。自给自足的自然经济不需要保险，国家包办一切的计划经济也不需要保险；而当代中国，保险业之所以能够快速发展，正是得益于改革开放，得益于社会主义市场经济体制的确立，得益于国家的进步和社会的发展。改革开放40年来，中国已从保险弱国成长为保险大国。根据 sigma 的报告，2018年全球保费收入首次超过5万亿美元，保险业务重心持续东移，而中国将成为东移上的"中心点"。作为一个世界保险大国，中国保险市场已与世界紧密相连。在此背景下，以史为鉴，面向未来，我们很有必要对世界保险的历史与现状进行梳理和思考。

　　迄今为止，对世界保险史的研究还是我们的一个薄弱环节，甚至介绍世界保险发展脉络的通俗读物都很少，仅有的两三本小册子从出版至今也已有20多年了。为了尽快弥补这一缺憾，中国保险学会组织专家编写了这本《世界保险史话》。

　　本书做了以下新尝试。

　　第一，坚持一条主线，两个大面。一条主线，即时间主线，按照世界历史时间顺序编写，尽量不留时间断点。两个大面，即在地理空间上尽量囊括世界主要国家和地区，同时在保险专业方面尽量涵盖各个险种，并以商业保险为主、社会保险为辅。

　　第二，根据世界史分期，本书将世界保险史依次划分为世界上古时期保险的萌芽（人类起源至公元500年）、世界中古时期保险的成长（500—1500年）、世界近代保险的确立（1500—1900年）、世界现代保险的演变

（1900—1945 年）及世界当代保险的现状与趋势（1945—   ），总计五个时期。在各个时期，按照两个大面讲故事。

第三，本书不用纪事本末体，而是按照历史故事发生的时间顺序来编排内容。本书共有 30 多个故事，各个故事既独立成篇，又前接后引。一个故事的开头衔接上一个故事，一个故事的结尾引出下一个故事。在内容方面力争做到深入浅出。

习近平总书记在党的十九大报告中指出："统筹发展和安全，增强忧患意识，做到居安思危，是我们党治国理政的一个重大原则。"在这一重大原则下，保险有着艰巨的历史使命和广阔的发展前景，保险的行业意愿已上升为国家意志，保险不仅是经济发展的必然产物，也是社会进步的必然要求，同时还是衡量一国社会治理能力的重要标准。我们希望通过《世界保险史话》，增强国民风险意识，提高保险从业人员的素质和自信，并为中国从保险大国迈向保险强国提供历史参照。

中国保险学会会长　董波

序 二 □□□ PREFACE 2

作为一家从中国发源的外资保险企业，友邦保险（以下简称友邦）有幸亲身实践和见证了中国保险业和亚洲保险业的发展与变迁。友邦从中国起步，开创了多项行业先河，也打造了诸多业界标杆，为推动现代保险业的发展作出了瞩目的贡献。

1919 年，年仅 27 岁的美国人科尼利厄斯·范德·史带在上海外滩开创了一家保险公司，开启了友邦与中国的世纪之缘。友邦不仅是最早向华人出售保险的外资保险公司之一，更是一家具有高度国际化视野的公司。得益于在中国积累的经营管理经验和对变幻时局的敏锐判断，友邦在 20 世纪 30 年代从上海来到亚洲金融中心——香港，并在此后迅速将中国经验拓展至新加坡、澳大利亚、韩国、印度等亚太其他国家和地区。回望这段历程，友邦可谓是以中国为重心不断向外延伸，并成功复制在中国的经验，昂首阔步地迈向世界，成为泛亚地区最大的独立上市人寿保险集团之一。

1992 年，紧随改革开放的浪潮，友邦重回"故里"——上海，成为中国首家获发人寿和非人寿业务营业执照的外资保险机构。在此后近 30 年中，友邦中国有幸成为改革开放的亲历者，推动并受益于中国的巨变。重回中国之初，现代保险对于大多数中国民众而言仍是一个陌生的概念，正是友邦开创行业先河，积极引入保险营销员制度，让现代保险理念在这片土地上生根；也同样是从友邦，走出了国内第一批职业精算师和获得国际认证的寿险管理师，让保险业在国内的发展走向了专业化和精英化。友邦不仅帮助树立了中国现代保险业的行业标准，更为早期的保险业培养了第一批优秀人才，是中国保险业不折不扣的"黄埔军校"。在近 30 年的回归生涯中，友邦中国成为推动中国保险业蓬勃发展的一股重要力量，也助推中国发展为世界第二大保险市场。而与此同时，友邦中国也是第一批受益于中国改革开放政策的外资金融机构，正是凭借20世纪90年代以来中国经济的快速腾飞与巨大的人口红利，友邦中国迅速发展，成为集团亚太18个市场中增长最快的市场。

而在当前，随着中国保险市场的高速发展，国人的保险诉求和理念正在发生显著的变化，从一度追求短期投资利益，回归长期保障型的、理性的、能满足健康和养老型需求的保险投入。按照《"健康中国2030"规划纲要》的相关要求，商业保险要更好地发挥其在社会保障中的作用。因此，如何更好地发挥保险对于社会发展的"稳定器""压舱石"作用，是中国保险人所肩负的使命。基于对消费者需求的准确把握和对政策的积极响应，友邦中国正加速从"保障专家"转型为"健康管理伙伴"。为了更好地为客户提供全方位的健康管理，在技术手段上，友邦中国不断探索人工智能、区块链、云平台、大数据等前沿科技以赋能业务；在管理层面，友邦中国持续升级高效的渠道管理、智能化服务，并在最新的"五年计划"中提出了"五化"的营销员体系（即规模增员精英化、经营管理系统化、销售顾问专业化、客户服务标准化和作业平台数字化）。友邦的种种努力，都将有助于满足中国市场保险需求的全面升级，帮助客户实现"健康长久好生活"。

身处友邦的这些年，能够亲历、见证中国保险业的巨大发展，我感到十分幸运。自1992年回归发源地以来，从专业保险营销员制度的引进，到对于回归保险本源的坚持，可以说友邦极大程度上加速了中国保险业与世界的接轨；同时，高速发展的中国保险市场，也为友邦中国提供了迅速成长的土壤。在未来，本着"以客户为中心"的理念和大胆应用前沿科技的胆魄，希望友邦携手中国保险业能在世界保险史的格局中占据更重要的地位。

友邦中国首席执行官　张晓宇

目 录 □ □ □　　　CONTENTS

第一章

世界上古时期保险的萌芽 （人类起源至公元 500 年）

1. 腓尼基人的海上冒险

腓尼基是地中海东岸狭长地带的一系列小城邦的总称，其中包括推罗、西顿、阿什克隆、比布鲁斯等主要城邦。相传公元前 3000 年，腓尼基人就在这一地区定居下来，已经开始在地中海沿岸各城邦之间进行商业活动。公元前 2600 年左右，腓尼基人与埃及人建立了商业联系，这一联系一直持续到埃及古王国历史的终结。约公元前 2200 年，腓尼基受到阿摩利人的入侵。公元前 18 世纪至公元前 14 世纪，腓尼基人又先后受到喜克索斯人、埃及新王国和赫梯人的统治。即便在外族的统治之下，腓尼基人也丝毫没有丧失航海冒险的精神，几乎在地中海沿岸的各个角落都能看到腓尼基商人的足迹。

腓尼基人既是勇敢的航海家、殖民者，又是精明的商人，这些特性的结合使腓尼基人的殖民地广布地中海沿岸各地。长期的经商贸易使腓尼基人积累了大量的应对商业风险的经验，尤其是应对海上风险的经验。公元前 15 世纪，腓尼基人为了统一自己部族的力量，应对各种风险，他们建立了若干个城邦。由于腓尼基人所居住的土地狭长，可耕作面积小，且土地较为贫瘠，农业生产并不占据优势，甚至不能自给自足，但这里的山上盛产一种适合造船的优质木材，因此腓尼基人的造船业和航海经商很早就产生了。

埃及、亚述等国势力强盛的时期，腓尼基人只是这些强大政权的附庸，他们的贸易和政治势力均受到压制，但公元前 1175 年，包括菲利士丁人在内的海上民族给埃及造成重创，随着埃及势力的衰微，对腓尼基的控制进一步减弱。公元前 12 世纪，腓尼基开始强盛起来，凭借高超的造船技艺和航海技术，腓尼基人的贸易范围迅速扩张。

公元前 10 世纪，腓尼基人开始凭借造船和航海技术在海外建立殖民地，控制了地中海沿岸绝大多数的商业贸易。他们为了寻找更广阔的商品市场和原料产地，先是在各地建立商业据点，一方面销售当地奇缺的货物，另一方面使用当地资源，就这样在不同城邦之间互通有无，其后逐步建立殖民城邦。

腓尼基人先后在塞浦路斯、罗得岛、西西里岛等地，以及地中海沿岸的重要商业要地建立殖民地，随后到伊比利亚半岛和阿非利加殖民，建立了历史上有名的重镇迦太基；公元前 600 年，他们又在摩洛哥的大西洋沿岸建立了一系列殖民地，通过在这些地区的殖民和商业贸易，腓尼基人积累了大量的财富，成为地中海的霸主，屹立于世界历史达数百年之久。

腓尼基人为了减少甚至抵消海上风险造成的损失，经过对长期航海贸易案例和经验的总结，制定了一些基本的带有立法性质的条例，其中较为著名的便是腓尼基人制定的“弃货法”和共同海损原则。由于海洋具有的神秘性质吸引了各个城邦的冒险家，但并不是所有人都能成功地抵达彼岸；航海的风险性极高，一位经验丰富的航海家不仅要关注潮汐涨落、风向洋流、气流变化、天气征兆等自然条件和航海信息，还要应对各种突发的人为因素造成的灾害，如船舶的质量问题、海盗劫掠等。

海上天气和洋流瞬息万变，如果遇到风暴等恶劣天气，为了减轻船体的重量，让船安全地渡过风暴，防止船毁人亡，必须将一些货物抛弃，那么抛弃谁的货物便是“弃货法”首先要解决的问题。腓尼基人想到了这样一个办法，能够在紧急时刻的慌乱之中迅速作出抉择，尽可能地使船快速脱离险境。他们随机抛弃一些货物，待船走出困境转危为安时，再统一结算，将损失摊派给所有商人，全体受益的商人共同承担利益受损商人的损失。这种共同分摊海上损失的原则简称共同海损原则，它被誉为海上保险的起源。

其后，共同海损原则又进一步以成文法的形式确立下来。公元前 9 世纪，《罗得海法》形成，其中便记载了共同海损原则。如果遇到海上的危急情况，为了减轻船舶载重而将一些货物投入海中，或者斩断桅杆，因为这些货物是为了全体商人的安全和利益而抛弃的，等船上岸以后，由全体经商得利者分摊受损者的损失。后来共同海损原则的适用范围进一步扩展，海难中乘客丢失的金币和其他细软财物都成为共同海损原则的补偿对象。

分摊风险，共同承担损失，既促进了腓尼基人团结互助精神的延续，又推进了腓尼基商业的繁盛和文明的发展。

共同海损原则后来被地中海沿岸诸多城邦广泛接受，如雅典、克里特、米利都等城邦均接受了这一原则。公元 8 世纪，东罗马帝国（即拜占庭帝国）制定的《罗得海商法》，也借鉴了此前的《罗得海法》及其中的共同海损原则。虽然共同海损原则事实上是对海上贸易损失的补偿性措施，而非为了预防风险而进行的保险制度，但分摊损失的措施反映的基本原理无疑在后来的海上保险具体条款中有重要体现。其中闪现的"一人为众，众为一人"的重要思想，也促进了后世保险业的产生和发展。

腓尼基人的货船模型

腓尼基人也有一些借贷措施和规定，这些规定为古希腊的船舶（货物）抵押借款制度提供了启示。腓尼基人在长期的航海中认识到，只有团结互助才有可能获得最大的利益。在实践中，他们常常结成团体共同谋求利益，如果有一个小商人想要出海经商，但苦于没有本钱，那么他就会向富商借贷本钱和船舶，一旦航海成功，小商人出售货物获利后须偿还本金和利息，船舶可以继续使用，双方还可以进一步合作。如果货船沉没，腓尼基人也会视具体情况判定是否赔偿。这种借贷在腓尼基人的航海贸易中发挥着极为重要的作用，一方面为贸易提供了必要的资本，另一方面促进了海上保险思想和债权契约的发展。

此外，腓尼基人还有一些处置具体船舶事故的措施，既是对船舶损失风险的防御，又指导了后世船舶事故案例的审判。例如，其中关于船舶碰撞事故的处置方法，早在《汉谟拉比法典》中也曾经涉及上溯之船与顺水而下之船碰撞的案例。腓尼基人约定，如果在海上航行区域的船舶发生直接碰撞事故，或者船舶没有发生实际碰撞事故，但是由于一方船长驾船不慎或不遵守行船规则，致使其他船只或因规避碰撞造成事故损失，或者致使其他船舶、船员、货物遭受损失，都要按不同标准进行赔偿。这表现了腓尼基人已经对于船舶航行规则有了较为细致的规定，较为周密地预见了可能发生的风险。

腓尼基人进一步规定，如果正在行进中的船舶撞上了另一艘停泊的船舶，因事故造成的所有损失均由行进船舶的船长及船员负责。由此引申的行船规则是行进的船舶应避让停泊的船舶。另外，身份等级低下的人所驾驶的船舶应该避让身份等级高贵的人的船舶，避免造成事故。一旦发生碰撞，身份等级低下的人要承担全部损失，这表明腓尼基人的法律仍然保护贵族奴隶主的利益，因此在案件判定上存在不公平的现象。

腓尼基人凭借在航海和经商方面的天赋，敢为人先的冒险精神，迅速在地中海沿岸建立起各种商站和殖民地，一度声名显赫。他们在航海贸易的实践中，创造了便于书写的腓尼基字母、乘风破浪的商船和战船，以及抵御风险的"弃货法"和共同海损原则。然而，腓尼基人的辉煌还不止于此，腓尼基人的智慧促进了他们在经济和军事上的繁荣，一度成为地中海的主人。腓尼基人在同外族贸易的过程中，也与外族通婚，因此逐渐失去了民族特色和文化特征，最终被同化。名噪一时的腓尼基名城迦太基曾经与罗马共和国分庭抗礼，但最终被罗马共和国所灭。腓尼基人单纯注重海上贸易的利润，殖民地较为分散，错失了经营庞大陆上帝国的时机；他们通过经商获得的钱财，继续用于经商，没有将钱财用于扩展陆地版图；除了创造简便的文字用于经商记账，没有进一步发展文化艺术，这些因素导致腓尼基人未能创立世界性的庞大帝国，他们身影也逐渐从地中海世界中消失了。但是，腓尼基人对降低海上贸易风险采取的对策和措施，确实值得其他文明借鉴和学习，也为后世海上保险立法提供了重要的启示。

2. 希腊人的贡献

地中海，伟大的海！希腊文明的摇篮，西方文明的滥觞！

古希腊人对于海上保险思想的发展作出了不可磨灭的贡献。早在克里特古王宫时期，古希腊人就显示出经营工商业和航海贸易的卓越天赋，取得了显著成就，他们生产的金器、银器和彩陶等手工业产品相当精美。公元前 8 世纪，古希腊进入城邦时代，充满冒险精神的古希腊人一方面在地中海沿岸各地尤其是爱琴海和黑海周边建立殖民地，另一方面在这些城邦和地区之间进行海上贸易，并在频繁的贸易实践中进一步继承和发展了腓尼基人的共同海损分摊原则和船货抵押借款制度，并进一步将其发扬光大。古希腊的航海贸易传统由来已久，早在约公元前 7000 年，希腊半岛南部的阿哥利斯地区的山洞中就出现了人类活动的痕迹，古希腊人从那时起就在地中海沿岸以捕鱼和采集为生；公元前 6000 年，农业出现，古希腊人开始种植大麦和豆类，驯养绵羊、猪等家畜。这一时期，古希腊人开始在爱琴海沿岸的城市之间进行航行贸易，互通有无。公元前 20 世纪至公元前 12 世纪，希腊进入爱琴文明时代，又称克里特—迈锡尼文明时代，此后古希腊的历史大致分为 4 个阶段：公元前 11 世纪至公元前 9 世纪被称为荷马时代，又称黑暗时代；公元前 8 世纪至公元前 6 世纪被称为古风时代；公元前 5 世纪至公元前 4 世纪被称为古典时代；公元前 4 世纪末至公元前 2 世纪被称为马其顿统治时代。在这些时代，古希腊的商业贸易一直在进行，公元前 5 世纪，古希腊奴隶制经济就已经获得高速发展，这为航海贸易提供了物质基础。

古希腊独特的自然地理环境为商业发展提供了优良条件。希腊半岛三面环海，东部与土耳其半岛隔爱琴海相望，西部与亚平宁半岛隔亚得里亚海相望，海岸线曲折而绵长，大大小小的半岛、岛屿密布，为商业贸易船舶提供了天然的良港，构成了古希腊这一海洋文明发生和发展的重要自然条件。希腊与古埃及文明、腓尼基文明和美索不达米亚文明等世界文明中心的地理距离很近，易于接受各大文明的进步成果。希腊半岛气候属于地中海气候，冬季温和多雨，夏季炎热干燥，温差不大，气候宜人，冬季海上盛行北风，经常掀起巨浪，给航行造成风险。由于希腊半岛陆上多山地，众多山丘将希腊分割，陆上交通极为不便，政治上难以统一，难以建立像东方那样的大型统一帝国，故形成了古希腊城邦林立、小国寡民的局面。希腊平原少，耕地面积小而贫瘠，适宜种植橄榄和葡萄等经济作物，谷物生产甚至不能自给自足，因此必须与其他地区进行商业交换，互通有无，才能维持城邦的生存和发展。在贸易实践中，古希腊人形成了自由平等、契约精神和保险思想。人口增长导致的物质需求经常超出小城邦所能承受的负荷，希腊人不得不去海外建立殖民地，于是新城邦如雨后春笋般出现，长期的海外经商和殖民活动造就了希腊人勇于探索、敢于冒险的开放的民族性格。

手工业和商业的蓬勃发展促使工商奴隶主阶级的兴起，他们迫切地要求获得与其经济地位相当的政治权力。因此，雅典等城邦进行了民主政治改革，一方面，提高了工商业奴隶主的政治地位，增强了他们的参政积极性；另一方面，从政策法规上保护工商业的发展，进一步刺激了海外贸易的繁荣。以雅典的民主政治改革为例，雅典的第一任执政官梭伦非常注重发展工商业，提出了许多鼓励手工业和商业发展的措施。工商业奴隶主在政治上获得与其经济地位相当的政治权力，这为雅典的民主政治发展提供了阶级基础。

为了防范城邦的粮食危机，梭伦在改革中还提出，除了自给有余的橄榄油，严禁其他农副产品出口，这大大保障了城邦的粮食安全，稳定了城邦内部的粮食产量和供给。"民以食为天，国以民为本"，粮食作为重要的战备物资，储存粮食的多寡将直接关系到城邦的兴衰。古希腊人已经认识到农业风险和商业风险可能会给城邦带来不可挽回的损失，尤其是在小国寡民、耕地不足的城邦中，储备粮食显得尤为重要。因此，梭伦改革的措施是明智的，可以最大限度地减少紧急时刻粮食安全风险带来的损失。

古希腊人认为航海是一项相当冒险的活动，途中可能产生各种风险，但是他们丝毫不畏惧，在教导后辈青年的时候，他们常常这样说，不敢航海的人是懦夫。他们将航海作为类似于成人礼的一种考验，海上的困难挫折是成就英雄的炼金石，每个希腊青年都要学会一门手艺，并拥有航海的技艺和勇气。古希腊的英雄故事也多与航海冒险有关，英雄们机智勇敢地应对征途中的各种挑战，这恰恰是生活实践在精神文化上的反映。

古希腊人虽然认为这是一项冒险活动，但是并不回避航海冒险，而是积极地采取防范风险的措施，减少航海风险带来的损失。例如在造船技术方面，古希腊人有了相当大的进步。又如在战船方面，在对抗波斯人的战争中，他们还采用了三层桨战船，在萨拉米斯海战中一举击败波斯人。战船上配备有铜制的撞击锤，可以把敌人的战船撞漏或者撞沉。

古希腊人还进一步改良了腓尼基人的共同海损原则。古希腊商业用途的船舶体型较小，构造也相对简单，抵御海上风浪的能力较弱，遇到大风大浪，船舶经常会翻沉，因此航海极具危险性。当商船在海上遇到狂风巨浪的时候，人们抛弃部分货物，减轻船舶载重，等到脱险之后，统一结算利益受损者的损失，由其他在此次经商中的获利者共同承担和补偿这些损失，因为希腊人认为这些损失是为了大家的利益而造成的，必须由全体获利者均摊。为此，古希腊人还设立了仲裁法庭，专门处理有关海上贸易的案件。共同海损分摊原则被誉为海上保险思想的萌芽，早在腓尼基人那里，这一原则就被采用。这一原则的成文形式最早出现于《罗得海法》，其后进一步发展，被拜占庭帝国的统治者写入《罗得海商法》，作为海上贸易案件审判的法律依据。

船货抵押借款制度在古希腊得到进一步的制度化和规范化。古希腊百科全书式的思想家和哲学家亚里士多德曾经归纳了海上贸易的三项必要活动：造船、借款和运输。其中，借款指的就是船货抵押借款。顾名思义，船货抵押借款分为船舶抵押借款和货物抵押借款。船舶抵押借款，又称为冒险借贷，即以船舶本身作为抵押品的借款。由于海上贸易风险很大，一旦船毁，债权人难以收回借款和利息，所以称为冒险借贷。货物抵押借款是指以船上货物为抵押品的借款。对于债务人来说，他有义务保证船上货物的安全，为了防范货运途中的风险，借款中还包括海难救助的费用。在古希腊商业领域，经济实力较弱的商人迫切地想要通过海外经商获得经济利益，以改善现实生活状况，但苦于没有本钱置办货物，于是船货抵押借款制度应运而生。商人以船舶和货物作为抵押向高利贷者借款，由于海外经商风险很大，因此船货抵押借款的利率很高。商人与高利贷者签订契约，如果船舶和货物安全抵达目的地，顺利地获得利润，那么商人回到城邦要偿还本金和利息；如果船舶和货物中途发生沉没或损失，那么可根据具体情况免去商人的部分甚至全部债务。这种制度已经具备了海上保险的基本要素，并且规定了货物灭失情况的处置方法。

高利贷者面临的风险较大，因为船毁人亡的事故时有发生，为了保障自己的利益，高利贷者采用高利率，利率甚至高达36%。商人本来就冒着极大的生命危险进行航海贸易，而在偿还本金和利息后，却无法获得较高的利润，有时甚至无法偿还本金和利息。这一时期的高利贷者实际上在船货抵押借款中扮演了银行和保险公司的双重角色，债务人一方面要支付借贷的本金和利息，另一方面还交纳了类似保险费的一部分资金。由于当时各行业的界限尚不明晰，高利贷者事实上承担了船舶航行安全和借款资金安全的双重风险。为了防御这样的风险，雅典城邦颁布法令保护一些弱势群体，禁止借用孤儿的金钱进行船舶抵押借款，因为一旦造成不可挽回的损失，将无法收回本金和利息，孤儿将无所依凭，生活难以维系。这在一定程度上体现了雅典城邦在立法方面的人性化保障措施，颇具有近现代社会保障思想的影子。

希腊人为了规范海外贸易中的借贷行为，应对航海风险带来的损失，制定了一些共同遵守的商业法规和原则。以雅典为例，古希腊政治家和立法者德拉古曾经统治雅典，他于公元前621年颁布了雅典第一部成文法律，这就是以严苛重刑闻名的《德拉古法》。法律中规定了"债务奴隶制"，即一旦债务人无法偿还借款，债权人有权将债务人变卖为奴隶。这部法律事实上保护了高利贷者的利益，保障了商业资金链条的完整性，法律条文虽然严苛，但仍然受到一部分人的欢迎。

梭伦在改革中也进一步提出鼓励工商业发展的措施，废除了债务奴隶制度，禁止将债务人变卖为奴隶，废除雅典公民以人身作抵押的一切债务，禁止以后再以人身作为抵押借债，这些措施在一定程度上提高了债务人的地位。梭伦还增设法庭，审理日益增加的海上贸易案件。这一时期的借款利息虽然很高，但是古希腊人在追讨欠款方面仍有一定的底线，如规定债权人在追讨欠款时，禁止剥夺债务人的犁及其他农具，因为这会使债务人失去维持家庭生计的手段。

公元前4世纪，商业案件进一步增多，在许多法庭辩护词中都有所体现。著名的古希腊雄辩家德摩斯梯尼就生活在这一时期，他以雄辩的演说和擅长撰写法庭辩护词闻名于世，在他撰写的法庭辩护词中，我们发现了有关借贷事务的若干案例。

德摩斯梯尼出生于富裕的雅典公民家庭，他的父亲在他7岁时就去世了，给他留下了一大笔遗产。年幼的德摩斯梯尼还不能继承遗产，于是在一位监护人的养育下成长，可是监护人贪得无厌，恶意侵吞了他的财产。为了索回父亲的遗产，德摩斯梯尼向雅典著名的雄辩家伊塞学习演说术和法庭诉讼辩论术。要知道他天生便有口吃的毛病，经过超出常人数倍的刻苦训练，他终于学成归来。之后德摩斯梯尼与监护人进行了长达5年的诉讼，终于获得了胜诉。胜诉后德摩斯梯尼名声大噪，许多人登门拜访，求他撰写法庭辩护词。

德摩斯梯尼所作的《驳福尔米欧》《驳拉克瑞图斯》等法庭辩护词涉及典型的海上贸易案件。以《驳福尔米欧》为例，它讲述的是一位名叫克里斯普斯的外邦人把钱借给商人福尔米欧进行海外贸易，克里斯普斯借给福尔米欧20迈纳，借款利率为30%，双方订立船舶抵押借款契约。福尔米欧将一船货物运到克里米亚的博斯普鲁斯，销售完货物后再将一船当地的货物运回雅典。在这起案件中，福尔米欧没能运回货物，他要面临两种选择：一是缴纳50迈纳的罚金；二是支付船主拉姆皮斯本金和利息共计26迈纳。为什么福尔米欧没能运回货物呢？因为当他抵达博斯普鲁斯时，发现带去的货物在那里根本销售不出去，于是他命船主拉姆皮斯先行回雅典，称他将随后赶回。拉姆皮斯出发回城，但是船舶在途中沉没了；福尔米欧回到雅典声称自己在这次贸易中免责。随后，他又改口说，他已经按照契约把钱付给船主拉姆皮斯了。在整个事件中，船主拉姆皮斯无疑是最惨的，回雅典途中遭遇了沉船事故，但被成功救起。当他回到雅典，向人们讲述了船舶失事的消息，他否认收到过福尔米欧的钱款。但在随后的仲裁过程中，他又改口说他当时一定是忘记了福尔米欧还钱的事情，声称福尔米欧确实已经还钱，但是这些钱也随着沉船一同落入大海。克里斯普斯无论如何也不能善罢甘休，他将福尔米欧告上法庭，要求他偿还借款。福尔米欧针锋相对地提出，他在这次海外贸易中没有违反契约，不需要负担责任，要求赔偿是不合法的。最终，法庭认为福尔米欧声称免责是不合法的，他未能按照契约将货物运回雅典，所以过失完全在他这一方。随后，他声称的已经将钱还给船主拉姆皮斯，这一说辞被判定完全不值得信任。这起案件以福尔米欧的败诉告终，这反映了古希腊已经拥有相当严格的海上事务司法审判程序。

为了进一步规范和完善船货抵押借款制度，为审判提供判罚依据，古希腊人详细地规定了契约应该包含的所有内容。首先，双方签订借贷协议，其中需要明确借贷的具体条件、内容和用途，由债务人和债权人双方签字订立；其次，维护船舶的安全，其中涉及船舶、帆具及货物等安全责任；再次，要明确借款期限，写明往返、去程或回程等借款费用，约定借款利率是以天计算还是以月计算等，需要指出的是，在雅典的法律中，一般只负责审理以雅典为起点或者终点的货运案例，而不负责往来于其他港口进行贸易的船舶；最后，契约还应附上债权人和债务人双方可能遭受的风险

古希腊三层桨战船模型

和损失，以及相对应的处置办法。其中特别指出，面临恶劣的航行条件，必须抛弃一部分货物才能脱险，可根据"弃货法"抛弃部分货物，货物灭失可能导致债权人损失本金和利息。这表明古希腊人已经具有相当明确的保险契约思想，并且以成文合同的形式将具体的风险条款确立下来，作为争端审判的证据。这是古希腊人在保险司法实践中的重要贡献。

3. 拉奴维母的互助会

公元前75年的一天，海面风平浪静，正是航海的好时节，一位面容清癯的青年乘着大船在仆人的陪同下航行在小亚细亚半岛沿海，这位青年便是盖乌斯·尤利乌斯·恺撒，这一年他才25岁。他从小学习拉丁文和希腊文，长大后有志于进一步学习雄辩术。此行他正要去罗得岛拜访一位精通雄辩术的演说家。这位演说家便是米隆之子、墨涅克勒斯的高足——阿波罗尼奥斯·摩隆，罗马著名政治家西塞罗都曾登门学习以求精进演说技巧。这位演说家的名号如雷贯耳，恺撒岂能不知，急忙赶赴罗得岛拜师学艺。

但他毕竟年少轻狂，旅途中难免大意，当时也没有人身意外保险。正所谓"天有不测风云，人有旦夕祸福"，这一天傍晚时分，船行至奇里乞亚（奇里乞亚位于今天的安纳托利亚半岛南端，占据亚洲商船前往地中海的重要通道），他正在船上饮酒作乐，与仆人闲谈，思考用什么办法让阿波罗尼奥斯·摩隆收他为徒，教他雄辩技巧，不料一群奇里乞亚海盗突然出现，劫持了他的大船。恺撒带领仆人与海盗战斗，不到一刻钟的工夫，他的仆人就被悉数击败了，死的死，伤的伤，他自己也被绑了起来，掳到海盗船上。

海盗头子并不知晓恺撒的身份，向他勒索20塔兰特的赎金。被缚的恺撒嘲笑道："你们也不打听打听我是谁？我至少值50塔兰特！"海盗头子一听，哈哈一笑："好，就要50塔兰特！"于是，恺撒派一位受伤较轻的仆人回家取钱，这位仆人一走就是38天，等待赎金期间，他不得不与海盗们天天混迹在一起。海盗们知道他也跑不了，便给他松了绑，让他自由活动，给他吃喝，毕竟他值50塔兰特呢！海盗船上的生活甚是无聊，恺撒心中对这群海盗恨之入骨，面上却丝毫没表现出来，他与海盗们聊天唱歌讲笑话，喝酒划拳猜谜语，玩到兴致，他半开玩笑地说："等我一回家，要做的第一件事就是召集一支舰队，回来把你们打个落花流水，把你们全都钉上十字架！"海盗们一听哈哈大笑，只当他是痴人说梦！

恺撒终于等到获救的那一天，当他被释放后，他做的第一件事便是率领一支舰队，出征奇里乞亚剿灭海盗，捉获了所有绑架他的海盗。恺撒派人将海盗们的喉咙割开，然后再将他们钉上十字架。

奇里乞亚的海盗团伙事实上是一种非法的民间组织。因当地民众生活困苦，迫于无奈，结成团伙，劫掠行船。当时统治当局虽然允许民间组织的存在，但规定民间组织不允许违反公法，绝对不允许打家劫舍，海盗组织明显违反了法律，所以遭到镇压和制裁。

这则故事还促使我们思考人身意外伤害保险的起源问题。

人身保险的思想由来已久，在各个文明中均有所体现。在古埃及时代，法老们为自己修建金字塔征用了大量自由身份的工匠。由于金字塔工程浩大，耗时冗长，这些工匠便在金字塔工地附近居住下来，世世代代在此繁衍形成了工匠村，这里几乎汇集了全国各地的能工巧匠。工匠这一职业是世袭的，工匠的子子孙孙都在这里为法老修建金字塔，每天生活在这样一个小共同体中。

人们为了更好地生活，于是在婚、丧、嫁、娶等各方面互帮互助。如果有的工匠意外死亡或者自然去世，但因贫困无法举办葬礼，其他工匠就会为其料理后事——制成木乃伊，为因贫困而无法安葬的工匠办体面的葬礼，要知道当时制作木乃伊的工序烦琐，价格高昂，一般人家负担不起这样高的费用。古埃及人信奉灵魂不死的观念，认为保存尸体不腐，才能获得灵魂永生，因此死后制成木乃伊获得永生是他们的心愿。于是，工匠村的人们纷纷捐资安葬去世的工匠。久而久之，出现了一种丧葬互助组织，建立了类似丧葬基金的财库，丧葬金由互助组织统一收取和调用。当某位工匠去世后，工匠村会动用丧葬基金支付工匠的葬礼费用、遗属抚恤金等费用，其中花费较大的便是制作木乃伊的费用，互助组织还要准备制作木乃伊所需的原料、棺木和器官容器。互助组织规定全体入会工匠必须参加死亡工匠的葬礼，对不参加送葬者或不缴纳会费者，要处以罚款；互助组织还要在葬礼之后举办宴会招待全体入会成员，全体入会成员也必须参加。如果某位工匠的家属去世，互助组织则会承担一部分葬礼花费，但数额不得超过入会成员的葬礼花费。

通过这种形式，工匠村得以持续维系，既保障了工程进度，又妥善安置了工匠遗属。同时在这种团体的督促下，民众定期参加宗教活动，向埃及的神灵献祭，增强了民族身份的认同感。社会组织自筹自建，一定程度上缓解了统治当局和民众之间的矛盾，提升了社会的凝聚力，促进了社会秩序的稳定。

罗马人也有一些类似的联合互助的方法，穷人之间互帮互助，结成社会组织，用来减少人身死亡造成的损失。罗马帝国时期，上流社会生活奢靡，夜夜笙歌；下层民众则生活困苦，甚至死后难以得到体面的安葬。随着对外征服战争的继续，帝国版图进一步扩张，阶级矛盾和贫富分化也进一步加剧，统治当局也无法救济所有民众，因此穷苦之人为了联合自救，纷纷结成互助性质的社会组织。

这一时期，民众没有自由结社的权利，自奥古斯都（盖维斯·屋大维·奥古斯都，公元前 63 年至公元 14 年，罗马帝国的缔造者，元首制度的开创者，统治罗马长达 40 年之久）以来，只有通过元老院和元首的批准，民众才能成立社会组织，并且统治当局严格控制组织的规模，同时还禁止以政治目的结社，防止聚众作乱。但奉行多神教的帝国统治当局并不限制民众以宗教目的结成社会组织，于是这些互助性质的社会组织常常披着宗教的外衣，以求获得合法地位。卡里古拉统治时期，统治当局对社会组织的限制规定有了明显的松动。克劳狄统治时期，元老院进一步颁布决议，允许穷苦的人联合起来成立互助性质的社会团体。图拉真统治时期，统治当局甚至一度允许设立消防组织，帮助邻里预防火灾。于是穷苦的人便遵照元老院决议以这种方式联合起来，按照地域结成众多的社会组织。其中，以拉奴维母（现在的拉奴维欧，位于罗马城东南约 32 公里处，是拉提乌姆平原上的一座古老的城市）地区的丧葬互助会组织较为著名，该组织不仅负责丧葬、祭祀等事宜，还负责邻里安保和防火防盗等任务。历史上拉奴维母作为拉丁同盟的一员与罗马城多次交战，如公元前 504 年的阿里西亚战争和公元前 496 年的里吉洛斯湖战役，最终于公元前 338 年被罗马人征服。

罗马统治当局为了惩罚当地民众，最初并没有赋予当地民众罗马公民权，还限制他们的结社权利，防止他们造反。长期的战争使男丁减少，拉奴维母的下层穷苦人意识到，只有互相帮助，才能稳定地生产生活，于是便打着宗教的旗号成立互助组织，处理入会成员的丧葬事务。拉奴维母的丧葬互助组织规定，入会成员每月缴纳一笔丧葬互助金，每月以筹集经费为目的组织一次会议，建立丧葬互助金，并商议为死亡成员办理葬礼的事宜。互助组织会议有权用互助金支付死亡成员的火葬、随葬品、修筑坟墓等丧葬费用，甚至还包括举行宗教祭祀活动、节日庆典活动等所需的各种费用。这种互助组织的功能其后进一步扩展，开始运用互助金付给死者家属一定的救济金，类似于现代的抚恤金，来帮助他们更好地渡过难关。这种组织甚至还带有防火防盗等公益性职能，人们认为这便是人身保险和消防组织的雏形。

拉奴维母的互助会还制定了章程，要求全体社会严格遵守。如果有成员行为不端，如不缴纳会费、侵占他人财产、不履行互助会义务、违反互助会章程条例等，就会受到惩戒，直至取消入会资格。组织成员共同分摊互助基金、分担风险，这种合法的互助组织体现了一种风险均摊的抵御机制，客观上帮助穷人完成了生命的重要步骤；举办宗教活动，以共同的价值观念统一民众的思想，满足了民众的宗教情怀，有助于宗教的发展；作为国家的基层组织，对民众进行管理，维系社会稳定，并且自筹资金，为国家节省了管理经费；为组织成员遗属的生活提供了经济保障，同时还促进了社会政治秩序的稳定，保障了社会小单位——家庭的安定，使之不至于因为丧失重要劳动力而分崩离析。

除了以上用于民事的丧葬互助组织，拉奴维母的互助精神还体现在军队中，驻扎在此地的士兵也纷纷结成类似组织。根据《法学阶梯》，统治当局禁止士兵结社，防止军事哗变。这从一个侧面表明了当时士兵结社似乎较为普遍，以至于需要通过立法来进行约束。连年的扩张战争需要大量兵力，战场上刀剑无眼，胜败是兵家常事，死伤更是常有的事情；古代战场瘟疫经常流行于军队中，当时医疗卫生条件尚不完善，也会出现士兵因疾病死亡的情况，而且行军途中也可能因为路况复杂，造成意外伤亡；罗马军队纪律严明，对叛逃、哗变的惩罚力度很大，波利比乌斯在《通史》中称赞罗马士兵严格遵守纪律，训练有素，还提到为了消除士兵的怯战心理，坚定作战决心，罗马军队实行"十一抽杀律"，抽到死签的士兵就要被打死。综合以上情况，士兵们的行伍生活经常面临各种伤亡风险，一旦士兵死亡，遗属的生活往往难以维系。为了妥善地安葬因以上原因死去的士兵，照顾遗属的生活，士兵们经过长期的探索，成立了士兵互助团体。入会的士兵均摊互助金，这事实上也是均摊风险，当士兵受伤，互助组织付给医药费；当士兵退役，互助组织付给返乡旅费；当士兵死亡，互助组织成员为其安葬尸体，并根据具体标准，付给士兵家属一定额度的救助金和抚恤金。

基于这种组织的存在，士兵伤亡的风险损失可以得到一定程度的减少，使士兵家属的生活得到了经济救助，士兵们更无后顾之忧，作战更加勇猛，客观上保障了罗马军队的战斗力，促进了国家对外扩张的进程；同时士兵之间的团结情感进一步加深，有利于凝聚军心。由于统治当局禁止士兵结社，这种组织只能秘密地开展活动，但士兵们这种均摊风险的做法无疑具有进步意义。

这一时期的社会互助组织虽然还很不成熟，但是人们已经初步具有了防范风险的意识，并采取了一定措施，这是人类保险史上的重要进步。一些从事一定风险职业的人，如工匠、士兵等试图通过结成组织和社会团体，以期达到均摊损失、分散风险的目的，体现了"我为人人，人人为我"的精神。当然人们的素质尚有待提高，互助组织也需要制定章程来规范组织成员的行为，这也体现了人们开始有了保险立法和保险合同的思想，试图通过立法将保险内容规范化，强迫全体组织成员遵守章程，以期望照顾全体成员的利益，获得共同利益的最大化。对于人类来说，风险具有不确定性，人类自产生以来便向死而生，因此为自身、家庭、后代的未来着想，人类选择互相帮助，一起承担风险，为未亡人留下一些经济保障，这恰恰体现了人类对于生命无常的思考和应对死亡风险的对策。

保险思想强调没有风险就没有保险。在古代诸多文明的发展历程中，人类面临自然灾害和意外事故，于是萌生了对付灾害的方法，这便是保险思想和保险方法的原始形态。古代人类运用不同的方式团结起来，与大自然抗争，降低和弥补生活中各种风险因素造成的损失，恰恰体现了人类在征服自然方面的智慧。互帮互助既是人类发展到一定程度、进入文明社会的重要表现，又是人类防范风险重要本能的体现，还是人类礼仪生活的重要内容。

　　世界五大文明发源已久，源远流长，各个地区的古代民众在生产生活中，几乎不约而同地运用了这种朴素的智慧。

第二章

世界中古时期保险的成长 （500—1500 年）

1. 行会的互助

　　欧洲中世纪（约 476—1453 年）盛行的行会组织，也推动了保险的成长。行会最早可追溯至罗马王政时代的职业性社会团体。据普鲁塔克（约46—120 年，罗马共和时代著名历史学家）记载，罗马王政时代的第二位国王努马·庞皮留斯（公元前 753 年至公元前 673 年）最卓著的功绩便是将罗马民众按照行业或者技艺分成乐手、金匠、铜匠、木匠、皮匠、陶工和染工各种社团，力图通过这种方式打破氏族部落的血缘关系纽带，以社会关系纽带取而代之，以削弱氏族贵族势力。罗马共和时代，平民与贵族之间的斗争持续不断，最终平民迫使贵族颁布了成文法律《十二铜表法》，在一定程度上保障了平民的结社自由。平民可以在遵循法律的条件下结成互助团体，穷人社团开始出现，他们在婚丧嫁娶等生活各方面互相扶持，共渡难关。这种互助思想无疑影响了后来职业性社会团体的产生和发展。

　　罗马帝国时期，针对社会团体的法律规定也日臻严密，职业性社团的罗马公民是独立的自然人，显然具有真正的法律人格，但是社团尚不具备与自然人相对等的法律人格，具体表现在职业性社团的财产是社团成员共有之物，社团不能作为法人，也不能作为财产的继承人，必须经过皇帝敕令和元老院决议批准才能成立社团。社团的力量一旦危及国家统治，就会遭到严格管制，甚至被取缔。

　　一些职业性社会组织还积极参与帝国的政治活动。这些组织的成员往往经过商议，由每位成员以个人名义表达对某位官职候选人的支持，他们希望在这位官员上台之后，可以回馈他们一定的利益。罗马帝国时期出现的职业性社会团体有金矿联合组织、银矿联合组织等重要团体，在其他行省还有面包工、船舶工人等组织。这些职业性组织建立的初衷多是互相团结，互相帮助，抵制苛捐和横征暴敛。

拜占庭皇帝查士丁尼在位期间，颁行的《查士丁尼民法大全》将社会团体称为"universitas"，意为"完全，集合"，并且赋予了民众结成社会团体的自由权利。有了法律条文的保护，各行各业也纷纷出现职业性社会组织，尤其在基督教成为拜占庭帝国国教以后，基督教兄弟会在日常生活中的作用越来越重要。基督教兄弟会最初由神职人员自发成立，其目的是互帮互助，接济穷人，展现了基督教博爱和人性的光辉，颇具有慈善团体的公益性质。后来，各行各业拥有一定技术技能的信徒自愿加入基督教兄弟会，成员一起举行宗教仪式，也经常聚在一起商讨各行各业的经营计划和政策，这种宗教性质的兄弟会逐渐演变成中世纪的行会。

中世纪的行会组织仍然保留了基督教兄弟会的互助传统。随着西欧各国城市的发展和手工业和商业的繁荣，为了保护城市中同行业群体的市场利益，各行各业经常联合起来成立行会组织，为了防止其他外来商人和手工业者对本地商人和手工业者造成竞争，行会组织严格限制外来从业人员在本地开业经商。

佛罗伦萨的行会组织世俗化倾向较为明显，从12世纪到16世纪，商业和手工业行会迅速发展，对佛罗伦萨经济和政治事务的影响力逐渐增强。佛罗伦萨行会组织兴盛时期共有高级行会组织7个，中级行会组织5个，低级行会组织9个。行会组织的门槛较高，这些行会及其带头人共同占有佛罗伦萨的大部分财富，然而占据城市人口绝大多数的下层民众往往无法进入行会或者成立行会。

佛罗伦萨成立最早的一个高级行会组织叫卡利马拉行会。这是一个由经营布料生意的商人群体组建的行会，行会标志是一只抓着布料的雄鹰，成立时间不详，但是在1150年的一份文件中我们发现了这一行会组织。这些商人从佛兰德尔进口羊毛布料，然后在佛罗伦萨染色、加工，制成颜色艳丽的布料，然后销往西欧其他地区。另一著名的高级行会是羊毛商人行会，行会标志是一只纯白的绵羊，举着一面十字旗。羊毛商人主要从英格兰进口羊毛原料，在佛罗伦萨的工场进行加工、印染。

佛罗伦萨羊毛商人行会标志

行会组织侧重经济活动中行会成员的互相扶持，在实际运营过程中，行会商人会相互合作，如合作运输货物、共同承担风险、为行会成员举行体面的葬礼、照顾已故行会成员的家庭生活等。中世纪行会还继承了古罗马帝国社团防火防盗的公益性项目。

佛罗伦萨的行会组织的入会条件相当苛刻，由此可以窥探中世纪行会组织的面貌。以佛罗伦萨的高级行会为例，入会条件要求入会人的身份必须是某位行会成员的合法婚生子嗣，还要提供其熟练掌握某一手工业技能的证明材料，并缴纳一定的会费。因为行会成立的目的就是在行会成员内部进行互助，所以外人很难进入高级行会。进入行会只是开始，工匠师傅掌握着某一行业的"秘诀"，负责指导学徒，但如果某一行业竞争激烈，学徒期满的学徒可能一辈子也当不成工匠师傅。

行会组织定期召开会议，除商讨重要的商业事务及调节行会之间、行会与成员之间、成员与成员之间的关系外，还要选举行会执行委员会和执行长官。在选举长官的权利上，不同级别的行会组织从一开始就是不平等的，这完全取决于行会的经济实力。佛罗伦萨市政委员会共有 9 名成员，其中 6 名来自高级行会，2 名来自人数最多的低级行会，第 9 名成员是"正义旗手"，同时又是城市自卫军的指挥官。这表明行会的互助性质也是有一定限度和条件的，归根结底还是为保护城市精英阶层的利益而存在的组织。

低级行会为了争取更多的政治权益，经常联合起来向统治者抗议，甚至造成动乱。希奥比骚乱事件就是由于这种原因产生的社会动乱，长期以来低级行会和其他小手工业者的薪资水平很低，难以进入政治渠道，获得政治权力，因此他们联合起来同上层权贵作斗争，争取担任公职的机会。1378年，佛罗伦萨的工匠和手工业者再也无法忍受政府的苛捐杂税，纷纷团结起来，高喊口号"希奥比"，意为"同志、同胞"，试图推翻当时的寡头政府，建立由羊毛工人和其他劳动者组成的新政府。这场运动一直持续了三年半之久，该运动虽然最后以失败告终，但促使政府在减轻赋税、改善下层手工业者的生活困境等方面采取了一定措施。

中世纪西欧的一些城市还颁布特许状或者行会章程，规定行会成员之间的互助义务，鼓励对生活贫困的行会成员进行救助，如英国圣三一行会就规定，每年行会成员要救济其他老弱病残的成员。这些规章制度使得行会的社会救济职能进一步制度化，也体现了基督教慈善和互助理念对于中世纪经济生活的影响。

行会进行社会救济的资金来源主要是成员缴纳的会费和捐赠的财物，此外行会章程还鼓励行会成员死后向行会捐赠遗产，行会执行委员会将这些资金作为公共资金，用于救助穷人。行会还积极承担社会职能，如动用行会资金修建教堂、医院、济贫院和孤儿院等公共福利设施，帮助受灾会员修缮房屋，捐款捐物帮助他们渡过难关，为因贫困无法安葬的行会成员料理丧事，并要求全体会员都要参加葬礼，这体现了行会组织的互帮互助精神和终极关怀理念。

中世纪行会一般只向内部成员提供帮助和救济，但其中的某些措施也惠及了行会之外的成员，这体现了早期国家福利制度的萌芽。行会的这些互助措施，为西欧各国城市人口生活水平的改善起了一定作用，当时西欧某些城市生活水平和卫生条件较差，黑死病流行，贫困人口增加，行会在面临饥荒、瘟疫等灾难时，分发粮食，救济穷人，鼓励行会成员互帮互助，这恰恰起到了稳定社会的作用。

行会的救助措施，一方面提高了行会在民众心中的威望，使得入会成员获得了归属感；另一方面，提高了其在经济生活中的影响力，加强了行会对各行业的领导，同时吸引了更多的劳动力参与手工业和商业，并在一定程度上促进了西欧各国经济的发展。尤其是行会的互助传统一直影响到近现代西方福利制度的建设，中世纪行会、教会和个人在社会救济方面互为补充，共同在西欧各国社会保障体系建设的历史上留下了光辉的印记。

2. 年金保险的出现

年金保险是现代保险业的一个概念，年金保险又称为老年保险，是指在被保险人约定的老年生存期间，由保险人定期给付一定的保险金额以维持其生活的生存保险。年金保险分为生存年金和确定年金，生存年金是以被保险人的生存为条件领取年金，被保险人死亡则结束；确定年金是按约定年限领取的年金，被保险人生存，领完确定年限后结束，被保险人在约定期限内中途死亡，由保险受益人继续领取到约定年限。

年金保险要求保险人按照合同约定的金额、方式，在约定的期限内，有规则地、定期地向被保险人给付保险金的保险。生存保险金的给付，通常采取的是按年度周期给付一定金额的方式，因此称为年金保险。投保年金保险可以使老人的晚年生活得到经济保障，人们在年轻时节约闲散资金缴纳保费，年老之后就可以按期领取固定数额的保险金。保险公司所考虑的重要要素是年金风险，如果被保险人寿命很长，导致保险公司支付的年金超出被保险人支付的保险费数额，就意味着保险公司的亏损。因此，保险公司必须对寿命期望年数进行精确的计算，制成年金生命表，以指导保险业规避年金风险。

年金保险的产生与精算学的发展密不可分。精算学是一门科学，它运用数学和统计学等方法来评估保险业、经济金融业等领域的风险，研究如何将这些行业中出现的各种风险进行定量分析。掌握这门科学方法和从事相关职业的专业人才被称为精算师。精算师在成才之前必须经过高强度的教育和训练，掌握数学、概率学、统计学、经济学等相关领域的知识。精算学在产生之初就帮助保险业进行了较为精确的风险计算和评估，促进了年金保险的产生和发展。

罗马帝国时期著名的法学家乌尔比安的法律成果被认为是精算学思想

的源头。乌尔比安生活于170—223年，被认为是他创立了世界上最早的生命表。生命表又称死亡表，即通过对人口死亡率的统计，掌握一定数量的群体在某一确定年龄时，有多少人将死亡，又有多少人可以继续生存下去。乌尔比安的生命表就是这样一种表现当时罗马帝国人口随着年龄增长而人口数量递减的统计表。虽然乌尔比安的生命表较为笼统和粗略，而且我们也无法确切地知晓乌尔比安获得数据的来源和方法，但是这种统计人口死亡率的思想却为后世精算学和年金保险的产生奠定了思想基础。

乌尔比安的生命表事实上属于人口统计学的范畴，其后埃米利乌斯·马克尔将乌尔比安的成果保留下来，在6世纪初被拜占庭帝国皇帝查士丁尼编入《查士丁尼学说汇纂》。乌尔比安生命表可能表现了3世纪初罗马帝国人口的普遍生存状态，从现代人口统计学的角度来讲，这个生命表很不完善，缺少系统的分析，但仍然具有很强的史料价值。埃米利乌斯·马克尔对乌尔比安的生命表进行了评论，并进行了深入阐述。他在论述中提到了生命表对于遗产受赠人的重要作用，如某罗马公民死前立下遗嘱，选定了遗产受赠人，按照当时的法律规定，这位罗马公民的子嗣应该按年度给予遗产受赠人一定的钱款，以维持遗产受赠人的生计，直到他去世为止。这被认为是生存年金的原始形态。埃米利乌斯·马克尔的论述中包含两种年金来源，一种称为"阿里门特"，即遗产受赠人直接从遗产中获得每年的钱款，这是类似于赡养费或者抚养费的形式；另一种是"用益物权"，即遗产受赠人可以在法律许可的范围内，享有遗产经营收益的权利。这两种形式较为相近，都建立在遗产本身或遗产收益之上，表现了遗产受赠人从遗产中获得利益的权利，同时两者都以遗产受赠人的寿命为支付前提，一旦遗产受赠人去世，支付即终止。

中世纪西欧国家借鉴了古人的成果，率先推出了年金保险销售业务。由于中世纪西欧社会医疗条件有限，卫生条件很差，且瘟疫、战争流行，人们生存风险较高，因此中世纪德意志和荷兰等地的商人开始着眼于推销这种年金保险，借此赚取利润。但由于当时精算学尚不成熟，保险商人发现很难精确地评估年金风险。在中世纪西欧社会，年金保险只是噱头，保险商人并不关心投保人的寿命预期，而是凭借这种新颖的保险类型吸引西欧上层社会贵族名流的注意力，而普通民众的投保意识并不强烈。

12世纪，威尼斯共和国加入了十字军东征，为了筹措军费，政府向公民征收苛捐杂税引起了广大民众的不满。随后，政府为平息民怨，与民众约定，征收钱款属于国家向民众借债，等到从东方获得战利品归来，将连本带利按年分期归还。这种做法颇具有国债和年金的身影，其后意大利各城市开始推广这一做法，鼓励民众认购，借此弥补财政困难。

12世纪下半叶，西欧各国战争频仍，为了筹措军费和维持国家统治机器的正常运作，一些国家的政府开始出售年金保险产品，以解燃眉之急。首先由被保险人向国家缴纳一笔钱款作为年金保费，这属于一次性缴清年金保费的方式，然后在被保险人生存期间将获得定期的年金，直至被保险人死亡；或者根据另一种形式，被保险人死亡后，可以由其子女继续获得年金，直到领完确定年限的年金。这就要求政府对被保险人的寿命和死亡时间进行评估，以充分地预测年金风险。

德意志的一些城市也开始出售年金产品，用于集资。以汉堡为例，城市政府开创了一种特殊的年金保险形式——永续年金，这种年金没有终止时间，即无限期支付年金，又被称为永久年金。同时政府注意区分生存年金和永久年金，分别制定了不同标准的年金保险费率：生存年金的费率定为10%，而永久年金的费率定为6.66%。由于经济发展水平的不同，其他城市的年金保险费率有所变化。1324年，杜亚城将生存年金的费率定为10%，而将永久年金的费率定为5%。12世纪末，根特城将生存年金的费率定为10%，而将永久年金的费率定为5%。根特城还出现了一种特殊的年金类型，这是一项针对两位被保险人的年金，费率为6%，类似于现在的联合年金保险，即同一保单中的两位被保险人，只要有一人生存就要继续支付年金，支付年金直到两位被保险人的生命终止。

14世纪，保险人开始对不同年龄段的人群规定有差别的保险费率。

1350年，诺德豪森城在推行年金保险时规定，40～50岁的人口年金保险费率为10%，而50～60岁的人口年金保险费率为12.5%。这体现出当时的保险人已经有了区别对待不同年龄段的被保险人的意识，这也是应对年金风险的一种措施。1399年，阿都瓦城针对50岁的人口实行年金保险费率为儿童保险费率的2倍，该城市的年金保险多是生存年金，一旦被保险人死亡，年金支付即宣告终止。为了防止冒领、超领年金现象的发生，政府会严格审查被保险人的身份；该城市还设立了被保险人死亡举报奖励机制，即如果被保险人死亡，政府却不知晓具体情况，有人将这样的消息报告给政府，那么政府将会对其进行一定的奖励。

中世纪，西欧天主教教会加入年金保险的运作中，无疑对年金保险的发展产生了重要作用。修道院是年金保险的重要出售者，这是因为教会一方面在信众中具有相当高的声望，另一方面宣扬基督教慈善博爱、照顾孤儿老人的公益精神，吸引了大量民众购买年金保险，这使得年金保险有较为广阔的市场。这体现了人们为了预防老无所依，采取了一定规避风险的措施。

中世纪的教会法中明确禁止高利贷，但允许这种年金保险的经营。在天主教的理念中，年金保险是一种慈善事业，对鳏寡孤独的生活提供了保障，因此是合理合法的。年金保险防御的是未来的风险，老人一旦老无所依，生活相当困苦，如果可以定期获得年金，可以相对改善生活条件，这也体现了教会的救济思想。

天主教防御未来风险的思想和来世观念早就有所体现，教徒希望死后升入天堂，而现世所做的善功则有助于这一愿望的实现，而天主教会恰恰利用了这一心理。1095年，罗马教皇乌尔班二世为了吸引更多的农民和城市贫民参加十字军东征，他向民众积极地宣讲，东方的土地遍地是黄金，流着奶与蜜，耶路撒冷是充满欢娱快乐的天堂。他同时宣布，所有参加十字军东征的人都积累了善功，都会获得救赎，死后直接升入天堂，不必在炼狱中受熬炼；欠债的贫民如果参加了十字军，就可以免除债务；出征超过1年的可免纳赋税。教皇乌尔班二世的这种呼声反映了当时贫苦民众的宗教情怀和生活诉求，体现了人们对于未来生活及来世的期许。

其后的教皇进一步发明了一种赎罪券，声称这种赎罪券可以使人们获得救赎，鼓励人们购买。天主教会宣扬去罗马朝圣是一件大善功，可以免除信徒的罪。赎罪券原本就是教会为去罗马朝圣的信徒颁发的赎罪证明文书，然而有些信徒可能由于种种原因不能亲自去罗马朝圣。教会进一步解释，如果不能去朝圣，可以缴纳一些钱款，同样可以获得赎罪证明文书。14世纪，天主教会宣称自己掌握着世间的"功德库"，可以将多余的善功分拨给有罪的信徒，帮助他们净化心灵，抵消他们犯的罪，信徒可以支付相应的金钱获得教会颁发的赎罪证明文书，其后这种文书就变成了赎罪券。教皇利奥十世开始大肆兜售赎罪券。赎罪券的出现迎合了信徒赎罪的愿望，虽然它并不能真正地让信徒升入天堂，但至少反映了人们对于防御未来风险而采取了较为朴素和原始的对策。天主教会在推行赎罪券的同时，也积极地销售年金保险。

天主教会内部也曾就年金保险是否是高利贷的问题进行过讨论。一些法学家就曾经对年金保险的合法性提出质疑，支持年金保险的学者又从公益角度阐明教会出售的年金保险与高利贷不同：高利贷是利滚利，要求连本带利一起偿还；而年金保险关切的是人类生存的希望，并不偿还本金，而是以被保险人的生存为条件，按照预先商定的保险费率向被保险人支付年金。高利贷对所有人都是很严苛的，利率很高；年金保险则以被保险人的年龄和健康状况为前提。因此，老人和年轻人的年金保险费率有很大的差距。

14 世纪末，意大利著名法学家巴尔杜斯·乌巴尔迪斯在论证年金保险的保费定价时谈到，年金保险的保费应该适宜和公正，年金保险保障的是希望，这种希望可能会被生命中种种不确定的危险所打断，即生命终止。他还将年金保险比作田地中的庄稼，在谷仓中的粮食永远要比田地中尚未收割的作物价值更高。这表明人们开始系统地对年金保险进行法理论证，年金保险正是通过这种形式获得了不断发展的机会。

中世纪的年金保险关注的重要问题是如何精确地预估人类寿命，即推测被保险人的死亡时间，以及确定年金保险的保费，即出售年金保险的价格。年金保险的价格反映了人类在某一历史时段的大致寿命预期，进而以年金保险费率的形式将承担风险所付出的代价定量化。总之，经营年金保险所依据的是不确定的概率或者预期结果，年金生命表的绘制无疑对年金保险具有重大影响。

中世纪西欧出售年金保险的保险人除政府和教会外，还有医院。因为这类机构通常会密切关注被保险人的生存状况，防止出现超领年金的行为。政府会通过人口普查来了解辖区人口的死亡率和出生率；医院在抢救病人时，也会对死亡病人进行登记；教会为死亡信徒举行葬礼，因此他们通常会较为精确地掌握被保险人的身体状况。一旦被保险人死亡，生存年金就会终止支付，从这层意义上讲，生存年金与现代社会的养老保险制度较为相似。

值得一提的是，15世纪末期，汉萨同盟的一些城市中，如吕贝克和汉堡的年金保险费率有明显的下降趋势。造成年金保险费率下降的原因有以下几个：第一，从整体来讲，15世纪是汉萨同盟由盛转衰的节点，经济实力的衰退是年金保险费率降低的根本原因；第二，相对富有的商人意识到年金保险的优点，愿意将大笔资金投入年金保险，年金保险的市场和资金来源短时间内扩大；第三，对于普通民众来说，年金保险相对稳定，风险较低，因此成为投资的理想选择。大批资金的注入使得年金保险的费率相对降低。

中世纪，年金保险的出现无疑是世界保险史上的重大贡献。年金保险与其他形式的保险不同，以往的风险防御措施往往都是在灾难发生后，造成了人员伤亡、货物损失的情况下，由保险人向被保险人或保险受益人提供经济补偿，为其家属提供经济保障，如历史上船货损失保险、丧葬互助等处置措施。年金保险是以被保险人的生存为条件，定期向被保险人给付年金的保险，它关注和保障的是人们的现实生活，而非死亡之后的补偿。如果被保险人寿命很长，年老体衰，丧失经济能力，或者提前耗尽积蓄，没有了生活收入来源，年金保险就是防御这种老无所依风险的经济储备。

被保险人参加年金保险，通常有以下情况：如果被保险人因为意外情况，其寿命短于预期寿命，那么他参加年金保险就遭受了损失，因为没有人能够精确地预测自己的死亡时间；如果一个人的寿命与预期寿命大致相同，那么他所缴纳的保费与获得的年金大致相抵，他参加年金保险既没有获利也没有遭受损失；如果被保险人的寿命超过了预期寿命，那么他所获得的年金超过了所缴纳的保费，参加年金保险就获利了。归根结底，年金保险有利于长寿的人，但如果人类的寿命普遍提高，也会给保险人带来年金风险，保险人不得不重新制定年金生命表，并重新评估行业风险。年金保险的形成和发展是一个历时性的过程，它经历了长达数个世纪的完善和补充，才形成现代社会中较为健全的保险形态。这一历程事实上反映了人类在不断地同人生中的各种风险进行博弈，充分地发挥主观能动性，坚持不懈地规避风险和防御风险，创造美好的生活。

3. 第一张保险单

14 世纪，世界上第一张海上运输保险单诞生于意大利。意大利半岛海岛广布，海岸线曲折绵延，具有天然的优良港湾，占据了航海贸易的天然优势。这里的居民自古以来受到地中海周边的希腊文明、希伯来文明、罗马文明、埃及文明、近东文明等多个文明的浸染，自由开放的思想深入人心，尤其在法律和契约方面继承了罗马法的重要思想。拜占庭帝国皇帝查士丁尼曾经颁布法令规定，鉴于海上贸易借款的风险很大，允许海运借款契约中提高利率，但不得超过 12%。至拜占庭帝国中期，海上贸易借款利率一度升至 16.66%。这种契约和利率的法律思想无疑对意大利的保险契约思想产生了重要启迪。

海上贸易兴起以后，意大利半岛形成了一大批经济实力雄厚的商业城市，如热那亚、威尼斯、佛罗伦萨、比萨等。随着贸易实践的深入，与海上保险相关的法律思想和契约思想也在不断地发展和完善。对于海上贸易借款的还款时效也早有法律规定，由于每年的 4~10 月是地中海航海的最佳时节，其余时间海上容易掀起大风大浪，且雨水较多，不适合航海，因此航海季结束的时间经常是归还借款的截止时间。

在航海过程中，船舶和货物可能会遇到恶劣天气和海盗等不确定的风险，并且船舶离开陆地孤悬海上，陆上相关救援的人力物力经常无法及时到达来挽救船舶和落水人员，因此航海中的大事小情都要由船长负责决断。航海任务既考验了船长的责任感和使命感，又要求船长具有处置突发事件的胆略智慧和冒险精神，并且船长要负责从始发地到目的地航行途中船舶和货物的安全，这是船舶抵押借款的标的，标的灭失经常导致债权人一无所获。

8 世纪拜占庭帝国编纂的《罗得海商法》也指出，船或抵押借款契约必须以船舶和货物作为抵押，而不能使用陆上财产和货物作为抵押，因为只有海上运输的货物和用于航行运输的船舶才具有航行损失的风险，其他陆上财产和货物不具有这样的特点，同样也不能要求船长对这些陆上财物负责。一旦将船舶和货物顺利抵达目的港口交给委托人，船长的任务才算正式完成，借款契约的效力也宣告终结。

拜占庭帝国皇帝查士丁尼编纂的《查士丁尼学说汇纂》对于航海贸易中船长的责任进行了明确规定，依据签订的契约内容而定，船长通常负责租船、购买驾船和修理船舶的必备器具、运送乘客，有的还负责采购货物。遇到紧急情况时，可采取"弃货法"减轻船体重量，以求迅速脱险，待船舶顺利脱险，可计算风险损失的价值，由获利的商人共同均摊。上述已经谈到这种做法，它遵循的是共同海损原则。

此外，还有一种原则被称为单独海损原则，即海上风险因素对船舶和货物造成了直接损失，如飓风将船舶桅杆吹断、雷电击中船舶、船舶触礁搁浅，虽然船长采取措施努力挽救，但仍然造成一定损失，那么这时应该由受损货物的主人自己承担损失，因为这些货物的损失并非为了全船人员和货物的安全而作出的"牺牲"，而是不可抗的自然原因导致的，责任同样也不应该由船长负责。

至14世纪，意大利的海运借款制度和相关法律有了进一步发展。即使有这些法律原则规范海上运输活动，但是船长面临的风险也相当大，他不得不寻找一些方法来分担巨大的航运风险。

1347年10月23日，一张保险单签订于热那亚银行卡洛和博尼法斯兄弟大厦。事件的经过是这样的。

热那亚的几位商人想要将一批羊毛制品从热那亚港运到马尤卡港，虽然航程不长，但当时是10月下旬，航海季节即将结束，海上风浪较大，没有人愿意冒着如此大的风险出海运货。商人们也深深地知道这一点，但是这一批货物太重要了，他们想要通过这批货抢在航海季节结束前大赚一笔，于是重金悬赏经验丰富的船长担负这项任务。重赏之下必有勇夫，一位名叫巴萨罗穆·巴索的船长自告奋勇地来到这几位商人面前，表示他可以出海运货。这位经验丰富的船长心里也在忐忑不安，他深知海上季风正在逐步袭来，此时出海是相当危险的。根据他对风向的掌握，他必须尽快抵达目的地，不然就会遭遇更加恶劣的天气。船长如果按照规定时间安全抵达目的地，那么他将获得酬劳；如果货物遭受损失，他将赔偿货物价值双倍的赔款。尽管这位船长很是轻车熟路，但为了稳妥起见，他还是找到当地的一位大商人乔治·勒克维伦，一面向他介绍自己的情况，另一面向他寻求对策。这位乔治·勒克维伦是热那亚有名的担保人，凭借雄厚的财力为海上运输风险做担保。船长平时也帮助乔治·勒克维伦运送货物。通过对这项航海运输任务的了解，乔治·勒克维伦信任这位伙伴，欣然答应为船长担保风险，两人签订了转移风险的契约。根据契约内容，船长先行向乔治·勒克维伦支付一定的酬金，如果船长在 6 个月内平安抵达目的地，他就获得这部分酬金，并不予退还；如果船长运输过程中遭遇损失，乔治·勒克维伦就为船长承担赔偿，同时赔偿由此造成的诉讼费用。这种相当不成熟的契约形式被认为是保险单的原始形态，这个案例被誉为是现代海上保险的起源。

1350 年 3 月，一纸公证契约出现于热那亚，担保人是一名叫尼科洛·卡塔内奥的富商。他来自一个贵族家庭，经济实力相当雄厚。投保人是马提奥·阿迪门托。根据协议，投保的标的是一船明矾，从热那亚运到布鲁日，马提奥·阿迪门托向尼科洛·卡塔内奥支付了 250 热那亚里拉，如果船舶不能安全抵达目的地，那么尼科洛·卡塔内奥要归还 250 热那亚里拉，并赔偿船舶和货物损失；如果船舶安全抵达目的地，那么尼科洛·卡塔内奥将不用归还这笔费用。在这则案例中，公证契约并没有规定担保费用的利率，作为风险担保商人，尼科洛·卡塔内奥充分地预料可能出现的风险，并对风险成本进行评估，这一非正式的协议事实上就是初期的保险单，而早期的保险契约往往披着借款的外衣。

这一时期保险思想的发展主要体现在以下两个方面：

一是担保风险的第三者开始出现，这透露出一种转移风险的思想。上文中船长向大商人请求担保风险的案例便是重要体现，大商人财力雄厚，抗风险能力较强，实力较弱的小商小贩则难以承担航海风险造成的损失，巨大的风险成本甚至会造成破产的后果，因此由第三者来承担风险的思想应运而生。考虑到担保风险带来的利润，大商人便帮助小商人转移一定的风险，但这种风险也是可预见的、在一定范围内有限度的保险。在当时的意大利，航海技术和造船技术进一步提高，海上事故的风险也相对降低，第三者担保商人正是看准了这样的时机，通过为人担保风险获得一定利润，这事实上反映了人类保险思想的进步。该时代以前的风险案例往往发生于借贷双方之间，高利贷者为了抵御风险，只能依靠高昂的利率。而此时的保险思想则有了较大的变化，第三者担保商人成为独立于市场交易之外的新群体，这体现了市场和职业分工的进一步细化。风险转移契约采取一种虚拟买卖的伪装形式，担保人为货物担保，便成为货物的买家，而投保人则是卖家，投保人事先交付的担保费用就是风险转嫁费或风险承担费。但是这种所谓的买卖关系必须建立在一定条件下，契约规定：如果船舶未能安全抵达目的港口，那么担保人必须赔偿船货损失，相当于买下全部货物；如果船舶安全抵达目的地，完成运货的任务，那么这样的买卖就不成立。通过这种方式，船舶运输中的风险被转移到担保人身上，在一定程度上帮助投保人减轻了风险成本。与这种特殊的买卖形式相关联的是现代保险业务中的保险残值处理权。当保险事故发生后，对保险标的造成了损失，保险公司经过调查，确定属于保险责任范围的，按照相关标准进行赔付，也就相当于保险公司购买了遭受损失的保险标的的，成了受损保险标的的合法物主。保险公司有权亲自或者委托第三方机构对已经发生保险事故损失的保险标的，通过拍卖、折价出售、租让等形式对损余残值进行回收再利用，这样的权利被称作保险残值处理权。例如，原来价值20万元的机器，遭受损失后，保险公司只能按照废品收购价格2000元，将这台机器卖掉，回收的2000元就是保险残值。热那亚的风险转移案例恰恰反映了担保人对于受损货物的所有权，然而这种回收残值的思想在当时并没有得到广泛重视，一方面是受海上打捞技术的限制，经常无法回收保险标的的残值；另一方面是人们的保险思想尚未系统化和体系化，未能意识到回收和再利用残值对于降低风险成本的意义。

二是商人之间出现了均摊风险的新模式，担保人之间采取多人共同承担风险，投保人也成立了商号，从不同程度上增强了抵御风险的能力。1383年9月，一张保险单签订于比萨港口，根据这张保险单，船长乔凡尼·莫瑞拉要将一批价值600弗罗林的羊毛制品从瓦伦西亚港运到比萨港。这一船货物属于一家名叫达提尼的商号。由于担保货物的价值较大，共有6位担保人共同为这家商号的羊毛制品担保。为了防御可能遇到的风险，担保利率定为4%。达提尼商号的出现标志着商人群体或者投保人群体形成了系统的组织。凭借这样的经济实力，达提尼商号开始将贸易做大，其后美第奇家族也出现了类似的商号。随着商业贸易的扩大，同时也伴随着商业风险的逐步增加，为了防范风险，达提尼商号选择担保人对海上运输货物进行担保，以期降低风险成本。与此同时，担保人也不再是孤军作战，他们选择联合担保风险，每个人承担风险的能力有限，但联合起来，将会发挥更大的作用。

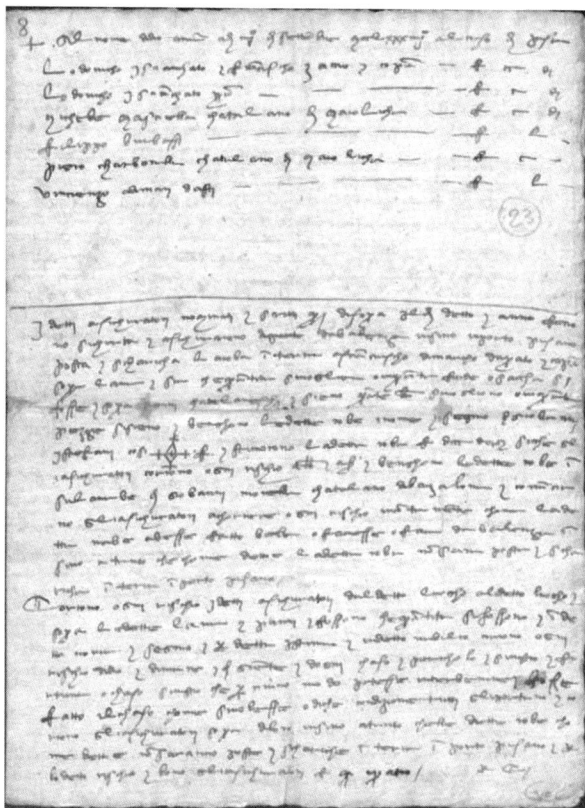

1383 年签订于比萨港的保险单

1391 年 5 月，热那亚也出现了类似的一张保险单，投保一方还是达提尼商号，保险单的投保期限为两个月。达提尼商号需要运送一批货物，包含棉纱等货物，货物总价值为 300 弗罗林，船舶从热那亚运到比萨—利沃诺。在这张保险单的条款下，有 3 位担保人签名并声明为这次运输进行担保。从这些案例中，我们可以看到，达提尼商号贸易活动相当频繁。那么达提尼商号究竟是一个什么样的组织呢？

　　达提尼商号是由著名意大利商人弗朗西斯科·达提尼创办的。1335年，弗朗西斯科·达提尼出生在意大利东部的普拉托。1348年黑死病蔓延，他失去了父母和兄弟姐妹，此后去了佛罗伦萨，在一个零售商那里当学徒。1350年，他又去了阿维农，当时罗马教廷仍在法国阿维农地区，并受法国国王的控制。在阿维农，弗朗西斯科·达提尼开始倒卖从佛罗伦萨运来的盔甲、布料、油画、珠宝等货物，建立了商业总部，赢得了人生中的第一桶金。1378年，罗马教廷从阿维农迁回意大利，弗朗西斯科·达提尼也跟着回到意大利，继续从事商业活动。1386年，他将商业总部迁到佛罗伦萨，将阿维农地区作为总部的分支机构。此后，他在意大利、西班牙、布鲁日和伦敦之间进行商业贸易，进一步积累了财富。正是凭借这样坚实的财富基础，他广泛地从事多种经营，先后加入佛罗伦萨丝织业行会，成立银行，经营风险担保业务。

　　根据现存的达提尼商号的单据来看，最早的记录便是1383年签订于比萨港的那张保险单。1383年，达提尼商号率先采用了复式记账法，即每一笔交易分立"借""贷"两方，分别填写资金增加和减少的数额，更加明显地表现了资金流动的方向。例如，借款1000金币，"借"方记录增加1000金币，"贷"方记录减少1000金币；还款时，"借"方记录减少1000金币，"贷"方记录增加1000金币。此后这种记账方法被美第奇家族采用，并传到欧洲其他地区，这种记账方式使欧洲商人在处理经济生活中纷繁复杂的细节详情时，更加游刃有余。

　　在长期的海上贸易实践中，为了规避风险和降低风险成本，意大利商人成立了贸易合作的合伙组织。具体的合作类型分为两种：一种类型为海上联盟，即在一笔贸易中，参与海上运输的商人承担1/3的资金，不愿参与风险的投资者负担2/3的资金，贸易获利后大家均分利润。当时的商人认为这是一种较为公平的投资，由于参与海上运输的商人冒着各种风险，如海盗、恶劣天气、港口难以停泊、政治条件、战争等，所以鉴于这种风险成本，参与海上运输的商人可以负担较少部分的资金；而陆上投资人既想获得利益，又不愿亲身冒险，就要相应地付出更多的资金。另一种类型为康曼达，康曼达与海上联盟略有不同，参与海上运输的商人由于冒着很大的风险，所以不用出资，由既想获得利益又不愿亲身冒险的陆上投资人支付全部资金。待海上贸易获利之后，参与海上运输的商人获得 1/4 的利润，陆上投资人获得 3/4 的利润。相较而言，在康曼达类型中，投资人只负责投资，商人只负责经营，投资者和经营者分离，一旦生意亏损，海运商人承担无限责任，陆上投资人在出资范围内承担有限责任。

意大利的这种合作经营模式对于后来公司制度的产生和完善给予了重要的启示。意大利人在经营商业的过程中，订立契约，树立风险担保意识，建立合作组织，继承了罗马法的契约精神和法律精神，为后世海上贸易的发展和兴盛提供了借鉴意义。尤其是意大利人首创了保险单这一风险契约的载体，在其后的保险发展历史中，保险单和保险条款获得了进一步的完善和补充，这些都离不开意大利人的智慧。

第三章

世界近代保险的确立 （1500—1900 年）

1. 大航海时代的海上保险

2003 年，电影《加勒比海盗》开始在全球风靡上映，一时间一票难求。该电影讲述了一位头戴骷髅帽、性格圆滑怪异名叫杰克的船长，驾驶着黑珍珠号帆船驰骋于加勒比海，探索未知财富，追求自由，与海上豪强相抗争的故事，演绎了一段又一段可歌可泣的爱情故事，书写了一段又一段曲折惊险的海上传奇。

事实上，加勒比海盗的故事发生于 17 世纪的加勒比海。由于加勒比海是美洲和欧洲之间航海线路的必经之地，而且加勒比海有无数的珊瑚礁小岛便于停靠隐藏，因而成为海盗们的天堂。这一世纪在世界历史上属于大航海时代，大航海时代所特指的时间段是 15 世纪到 17 世纪。

大航海时代不仅有中国郑和西航的历史壮举，更有欧洲人渴望财富的冒险。

1492 年，哥伦布从欧洲的西班牙向西出发，期待着一直向西行驶，就可以到达欧洲人梦寐以求的东方，也就是马可·波罗所说的遍地黄金之地。马可·波罗曾到过元朝时期的中国，写过《马可·波罗游记》，描述了当时中国的繁荣富裕局面。那个时候哥伦布曾说过："谁拥有了黄金，谁便可以在这个世界上为所欲为；拥有了黄金，甚至可以使灵魂上天堂。"他本来要去东方寻找黄金，却意外地发现了美洲这片未知的新世界，并因此而名载史册。从此，西班牙、葡萄牙、荷兰、英国、法国等欧洲国家开始在美洲大陆抢占殖民地，掠夺财富。

1526 年的一天，著名的伊利亚特半岛铁骑、西班牙国王的马前卒皮萨罗游荡在加勒比海。他们的船只遇到一条木筏，木筏上面除装有木头桅杆和布风帆外，还载有大量黄金、白银饰品、成串的红宝石、银碗、成袋的绿宝石。这让一向渴求财富、贪婪成性的皮萨罗惊喜若狂。

1532 年 11 月 16 日，皮萨罗通过征伐和欺骗，把美洲南部的印加帝国皇帝绑架，并获得了巨额赎金。据记载，这些赎金是堆满了一个长 6.7 米、宽 5 米房间的黄金，黄金高度一个人踮起脚尖才能摸得到顶部。除此之外，赎金还有两倍于黄金的白银。尽管如此，皮萨罗最后还是残忍地杀害了印加帝国的皇帝。

对金钱的强烈渴望，不断刺激着欧洲各国的航海者。在大航海时代，美洲的金银源源不断地流入欧洲，据当今美国历史学家沃德·巴雷特的估算，17 世纪和 18 世纪分别有 3.1 万吨和 5.2 万吨的美洲白银流入欧洲，政府开采的金银约占总量的 1/4，私人则约占 3/4，17 世纪中叶到 18 世纪的 100 年间，世界黄金产量大约增加了 2 倍，其中大部分也是从美洲输入欧洲的，尤其是 1680 年葡萄牙人在巴西米纳斯吉拉发现了丰饶的金矿后，从美洲输入欧洲的黄金就更多了。

而此时，加勒比海上的海盗最为猖獗肆虐，频繁劫掠来往的船只。当代著名的美国洛杉矶加利福尼亚大学历史学教授克罗在《拉丁美洲史诗》一书中记载："在查理一世时代，从西班牙开往美洲的 2421 艘船只，只有 1748 艘返回国内，其余 673 艘有些被海盗夺去，有些被暴风雨毁灭。后来，虽然建立了护航制度（1561 年），但在 1623—1636 年，仅荷兰海盗船就抢劫了 550 艘西班牙船只。"

那个时代的海盗往往受到本国政府的默许。在刀光剑影、腥风血雨中，在国际法没有确立的时代，海盗也成为各国争夺海上霸权的一股急先锋力量。

一个国家的海盗会攻击其他国家的沿海据点和海上货物船只，抢夺船上金银财宝和重要货物。那个时期最著名的海盗是英国的德雷克爵士。有一次他抢夺了西班牙船只，其中载满了在美洲开采一年的黄金，因而被伊丽莎白女王赐予"爵士"称号。西班牙人为此抱怨道："德雷克海盗与内陆的锡马龙海盗关系友好并与他们结成了联盟，这些人大概有 3000 人，他们帮助海盗并为海盗担任向导。他们已经掠夺了超过 15 万比索的黄金与白银。"

猖獗横行的海盗给各国商人的人身安全和货物安全带来了极大的威胁和挑战，各国不仅派出海上护航队来保障船只的安全，同时也十分重视并鼓励本国海上保险的发展。

在大航海时代以前，因为意大利地处地中海咽喉地带，所以长期是海上贸易的中心。

1347 年 10 月 23 日，世界上第一张海上保单在意大利热那亚签发，这第一张保险单宣告了现代海上保险的诞生，同时也宣告了现代海上保险业的滥觞。再比如，意大利南部的那不勒斯王国境内的加泰罗尼亚商人，是意大利佛罗伦萨地区和英国之间布料贸易的主要保险人，即使这项贸易并没有驶入过那不勒斯境内的任何海港，意大利的加泰罗尼亚商人还是非常娴熟并热衷于从事海上保险业。

在 15 世纪中叶，意大利人规定了海上保险根据投保船只武器配备的先进程度收取 3%～7% 不等的保险费率，这一保险费率后来大范围地扩散到西班牙的塞维利亚、荷兰的安特卫普和阿姆斯特丹等地，成为 15 世纪和 16 世纪海上保险费率的统一标准。可以看出，意大利是海上保险业的早期中心，并对世界保险业的发展作出了贡献。

西班牙和葡萄牙吹响了大航海时代的号角，同时也把海上保险带到了新世界。

举例来说，南美洲的巴西 16 世纪成为葡萄牙殖民地以后，巴西和葡萄牙的海上蔗糖贸易交流非常频繁，但运送蔗糖的船只大多都是小船，武器配备也很差，航线也十分分散和危险。当时葡萄牙和巴西之间专门为运送蔗糖的船只上保险的做法很常见，保险是那个时候蔗糖商人规避风险、管理风险的重要手段。葡萄牙的保险单有的时候不只是在里斯本签订，巴西的蔗糖商人在许多地方为其船只投保，有时候甚至为同一条船在多个地方投保。

然而，西班牙和葡萄牙王室肆意挥霍浪费从美洲得到的财富，致使从美洲运来的金钱都如雨打屋檐般很快就全部流走了，在海运贸易和保险交易领域的领军地位也逐渐让位于荷兰、英国和法国等国家。

荷兰被誉为"郁金香之国"，因为盛产的郁金香品种丰富，数量极其繁多，享誉世界。殊不知，荷兰也曾一度驰骋于整个海洋，被称为"海上马车夫"，书写了一段辉煌的历史篇章。

荷兰位于欧洲北部沿海岸，面积约4万平方公里，与德国等国相邻。荷兰历史上长期是西班牙的属地，1463年荷兰通过独立革命正式成为独立国家。荷兰独立后，在大航海时代凭借自身的地理优势、航海传统和航海技术，逐渐崭露头角。

据当代美国历史学家布特尔统计，从1560年开始，仅是荷兰的贸易就使用了大约1800艘船只与3万名水手，其来自荷兰众多的港口。荷兰因发达的航海贸易，形成了以安特卫普为中心的欧洲北部海上交易场所，安特卫普也形成了一套特定的海上保险交易规则。海上保险交易一度在安特卫普繁荣起来。

在日益激烈的海上霸权斗争中，英国逐渐脱颖而出。1588年，英国打败西班牙无敌舰队，开始走上争夺海上霸权的道路，世界保险业的中心大舞台也随之逐渐从意大利等国家转移到了英国。

意大利的保险业主要掌握在意大利北部的伦巴第人手中，伦巴第人代办教皇收取什一税，是欧洲金钱的出借人。他们的盾形纹章，即三个镀金球，是欧洲典当铺的标志，伦巴第人早在13世纪中叶开始就掌控着海上保险的交易。随着美洲新大陆的发现、新航路的开辟及贸易航路的转移，意大利海上领导地位也逐渐衰弱。

中世纪末期，意大利的伦巴第人由于各种原因，尤其是战乱的沉重压力，他们离开了意大利北部的故土，带着他们所有贵重的物品，在那些还没有受到战争恐怖所笼罩的地区避难安家，许多人去了弗兰德斯，即位于今天的比利时和法国接壤的地区，而其他人越过英吉利海峡进入了英格兰。伦巴第人移民到英国后，大部分人开始重操旧业，他们把钱借出去，收取高额利息，利息通常都不低，他们是那个时代不折不扣的高利贷者，但相比英国本土早期的犹太高利贷者而言，意大利人的利息还是相对较低的。这样，英国的借贷生意大部分从犹太人手中转到了这些伦巴第人手中，英国国王经常是这些伦巴第人的第一主顾。

伦巴第人不仅重新做起了放贷生意，还重新做起了教皇的代理人，承揽了英国出售赎罪券业务，赚取高额利润。

　　伦巴第人的高额放贷行为引起了一些本土英国人的不满和憎恨，他们心里抵触反感高利贷者，一些暴徒袭击了伦巴第人的住所，他们的人身和财产安全受到威胁。为了提防此类事件的再次发生，伦巴第人请求英国国王给予伦巴第人居住方面的保护特权。伦巴第人的请求获得批准，国王命令伦敦市长划出一片区域专给外国人居住。于是伦敦市长就在伦敦主教门和泰晤士河之间划出一片外国人居住区。伦巴第人很高兴地接受了它，很快就在指定的区域内建起了一排排别具一格的意大利式双层小楼。这一排排小楼所形成的街道，当时人们称为伦巴第街，这个名字沿用至今。

　　自伦巴第街在伦敦兴建以来，资本逐渐汇聚于此。而如今，国际知名的银行、证券场所、保险公司都在这里有办公场所，英国国家银行英格兰银行就位于此，伦巴第街成为英国名副其实的金融中心，就像今日美国的华尔街。

　　伦巴第人给英国民众带来保险思想和传统，意大利的伦巴第人早先就制定了海上保险基本的法律规定和国家规则，定居英国以后，依然采用先前的海上保险惯例和风格。比如当今“保险”通用英文词 Insurance 或 Assurance，Insurance 是常见用语，而 Assurance 经常指代人寿保险，这两个词就起源于意大利语。签订的“保险单”英文词是 Policy，来源于意大利语 Polizza，翻译成中文是“一份保证”的意思。每一份保险单开头这样写道：“以上帝之名，阿门！”这是模仿了意大利保险单开头的习惯：“上帝保佑，阿门！”（Dio la salvi，Amen）。虽然这样虔诚的保险单时至今日已不多见，但现在每一份从世界海上保险中心——伦敦皇家交易所签发的保险单仍然以这样一句话作为结尾：“我们同意承保人的保证，这份保险单与伦巴第街签订的保险单具有同样的效力。”

　　到目前为止，英国发现最早的海上保险单签订于 1547 年 9 月 20 日，该保险单名为“布鲁克海上保险单”，大部分文字都是古意大利语。对此，我们可以看到伦巴第人对保险发展的巨大创造与贡献。

　　伦巴第人为英国人带来了早期的保险实践，而英国人运用自己的智慧对其加以改进和推广。为了使保险交易更加便捷，给海上保险交易提供固定场所，改变伦巴第街一天两次露天交易的习惯，1565 年托马斯·格雷斯汉姆向伦敦市政厅提交了一份议案，写到：“如果他们购买或者给他一块足够大的土地，他将把它建成一个股票交易所或者是贸易场所，有足够宽广和众多的通道，任何季节各类商人和交易者均可每日在此聚集，在一起交流，彼此之间洽谈贸易，不会因天气或其他任何一种阻碍因素而中断。"

他又写到："商人没有交易中心将不复再来，这就像船员在大海中航行却没有水源一样。"

1570 年，经伊丽莎白一世女王的批准，第一皇家交易所在伦敦伦巴第街挂牌成立。伊丽莎白一世是英国最著名的女王，开创了英国历史上著名的"伊丽莎白时代"。皇家交易所整体格局仿照荷兰的安特卫普交易所，"皇家"一词是伊丽莎白女王所题。皇家交易所成立后，达到了成立之初的目的，改变了伦巴第街露天交易的习俗，从此保险交易有了固定的交易地点。正如当代英国史学家科克雷尔在《英国保险史》这本书中所言，皇家交易所为所有的保险经纪活动提供了集中的交易场所。

皇家交易所周围聚集了许多经营船舶、货物保险业务的公司，如霍尔氏经营的保险公司、贝维斯保险公司等。这些公司为去往或来自世界各地的船只及其货物填写保险单，它们所收取的保险费数额则与航程、海险、意外袭击等各类风险成比例。

1576 年，皇家交易所成立了保险公会。该保险公会获得了伊丽莎白一世女王授予的登记注册权，所有投保人在缴纳一定费用后，保险公会就会给保险单登记注册，从而使之获得法律效力。保险公会同时还制定了标准的保险单，并规范完善了保险条款。

随着保险机构的设立和保险交易的广泛扩展，各方对制定保险法律的呼声也越来越高。

作为大航海时代兴起的头号殖民帝国西班牙，最早针对海上保险制定了相应的法律。1556 年，西班牙历史上最卓越的帝王菲利普二世颁布了保险法规，其中明确规定了保险经纪人不能占有保险份额。1563 年，西班牙国王菲利普二世同时给欧洲大陆海上保险业中心安特卫普发布法令。安特卫普当时隶属于西班牙，是欧洲北部的国际商品贸易中心，也是国际金融中心和保险业中心。那里的交易所由来自不同国家操着不同语言的商人在经营。菲利普二世给安特卫普的法令分为两部分：一是航海法令，二是海上保险及保险格式。其中，海上保险及保险格式的颁布，主要是为了防止欺诈和赌博，同时还明确规定了所有保险人均应遵守安特卫普交易所的习惯做法。

随后不久，1575 年英国伊丽莎白一世女王颁布了王室公告《保险费率规章》，这是英国历史上第一份有关保险的法律文件。《保险费率规章》张贴在伦敦皇家交易所。女王授权一部分保险商根据风险程度拟定保险费率，以此估算被保险人应该缴纳的保险费。被保险人缴纳保险费，完成保险单签订后，还需向皇家交易所的保险公会缴纳登记注册费，以使保险单具有法律效力。1575 年的《保险费率规章》规定："保额超过 100 英镑的保险交易，按每 100 英镑 2 先令的比例，由被保险人缴纳给保险公会的负责人理查德·坎德勒及其副手；保额不超过 100 英镑的保险交易，一律以 2 先令的数额，由被保险人缴纳给保险公会负责人理查德·坎德勒及其副手。"1575 年的《保险费率规章》为 1601 年《商事保险法》的颁布奠定了基础，同时也为具有世界保险法意义的《1906 年海上保险法》提供了范本。

可见，大航海时代不仅是欧洲风云激荡的年代，也是欧洲各国海洋探险和殖民的时代。大航海使海洋天堑变通途，世界日益形成了统一的国际市场，跨地区、跨国家、跨大洋的双向海上贸易日益频繁。与此同时，作为较早的保险险种，海上保险在大航海时代也日益走向成熟和规范，并对后来火灾保险业的兴起产生了重要影响。

2. 早期的火灾保险组织

火的发现和使用是人类进化过程中取得的一项重大成就。一方面，人们使用火烧烤食物和取暖，以增强体质；另一方面，人们使用火防御野兽，制造工具。然而，火并不总是如此驯顺，它在为人们带来益处的同时，也经常带来灾难，给人们造成生命和财产损失。由此产生了"友善之火""恶意之火"两个善恶对立的概念，按照人们的意愿燃烧的火，被称为"友善之火"；反之，出乎意料的，会给人们的生命或者财产带来损失的火，被称为"恶意之火"，这就是火灾。

为了防御火灾风险，各个文明的先民都采取了规避风险的措施，中国古代建筑以木质结构为主，所以历朝历代的统治者非常重视防火防盗，还设立了类似于今天消防队的防火队伍。中世纪的西欧国家，行会组织不仅号召行会成员之间在婚丧嫁娶等事务上进行互助，还组织行会成员在街坊邻里之间承担防火防盗的义务，一家有难，众人支援，共同分担火灾造成的损失。行会组织的这种防火实践事实上是一种相互保险思想的初步尝试，为近代火灾保险组织的建设提供了启示。

火灾保险的保险标的是相对静止的、存放在固定场所的财产物资，一旦发生火灾，造成的经济损失，由保险人按照保险单的规定赔付被保险人遭受的经济损失。近代以来，西欧国家纷纷建立了早期的火灾保险组织，帮助更多的人防御火灾风险，减少甚至抵消火灾造成的损失。英国在中世纪行会的基础上，建立了友爱社，社员缴纳会费，当社员遇到死亡、疾病、火灾及盗窃等灾祸时，友爱社全体社员共同出资予以救济，并且严格规定了相互救济事项的范围和社员缴纳社费的义务。友爱社的相关制度对以后人寿保险的确立和发展有重大影响，同时近代早期的火灾保险组织所采取的互助保险的防火减灾措施，推进了其后火灾保险制度的发展。

中世纪西欧各国行会组织往往与教会合作，组织成立防火救火队伍。这些防火救火队伍建立在教区基础之上，由行会和教会出资置办防火救火工具并招募队员。这就是消防队的早期形态，队员们平时从事各自的工作，遇到火情就迅速动员起来，组织人力扑灭火患。这些组织在扑灭小型火灾方面发挥了积极的作用。随着城市工商业的发展和社会财富的不断集中，单位面积上的财产数量增加；人口数量增加，城市房屋更加密集，城区街道规划杂乱无章，配套基础设施很不完善，火灾更加频繁，造成的损失也越来越大。这种行会和教会合办的消防队伍显得力不从心。

中世纪冰岛地区流行一种叫"黑瑞甫"的互助组织，这种制度与行会组织相似，都是采用相互保险的形式。"黑瑞甫"是斯堪的纳维亚语，原意为"一份份地或者自由地"，后来成为冰岛行政区划的名称。10世纪，基督教传入冰岛以后，冰岛人深受慈善博爱思想的影响。为了使民众相互团结，互帮互助，国王广泛采纳意见，经过商讨，颁布救济穷人的法律，并根据法律内容，于1118年将全体冰岛人分成若干互助区，这些互助区兼具世俗和宗教的双重性质，互助区作为行政区，同时也是教区。这些互助区被称

为 "黑瑞甫"，其后 "黑瑞甫" 就成了冰岛互助救济组织的代称。

与行会组织不同，"黑瑞甫" 所涵盖的成员更加广泛，而且其互助内容不仅限于邻里之间的防火防盗、丧葬互助，还涉及分担和抵御火灾损失、家畜冻灾损失，协助组织成员司法审判等生活的各个方面。由于冰岛人口较少，冬季气候寒冷，冻灾频发经常造成人口死亡、畜牧业减产，人们相互依靠，结成互助组织，有效地集中了互助区的人力、物力、财力，救济鳏寡孤独，保障人们度过寒冷的冬季。但 "黑瑞甫" 仍然保留了互助组织的原则，同时带有王权干预的特色。

冰岛每个 "黑瑞甫" 的民众推举出一位治安官，治安官在该区主教的配合下，负责管理辖区内的大小事务，治安官没有薪酬。"黑瑞甫" 的民众集资建立互助财库，治安官还负责向富裕的农民征收济贫税，纳入互助财库。如果有人家里发生火灾，全区人都要积极地参与救助，并经全区民众代表商讨和统计损失金额，从互助财库中支出一部分资金用于补偿受害人家的经济损失，帮助他们重建房屋，并体面地安葬火灾中死亡的民众，对于因救火而伤亡的民众也给予一定的经济补偿。冰岛地区这些火灾保险的实践闪现着慈善和人性的光芒，为英国火险行业的正式起步提供了有益的借鉴。但同时也应看到它的缺点，"黑瑞甫" 并没有设立类似于济贫院和贫民收容所的机构，这一点在其后的历史中获得了补充。

13 世纪，西欧陆上国家出现了初步的防火减灾的实践。1254 年，法国国王路易九世在位，这是一位非常虔诚的信奉基督教的国王，一生致力于奉献教会事业，关爱贫民生活，甚至为济贫院的穷人洗脚，他是历史上少有的亲民国王。当时巴黎的消防基础设施很不完善，如遇到火灾，只能采用非常原始的方式，由民众提着水桶赶来救火。路易九世了解到这一点后，号召巴黎市民自发组织以街区为单位成立若干救火队，负责安保和消防。路易九世为这种市民组织取名为 "市民护卫队"，以区别于国王自己的王宫卫队。

15 世纪初，德国北部曾盛行一种相互保险的、互助性质的火灾救灾组织。这种火灾保险组织源于行会组织，组织成员之间互帮互助，为组织成员及其家属的死亡、灾害损失和疾病等提供经济救助。在汉萨同盟城市中，它们还负责担保码头、船舶、仓库及商栈等财产的火灾风险，保障商人的商业利益，救助的范围和目的更加明确。这种早期的火险组织有很大的弊端，一方面，各个组织规模较小，融资能力低，承担风险能力弱；另一方面，组织数量多，力量分散，遇到大型火灾造成的经济损失经常无法赔付，甚至还会破产。因此，西欧社会迫切地需要整合各保险组织的力量。

1537 年，德国苏德豪小城颁布了最早的火灾保险成文法律。受此影响，德国北部的席勒斯威格霍尔斯坦州相继产生了一些保险协会，试图整合各个小型保险组织。1543 年，德国第一家市政保险协会在伊策霍诞生，该协会成员秉承基督教慈善博爱的理念，将协会命名为伊策霍圣母保险协会。

相关法律和制度进一步完善也促使民众的保险意识增强，民众纷纷加入保险协会。

当时参加保险协会的人大多是经营易燃物品交易或者接近火源的商人，如啤酒酿造商、布料商人、铁匠等。为了共同防范火灾风险，分担火灾造成的损失，他们加入了这一协会并签订互助契约。在当时的汉堡，啤酒酿造业已经是一项非常重要的产业，啤酒的酿造工艺和原料特性要求严禁烟火，因此，互帮互助防范火灾及保障仓库和工场的安全是商人共同的目的。

16 世纪，火灾保险协会还致力于研制消防工具和器材。1518 年，奥格斯堡的火灾保险协会致力于钻研，经过对古代发明的改良，发明了新的消防水泵。要知道手动水泵和手动喷射器早在公元前 3 世纪的亚历山大就已经出现，亚历山大的克特西比乌斯就是手动水泵的发明者。奥格斯堡的火灾保险协会将这一发明推广开来。当时的水泵相当笨拙，人们想到将水泵安置在带轮子的马车上，于是最早的消防车出现了，随后西欧各火险组织纷纷加入研制和发明消防器材的行列中。

1591 年，汉堡发生了一场重大火灾，给酿酒厂造成了巨大损失，还波及其他行业的仓库和店铺。火灾发生以后，酿酒商人耗巨资重建了工场和仓库，其后他们痛定思痛，决心成立新的组织来防范火险，以保护不动产。汉堡酿酒协会成员按照协会的规定以及相关法律，结合商业实践中的各种现实问题，制定了全新的汉堡火灾保险协约。协约规定，如果有协会成员遭遇火灾损失，那么其他成员有义务缴纳一部分钱款，均摊其损失。与伊策霍圣母协会的互助契约相比，汉堡火灾保险协约更加侧重对受害人的经济补偿，这表明火灾保险的形式日渐成熟，逐步脱离了互助组织的初级形态。

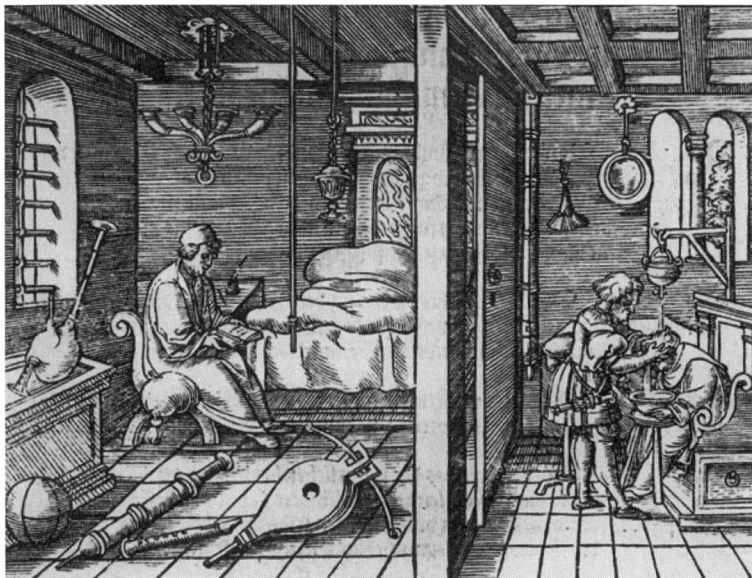

公元前 3 世纪亚历山大人克特西比乌斯发明的手动喷射器和手动水泵

以上实践表明，德国已经在整合保险组织力量的道路上取得了一些成绩，但是据 17 世纪的火灾损失统计数据显示，这些协会的工作差强人意。尽管协会章程和协约中对成员的义务和权利进行了详细的规定，但在实际操作过程中，这些协会很难对每一位火灾受害人的损失给予经济补偿，而且会费的收缴工作也难以有效地进行。总而言之，保险协会对于各成员并没有有效的约束力，并且协会的经济实力较弱，难以补偿火灾造成的经济损失。

鉴于以上情况，西欧各国政府开始对火灾保险组织进行干预。1676 年，汉堡城市议会经过商讨，批准成立了一家保险公司，名为汉堡火灾保险公司，吸纳了数量众多、规模较小的火灾保险组织，来自 46 个协会的代表参加了成立大会，签订了保险章程。汉堡火灾保险公司的成立，标志着官营火灾保险的开端。以前成立的城市消防队伍越来越让民众失望，有鉴于此，汉堡火灾保险公司在为投保人承担风险的同时，还设立了新的消防队伍。

隶属于城市议会的新型消防队伍在救火防灾过程中发挥了重要作用，不仅降低了风险成本，减少了保险赔款支出，还为商业的发展和居民的生命财产安全保驾护航。结合经过改进的消防器材，汉堡火灾保险公司的业务能力进一步提高。以往的消防水泵由于没有水管，喷射范围小，很难有效地控制火情，德国纽伦堡发明家汉斯·豪茨在改进旧有消防水泵的基础上，率先发明了吸压泵，还发明了灵活的水管，两项发明配合使用，大大地扩展了消防水泵的作用范围，提高了灭火效率。

汉斯·豪茨原本是一位铁匠，在锻铁的时候，他使用鼓风机吸入空气，然后排出空气，通过一段管子吹入火塘。受此原理的启发，他发明了这种吸压泵和水管。1672 年，荷兰画家扬·范德海顿进一步改进了消防水管，他用柔软的皮质软管代替了旧有的硬管，并且延长了水管的长度。由于制造工艺水平的限制，水管的最大长度仅为 15 米，扬·范德海顿使用铜制接头将软管连接起来，进一步提高了消防能力。

这一时期的重要消防工具还有斧头，这无疑是后世消防斧的源头。当火灾发生时，救火队员一般用水泵喷水灭火，如果遇到大型火灾，就会用斧头拆毁和移除易燃物品，开辟出一条防火隔离带，阻止火势的蔓延。同时用斧头还可以破门而入，营救被困人员，或者开辟窗口，让呛人的浓烟迅速散开，更加有利于救火队员进入火区，营救被困人员。总之，早期的火灾保险组织不仅从防御风险的基础上发挥才智，还努力从消防设施上进行改进和创新。

与西欧大致同时期，北美殖民地的防火减灾意识也进一步觉醒，并建立了配套的消防设施。1608 年，北美殖民地发生了一场大火，火灾波及了詹姆斯敦的大小房屋，造成了严重的损失。大致与此同时，波士顿、费城等殖民城市也都遭受了火灾。大火过后，这些城市的居民自发组织起来建立了防火队伍，并引进了欧洲的消防器材。1648 年，殖民地居民还发明了火灾警报器，那是一种类似于拨浪鼓的手动木质器具，并且有人专门负责发出火灾警报，通过转动该器具发出响亮的警示声音。

1631 年，在北美大陆上的一个殖民地——马萨诸塞湾，总督约翰·温斯罗普颁布了预防火灾的法律，法律条文明确规定："禁止使用木质烟囱，禁止用干茅草覆盖房屋。"同年，波士顿消防署成立，当时的救火队伍分为两组，一组队员负责操作喷射器，另一组队员负责消防用水的供给。救火队还采用一种消防钩，这种消防钩带有一根长长的竿，既可以将高处燃烧的火源钩下，以防止其继续蔓延到其他建筑，又可以将水管举到高处，向火源喷水灭火。虽然这种消防队伍技术较为原始，但是仍为殖民地的防火安全作出了重要贡献。

17 世纪，荷兰人在北美建立了殖民地——新阿姆斯特丹，这就是后来的纽约。1648 年，荷兰人彼得·史蒂文森作为殖民地的长官，负责管理荷兰在北美殖民地上的一切事务，他任命 4 个随从作为防火巡查员，负责排查殖民地的火灾隐患。1659 年，为了进一步防范殖民地的火灾风险，彼得·史蒂文森从荷兰本土引入了皮桶、梯子和水泵等消防工具，还训练了一支防火队伍；他还下令殖民地的住房禁止使用木质烟囱，违令者处以罚金。

综合来看，这一时期的消防和保险并没有鲜明的界限，都是社会防灾减灾体系中的重要组成部分，两者都以防范火灾风险为任务，以减少火灾造成的经济损失为目的。早期保险组织经常无法独立开展业务，因此，它们选择与教会、行会、协会组织合作。基督教慈善博爱的人文关怀特点深深地影响了西欧的火灾保险组织，这种贯彻始终的兄弟之爱促使西欧各城市的民众携手并肩，共同防御火灾风险。并且这些组织带有很强的地域特性，通常是邻居街区之间的互助组织，特点是较为分散，每个组织的实力较弱，但在近代则显示出整合的趋势。鉴于火灾的巨大危害，议会和政府对于火灾保险组织的干预和指导开始增强。

火灾保险组织借助新型消防工具和消防队伍，减少了火灾风险造成的损失，赔付的金额也相对减少，保险的融资能力进一步增强，这大大促进了保险业的发展。可以说，近代早期的火灾保险组织是其后保险业正式起步的预演，虽然这些保险组织在思想和实践上尚不成熟，在消防队伍的建设上也显得稚嫩，但是欧美保险业正是在这样不断探索的道路上发展和前行，为近代保险业的兴起奠定了坚实的基础。

3. 伦敦大火唤醒火险业

人类祖先的重要智慧就是发现和使用了火。然而，"火是一名优秀的仆人，但也是一位可怕的主人"，甚至一丝火星都会使人们思考这句话所蕴含的深刻道理。不过，只有一场熊熊大火才真正会使人们领略到火的威力。犹如浴火重生的凤凰，1666 年的伦敦大火不仅使人们感受到火的巨大威力，也唤醒了人们的火灾保险意识，火险业随之兴起。

17 世纪中叶的英国处在国王查理二世的统治之下，没有人会预料到，在英国资产阶级革命带来的社会动荡尚未停息之际，自然灾害又接踵而至。当时伦敦城的建筑主要是由木材和茅草搭建而成的，不像今日现代化的伦敦高楼林立，通衢大道随处可见，那个时候的伦敦大部分的街道都十分狭窄。1666 年的伦敦，特别是那年 8 月的天气尤其干燥和炎热，以至于室内外每一个物件都极其燥热，只要有一丝火星，很快就会燎原成熊熊烈火。布丁巷是伦敦城内的一条狭长街道。"布丁"一词是伦敦市民数百年约定俗成的词语，其含义是只能通过装满家禽肉类车辆的狭长过道。它紧邻伦敦桥，与东市场路相隔不远，东市场路则是肉类屠宰场。布丁巷作为全球最古老、最著名的一家银行——劳埃德银行的所在地和一个历史事件发生地而闻名于世，这个历史事件就是 1666 年的伦敦大火。

1666 年 9 月 1 日，在布丁巷开了一家面包房的面包烘烤师傅托马斯·法里纳一直工作到半夜，他忙完一天的工作，像往常一样准备休息睡觉。估计当天的面包生意非常红火，繁忙的烘烤面包工作透支了法里纳的身体和精力，睡眼惺忪、昏昏欲睡的他刚进入房间，一躺下就很快进入了梦乡。

法里纳没有意识到一场灾难已经悄悄来临，他忘记熄灭烤炉里正在燃烧的柴火。一个小时后，他被仆人唤醒，发现满屋子都是烟，整个炉子都着了火，法里纳惊慌失措，迅速逃离了现场。

伦敦的气候属于温带海洋性气候，9 月经常刮东风，那晚的风尤其强烈，火炉的火借着风势迅速开始蔓延。

面包房的周围是居民日常生活购物的市场和商人的货运仓库，大部分都是燃点低的易燃物，比如焦油、麻布和木材等，这些物品只要接触到一点儿火苗，立马就会引燃熊熊烈火，更何况引火点本身就火势不小，这些易燃物更加助长了火势的蔓延，一时间局面失去了控制。整个布丁巷以及相邻的东市场街、泰晤士街、费舍尔街都燃烧了起来。

塞缪尔·佩皮罗是当时的英国海军司令和议会议员，他撰写的有关日记被完整地保留下来，他也因此而闻名于世。他的日记从 1660 年写到 1669 年，描写了这段时期的国家大事和伦敦城的生活，被世人称为"伦敦之音"。当然，他的日记也详细记录了 1666 年伦敦大火整个事件的经过，是研究伦敦大火仅存的一手文字史料。

佩皮罗在 9 月 2 日的日记里描述了当时伦敦大火的情景：

"几个女仆昨晚为了准备今日的盛宴忙到很晚，简在 3 点多钟把我叫醒，告诉我们城里发生了一场大火。所以我起床，披着睡衣走到窗户旁，想一窥究竟。

"根据目测，我猜想大火发生在马克巷的尽头，由于没有预料到这场大火会大到后来那种程度，我认为它离我们这非常远，所以我回到床上继续睡觉了。

"大约 7 点多钟，我再次起床，穿上衣服，往窗户外望去，看见大火不像之前那么大了，离得也更远了。所以我开始归置昨日清扫后所遗留下橱窗中的物件。

"没过多久，简走进来告诉我，她听到有人说昨晚的大火已经使超过 300 所房子着火了，现在大火已经烧毁了靠近伦敦桥的整条鱼街。

"所以我马上收拾好准备前往伦敦塔查看情景，我爬到伦敦塔比较高的一层，罗宾逊爵士的小儿子跟我在一起。我看到桥的那一头还在着火，桥的另一头的火势更大。我一想到贫困的小米歇尔和我们的莎拉都住在桥上，心里不由得为他们担心。

"当我从伦敦塔走下来，心里更是无比的担心焦虑，伦敦塔中尉告诉我，早晨的大火开始于布丁巷的一家宫廷面包房，大火已经把圣玛格纳斯教堂和鱼街的大部分建筑都烧了。

"我走到河边，找到一条船，驶过伦敦桥，看到了一片熊熊大火，可怜的米歇尔的房子和老天鹅酒店都被烧毁了，大火燃烧的范围已经扩散得更远了。就在我逗留的片刻，大火已经烧到斯蒂尔院，每个人都在拼命转移他们的财产，有些东西直接抛入河中，有些直接搬到船上。贫穷的人待在他们的房子里，直到火烧到他们的房子，他们才会快速跑到船上。"

所有扑灭大火的努力似乎都是徒劳的。因为不幸的是整个伦敦都在刮着大风，狂风助推火势进一步蔓延，对于这种混乱的状况，在佩皮罗的日记中写的，他看到，"即使是鸽子，也不愿意离开自己的家。有些鸽子盘旋在窗户和露台周围，直到火苗烧到翅膀，落在地上。"

国王查理二世命令佩皮罗找到伦敦市长，让市长推倒房屋以阻止火势的蔓延。

于是，佩皮罗很快就找到了伦敦市长。据佩皮罗记载，伦敦市长一接到国王的命令，立刻痛哭流涕，像一个昏晕的老妇人，绝望无助地哭诉道："大人，我能做什么？我已经筋疲力尽无能为力了，人们不听命于我，我们已经推倒了房屋，但是我们依然阻挡不了火势。"

截至 1666 年 9 月 4 日星期一，据统计已经有超过 1 万所房屋被烧毁。此时的火势依然极其凶猛，没有人能想出办法扑灭这场大火，放眼望去，街上到处都是匆忙逃生的人群。

大火燃烧范围已经扩展到四面八方，大约有 40 平方英里。浓烟就像头上的遮篷，遮盖了整个天空，有人说他看到有的人在浓浓烟雾下骑着马连奔 6 英里。大火西边已经蔓延至伦敦塔，东边蔓延到塔街，大量的建筑，包括举世闻名的圣保罗大教堂、海关大楼、新门监狱都无一幸免，皇家交易所也没能躲过这一劫。

9 月 5 日，佩皮罗用船把他的妻子和孩子以及家里的财产都运送到伍利奇附近的安全地区，他回到家中感慨道，"这是我今生见过的令人最失落悲伤的情景。"

当时很多人都认为，历经大火的伦敦城将不复存在了。冲天大火不管对贫民的茅屋小舍，还是富丽堂皇的威斯敏斯特和白金汉宫这些皇家宫廷，都会张开狰狞的"獠牙"，将其吞噬。查理二世准备撤离到伦敦西南部泰晤士河边的汉普顿宫避难。熊熊燃烧的大火致使伦敦大约 2 万人无家可归。

但幸运的是，狂风已经开始收敛它的怒吼，逐渐平静下来。人们有了更多制止火势蔓延的希望，到了中午，西部的火势得到控制。火也被泰晤士河的河水抵挡住了，而跛子门方向的火势还在肆虐地燃烧着。

1666 年伦敦大火

当时的目击者伊芙琳这样回忆说：“走在浓烟滚滚的废墟的地面，双脚烫红了，甚至我的鞋子都着了。”

国王在通往伦敦城外开阔的道路上，搭建了帐篷和小屋来安顿受灾的市民。

大火共持续了 4 天 4 夜，大火结束就犹如它刚刚突然开始一样迅速。

9 月 6 日的早晨，伦敦大火熄灭了，留下了一片混乱与废墟。有据可查，这场灾难总计造成 88 座教堂被摧毁、13200 座房屋和 6 座小礼拜堂被摧毁，市政厅、皇家交易所、医院、图书馆和很多宏伟豪华的建筑都被焚毁，整个伦敦基本上付之一炬。火灾的全部损失估计为 7385000 英镑。

为了纪念伦敦这场大火，并使伦敦市民铭记教训，1671 年，查理二世下令修建一座纪念碑，由圣保罗大教堂设计者克里斯多佛·雷恩担任总设计师，历时 6 年，于 1677 年修建完成。伦敦大火纪念碑 61 米高，61 米正是纪念碑到大火起火点——那个面包房的距离。此纪念碑是当时英国最大的纪念碑，成为伦敦的一座标志性建筑。如今近 350 年了，伦敦大火纪念碑依然高高耸立在伦敦布丁巷的街头，诉说着过去的故事。

一场大火彻底改变了伦敦，重建工作开始，人们强烈意识到防火的重要性，同时唤醒了人们的火灾保险意识。

其实早在1633年，对火灾实行保险的提议就已经提出，议会议员向当时的英国国王查理一世请求一份对伦敦金融城即伦敦金融城区居民购买火灾保险的特许状。据资料显示，这个请求受到了欢迎，国王查理一世也表达了对授予特许状的积极态度，但是不知何故，最后特许状并没有颁布，就这样不了了之了。

人们或许只有真正感受到了痛苦，才会懂得防患于未然的重要性，伦敦大火就是一个再合适不过的例子。1667年，一位名叫尼古拉斯·巴蓬的牙医看到了大火灾难后的商机，他出资成立了一个初级的火灾保险营业处，专门为伦敦市民的房屋办理火灾保险。刚刚经历了历史上罕见大火的伦敦市民，都谈火色变，一听到可以为房屋因火灾受损而上保险，纷纷来到巴蓬的办公室投保，门庭若市。巴蓬开创了英国乃至世界火险的新局面。

4. 保险之父——巴蓬

尼古拉斯·巴蓬于1637年出生在英国一个虔诚的清教徒家庭。

17世纪中叶，正值影响深远的启蒙运动蓬勃兴起，一批重要的早期启蒙思想家，如霍布斯、洛克等，其后有孟德斯鸠、伏尔泰和卢梭等，他们提出的理论对当时的政治、经济和文化的发展及思想解放产生了重要的积极意义。这些思想也同样对尼古拉斯·巴蓬的早期教育产生了重要启迪，促进了他的思想解放，深受宗教浸染的家庭氛围并没有束缚他的思想，他较早地显示出对经济学和保险业的热爱。

尼古拉斯·巴蓬先后在莱登和乌特勒支学习医学，于1661年获得了医学博士学位，随后经过3年的实践，他成为伦敦皇家医学院的名誉教师。这些学习经历看似与经济学毫无关联，但是早年的学习经历无疑为尼古拉斯·巴蓬打开了自由思想殿堂的大门。

不久之后，尼古拉斯·巴蓬成了一位建筑商人，专门经营房屋建材、建筑施工和装修等业务。经过一段时间的经营，他成为伦敦最出色的年轻建筑商人，名声享誉全城，许多顾客慕名而来。尼古拉斯·巴蓬在讨价还价方面极有天赋，凭借突出的口才和优异的建筑质量，他在建筑商业领域如鱼得水。

在经营建材的同时，尼古拉斯·巴蓬掌握了各种建筑材料的特性和价值，这为他后来从事保险业奠定了重要的基础。他目光敏锐，善于抓住商机，当时伦敦和威斯敏斯特尚未连接在一起，他便将商业目光投入到伦敦西部地区的建设中去，那里土地广阔，适合建立新的城区。随后他积极奔走，获得了伦敦西部土地的建筑权，开始了连接伦敦和威斯敏斯特的大规模建筑工程，最终建成了后来的两个城区——斯特兰德和布隆贝里。凭借这些骄人的业绩，尼古拉斯·巴蓬积累了大量的商业资本。

建筑业并不是尼古拉斯·巴蓬唯一关注的生意，他还作为领军人物在英国的保险业和银行业发挥了重要的影响。

1678 年，伦敦又发生了一场大火，造成了严重的经济损失。伦敦的早期火灾保险组织无力赔付如此巨大的损失，纷纷破产。然而这些火灾事故也拉动了内需，催生了新型保险领域业务的诞生，促进了建筑业的发展。尼古拉斯·巴蓬在大火之后还承担了重建中殿律师学院的重任。重建工作为尼古拉斯·巴蓬的资本积累提供了条件。

1680 年 5 月，经过多年的考察和实践，尼古拉斯·巴蓬开办了第一家真正意义上的合股保险企业——房屋火灾保险事务所，其后这家公司更名为菲尼克斯（意为凤凰）火灾保险社。这是由尼古拉斯·巴蓬牵头，联合其他合伙人，筹集约 4 万英镑资本成立的保险公司。房屋火灾保险事务所成立不久，就开始为伦敦约 5000 所房屋提供了火灾保险服务，保险期限最高达 31 年。

与以往的保险组织不同，尼古拉斯·巴蓬的保险公司是全职的、专门处理火险事务的公司。以往的保险组织往往只针对火灾直接造成的经济损失进行赔付，尼古拉斯·巴蓬的保险公司则充分地照顾到因火灾造成的附带损失，如为了开辟防火隔离带而拆毁的房屋建筑、因为接近火源而受到波及的房屋建筑等都在尼古拉斯·巴蓬的保险范围之内。

尼古拉斯·巴蓬的这项新型保险业务并不是一帆风顺的，火灾保险公司创立之初，就遭遇了竞争对手的排挤。首先是来自伦敦市政委员会的压力，1681 年 11 月，伦敦市政委员会拟成立一家代表全城的政府火灾保险股份公司，该公司制定的保险条款除了涵盖尼古拉斯·巴蓬的保险条款，还增加了其他的内容：将火灾保险期限延长至 100 年，甚至火灾永久保险。尼古拉斯·巴蓬嘲笑伦敦市政委员会的荒唐举动，随后针锋相对地提出削减火险保费的措施，成功地吸引了一大批顾客，不久政府的火灾保险股份公司计划无疾而终。

1683 年，又一个竞争对手出现了，那便是伦敦火灾保险互助会。该组织仍然延续了中世纪行会和宗教团体的互助传统，采取预先缴纳会费、可估价性相互保险的措施。火灾保险互助会以预估风险数据为指导，每个会员承担相同的会费，而尼古拉斯·巴蓬的保险公司则根据建筑类型、建筑结构和建筑材料等因素，综合判定火灾风险，采取差别保费率制度，相比之下，更具有科学性和实用性。1696 年，另外一家相互保险公司——友好捐赠者火灾损失保险协会成立，后更名为携手相互火灾保险和人寿保险社。但是这些保险组织的财力和客户资源都远比不上尼古拉斯·巴蓬的保险公司。

友好捐赠者火灾损失保险协会标志

尼古拉斯·巴蓬的保险公司的主顾大多是亲历了伦敦大火的居民，他们为了防范火灾损失，纷纷来到尼古拉斯·巴蓬的保险公司为房屋投保，尼古拉斯·巴蓬的保险事业逐渐蓬勃发展起来。面对纷至沓来的保险需求，使尼古拉斯·巴蓬意识到房屋的不同特性及建筑结构和建筑材料的不同对保险的影响。由于他在建筑行业浸淫已久，对区分建筑类型很是熟稔。于是，他创造性地提出根据不同建筑结构和租金，制定差别保险费率的做法。

尼古拉斯·巴蓬的保险公司在经营业务上进行创新，具体做法是：首先，派出建筑行业专业人士对拟投保的房屋建筑进行调查，包括房屋结构、建筑材料和房屋建筑密度等要素，搜集整理必要的信息。其次，整理房屋建筑的相关资料，对拟投保房屋所在地的地租价格进行调查，或者计算房屋租金价格。最后，综合分析以上各种要素，将拟投保房屋分级，如果是砖石结构的房屋，那么保险费率定为年房租的 2.5%；如果是木质结构的房屋，那么保险费率则提高至 5%。因为与砖石材料建造的房屋相比，木质结构的房屋更易发生火灾。

此外，保费的交纳依据保险期限而定，保险期限分为 7 年、11 年、21 年及 31 年。根据不同的保险期限，保险公司采取不同的保险费率，保险期限为 7 年的保险单需交纳的保费为年保费的 5 倍；保险期限为 11 年的保险单需交纳的保费为年保费的 7 倍；保险期限为 21 年的保险单需交纳的保费为年保费的 10 倍；保险期限为 31 年的保险单需交纳的保费为年保费的 11 倍。这种根据危险程度系数划定费率的制度首开保险业的先河，为近现代保险业赔付制度的完善奠定了基础，如今人们依然沿用巴蓬所设定的火灾保险费率，他也因为对保险业作出了巨大贡献，而被世人誉为"保险之父"。

尼古拉斯·巴蓬不仅向专业海上保险商人咨询经营保险的策略，还向潜在的被保险对象征求意见和建议，通过市场调查，制定火灾保险费率。他的合伙人中有经验丰富的保险专业人士，此外他还聘请掌握保险知识的专业人士对公司员工进行培训。经过长时间的商讨和修订，1681 年 9 月 16 日，尼古拉斯·巴蓬的保险公司向公众发布了公司的标准保险单样式和一系列的保险费率。

这一时期的房屋建筑火灾保险受到人们的高度重视，尼古拉斯·巴蓬作为建筑业的专业人士，对建筑类型和损失情况进行调查，然后确定赔付标准和赔付金额，这事实上反映了他的保险公司在处理理赔工作时已经初步迈入了专业化领域。随着火灾保险理赔工作的日益缜密和严谨，近代社会对保险业提出了专业化理赔的要求。尼古拉斯·巴蓬恰恰响应了时代的呼唤，他所取得的这些成就起了催生保险定损业的重要作用。

尼古拉斯·巴蓬作为经济学家，他的目光无疑是长远而敏锐的。当看到伦敦地租逐年增长的势头，他选择投资银行业和房地产，发展不动产抵押贷款业务。1692 年，他收购了埃塞克斯伯爵的地产，将其规划成租赁房、旅店、饭店、学校，赚取租金；将河岸的一大片土地开发成码头，租赁给啤酒酿造商人和木材商人。经此项重大工程，尼古拉斯·巴蓬的建筑事业达到人生的顶峰。

尼古拉斯·巴蓬与约翰·阿什基尔共同创立了英国首家土地银行。顾名思义，该银行只受理不动产和土地所有权的相关业务，并向民众提供抵押贷款服务。同时，他还将收入建立信托基金，信托基金总额达 40000 英镑，其后由于投保房屋数量的增加，尼古拉斯·巴蓬又将信托基金追加到 50000 英镑，通过这种方式确保资金稳定增值，以抵御火灾造成的赔付风险。这显示了他作为经济学家的敏锐观察力，并已经开始关注保险市场的动态影响因素。

英国旧有的消防组织多以教区为单位，所以又被称为教区消防组织，伦敦大火后，人们对于教区消防组织的能力越来越失望，迫切要求建立新型的消防组织。为了减少火灾造成的经济损失，尼古拉斯·巴蓬还组建了伦敦消防队，配备了新式消防装备，用于保障伦敦的安全。此外，尼古拉斯·巴蓬的保险公司向房屋建筑投保人发放火灾保险牌照，写明投保的时间和地点、投保人的名字、投保房屋地址等信息，要求投保人将牌照放置于房屋外墙最显著的位置，因为尼古拉斯·巴蓬的新式消防队只对有火灾保险标志的房屋建筑进行保护和提供消防服务。尼古拉斯·巴蓬创立的新式消防队纪律严明，恪尽职守，在防火救灾过程中发挥了重要作用，减少了保险公司的赔款支出，也为英国的社会经济发展提供了保障。

与新型消防队相配套，尼古拉斯·巴蓬还发明了供水系统，并申请了专利。此后新建房屋的供水系统都由他负责设计安装，每当楼房建筑工程完工后，他利用水泵将饮用水输送到每家每户，极大地方便了人们的生活，供水系统的普及也有效地防范了火灾隐患，使消防队更加及时有效地取水救火灭火。通过这项专利的盈利，尼古拉斯·巴蓬的财富进一步增加了。

1680 年，火灾保险社成立之后，尼古拉斯·巴蓬印发了宣传小册子，上面写着投保客户将会得到保险社训练有素的专业灭火人员的灭火帮助，这种小册子就如同现在的商业广告。

防火标识也是由尼古拉斯·巴蓬的公司率先开始使用的。这种标识主要是由铅、锡、铜、铸铁等材料制作而成，并用油漆喷成红色和金色，形成鲜亮的外表。尼古拉斯·巴蓬的火灾保险社防火标识是一只从火中飞起的凤凰。其他公司也很快采用了防火标识，比如 1681 年伦敦火灾合作公司的标识上写着"伦敦火灾合作公司确保您的房子免受火灾梦魇""1683 年友好合作社"等。一张保险单的保额基本上不超过 1500 英镑，因此，一栋建筑经常会出现好几个保险公司的防火标识。

如今在欧美国家，这种防火标识的身影依然会经常出现在一些老房子前墙的高处。不同的防火标识代表着不同的火灾保险公司，一旦出现火灾险情，火灾公司就会派出自己公司训练的消防队赶去灭火。在成立之初，各个保险公司消防员的行动被严格限制在本公司投保的客户范围内。保险公司实行严格的规定，消防员不对没有投保的正在发生火灾的房屋提供任何火灾救援。很明显，保险公司这种各自为战自私的做法不利于火灾的救援，是非常危险的。最后，经过多次长时间的协商，保险公司同意捐出自己的防火器材以创建公共消防部门。

此外，尼古拉斯·巴蓬还积极地著书立作，发表自己的经济学理论。当时欧洲流行的传统经济学理论认为，国家处于出超地位对经济发展极为有利，因此各国政府纷纷采取了鼓励出口、限制进口的措施。1651 年，英国《航海条例》规定："凡外国商品输入英国，或英国商品输出到外国，只许用英国船装载或用输入国或输出国的船只装运，否则一律禁止输入英国。"尼古拉斯·巴蓬则反对这种经济学理论，他认为限制进口并不会引起国产商品销量的增长，只有开放进口，通过进出口贸易的均衡发展，才能促进英国的经济增长。

尼古拉斯·巴蓬的经济评论文章获得了广泛关注，他的声望也越来越高。综合来看，17世纪的英国火灾保险意识尚不强烈，海上保险制度对陆上财产风险关注程度不够。这是一个需要杰出人物的时代，恰恰产生了像尼古拉斯·巴蓬这样的保险业的杰出代表。尼古拉斯·巴蓬的保险公司的成立和发展，标志着保险业渐趋正规化和公司化，保险理赔手段和措施更加科学和完善，保险定损业务已经有了初步发展。尼古拉斯·巴蓬率先提出了火灾保险差别保险费率制度，并对旧有的消防组织进行改造，建立了配有新式装备的消防队，还配合施行火灾保险牌照制度，这一系列具有开创性的举措展示了尼古拉斯·巴蓬在保险经营方面的卓越智慧，为近现代保险事业的发展奠定了重要的基础。

1666年的伦敦大火唤醒了政府和社会的防火意识，强化了防火责任。伦敦大火的第二年，也就是1667年，政府颁布了限制各类易燃物品使用的法令，明确了新建的建筑设施使用不易燃材料，并要求伦敦每区有1/4的面积必须提供800个皮质水桶、15个梯子、2个喷水水管、24个丁字斧及大锤。

伦敦市政府的法令还要求，12个市政公司和市参议院提供水桶和喷水管，还需要配有鸣钟员负责巡逻，以及时发现火灾险情，从晚上10时到第二天早晨5时来回巡视各个街道。每一所房屋的户主都要在门前安装火灾报警器，各家门前需要准备水桶，水泵需要安装在每条街的水源处。市长掌管消防站的钥匙。市长、治安官和议会议员必须及时发布各种火灾灾情消息，要经常查看各个地点，工程师要给出灭火建议，补偿房主因拆毁房屋所造成的损失。

当时伦敦大火迅速蔓延的一个重要原因是伦敦城大部分建筑都是木质的，所以在重建的过程中人们不再使用木质材料，而改用石质材料，并用瓷砖铺地面，用石板瓦铺屋顶。这一变革造就了今日的伦敦城。

1666年9月的伦敦大火虽然已经过去350余年，伦敦城浴火重生，但也撒下了现代火灾保险的种子。人们当然也不会忘记尼古拉斯·巴蓬，这位"保险之父"为人类保险史所作出的巨大贡献。

5. 保险舵手——劳合社

劳合社，又称劳埃德社、劳埃德保险社。现在的劳合社位于英国伦敦的劳合社总部大楼，是英国最大的保险市场，也是全球最重要的专业保险市场之一。目前劳合社在全球 200 多个国家和地区拥有办事处，但劳合社本身并不承办保险业务，只是为其会员提供办理保险业务的办公场所和相关服务设施，就像证券交易所一样只是作为管理和服务的机构。劳合社所承担的工作内容不仅包括为保险业制定保险单、保险证书等标准文件格式，还出版有关海上运输、航海贸易、保险海事等方面的期刊和杂志。

劳合社的辉煌地位还表现在它所制定的保险条款和保险单格式在全球有着公认的权威，其制定的保险费率更是全世界保险业的指向标。但鲜有人知晓，劳合社的前身只是英国泰晤士河畔的一家普通咖啡馆，而咖啡馆的主人就是青史留名的商人——爱德华·劳埃德。伦敦劳合社就是从爱德华·劳埃德的咖啡馆演变而来的，故又称劳埃德保险社。

17 世纪，英国资产阶级革命为资本主义的发展营造了政治环境。随之而来的是英国公共舆论力量进一步发展壮大，公共空间的政治经济功能日益显著。恰逢此时，一种新式的饮料——咖啡获得了英国人的喜爱，咖啡文化在英国伦敦悄然兴起，引领着新的时尚潮流。作为公共空间的典型代表，咖啡馆成为英国人生活中重要的社交休闲场所。有一句名言恰如其分地道破了咖啡馆在英国人心目中的重要位置："我不在家里，就在咖啡馆；不在咖啡馆，就在去咖啡馆的路上。"

咖啡馆对英国的社交活动和商业活动产生了深远的影响。在咖啡馆里，每个人都是平等的，没有身份、阶级和地位的差别，无论你是高尚的学者、教授，还是卑微的贩夫走卒，只需要 1 便士就可获准进入咖啡馆，只要遵守基本的行为准则，就可以自由平等地与他人进行交谈，对政治问题、宗教争论和商业贸易等内容展开自由的讨论。在咖啡馆里，人们可以获得各种各样的信息，然而"学费"只需 1 便士。因此，英国人亲切地称咖啡馆为"便士大学"。

咖啡馆中的公共舆论氛围，以及各种信息辐辏汇集也刺激了近代保险业的发展，著名的劳合社、股票交易所等知名商业机构就是诞生在商人云集和各种信息汇聚的咖啡馆。咖啡馆善于招揽顾客，对熟客有优惠活动，并为成群而来的宾客提供雅间和会议室，以便他们秘密地商谈商业事务。就这样，咖啡馆还成了商人和政治家的非正式俱乐部。正是在这种活跃的思想氛围中，一些社会团体和商业组织获得了发展。

1688 年，一位名叫爱德华·劳埃德的中年人在泰晤士河畔的塔街经营了一家咖啡馆。泰晤士河来来往往的商船络绎不绝，尤其在光荣革命发生以后，政治氛围进一步宽松，英国的商业贸易和航运业得到了进一步发展。商人在船货交接之余，总要坐下来喝上几杯咖啡，借机交换有关航运和贸易的信息，商谈借款、保险和贸易等相关业务，爱德华·劳埃德的咖啡馆显然是个不错的选择。

爱德华·劳埃德的咖啡馆

爱德华·劳埃德的咖啡馆所在的塔街是伦敦主干道路之一，距离码头较近，紧邻海关、海军部和港务局等重要海事部门，交通十分便利。久而久之，爱德华·劳埃德的咖啡馆成了船长、船员、高利贷者和保险商人等人士经常聚会并交换信息的地方，保险商人甚至在这里签订保险单、开展业务。

1688 年，《伦敦公报》第 2429 号刊登了一则启事，内容指责一名小偷在爱德华·劳埃德的咖啡馆偷走了某位船长的一块怀表，声明如果有人有相关线索，请联系塔街咖啡馆的爱德华·劳埃德先生，酬金为一个基尼金币。这则启事看似普通，但透露出爱德华·劳埃德的咖啡馆是贸易商人的日常休闲消遣之地。《伦敦公报》上的这则启事也是爱德华·劳埃德的咖啡馆首次出现在历史记录中。

伦巴德街上，爱德华·劳埃德咖啡馆旧址

1691 年，爱德华·劳埃德将咖啡馆搬到伦巴德街和丰恩路的交汇处，这里地理位置优越，邻近英国皇家交易所。咖啡馆的搬迁并没有让它失去客源，大量各类行业的老主顾还是喜欢到爱德华·劳埃德的咖啡馆边喝咖啡边谈生意。爱德华·劳埃德待人热情，尽可能地为顾客提供舒适的环境，因此他的咖啡馆吸引了许多忠实的顾客，尤其是那些经营保险业的商人。时间一长，爱德华·劳埃德的咖啡馆成为保险业的非正式办公地点。

精明的爱德华·劳埃德意识到，要想在伦敦众多的咖啡馆中脱颖而出，就必须将咖啡馆经营得有特色。劳埃德咖啡馆里每天聚集着许多商人，由于当时的通信条件很差，商人也只有默默地等待消息，有的等待即将到岸的商船，有的正在交换信息和商谈业务，有的急切地向爱德华·劳埃德询问某某船长的商船是否到达。爱德华·劳埃德从这些日常活动中看到了机会，心中有了计划。

爱德华·劳埃德开始让服务生留意来来往往的商人，记录从他们那里探听到的最及时的航运资讯信息，包括海上和内河主要港口码头的航运资讯、国际国内局势、商界新动向等。商场如战场，爱德华·劳埃德敏锐地注意到，准确可靠的市场信息是商人赖以生存的法宝，这些信息包含着商人所急需关注的重要商机。为了招徕更多的顾客，爱德华·劳埃德将这些时鲜的信息汇集起来，最初每天写在公告板上，供商人阅读和了解第一手资讯。爱德华·劳埃德还在咖啡馆中最显著的位置设立了一个演讲台，每天专门让服务生在这里向各位商人大声宣读航运信息。其后，爱德华·劳埃德将这些信息汇总在一起，每天让服务生印刷后，张贴在公告板上和分发给商人传阅。就这样，1696 年，爱德华·劳埃德发行了一份《劳埃德航运新闻》报纸，专门介绍航运信息。通过这种方式，商人可以获得及时的航运信息，抓住商机，制定贸易对策。《劳埃德航运新闻》的出现吸引了更广泛的商人顾客群体，这份报纸成为劳埃德咖啡馆的极大优势，许多人慕名前来阅读。其间，劳埃德咖啡馆附近开过许多家咖啡馆，但是都没有劳埃德咖啡馆的生意红火。

为什么劳埃德咖啡馆能够如此及时地了解到航运信息呢？一是由于劳埃德咖啡馆络绎不绝的商人在交谈中会透露信息，爱德华·劳埃德就专门让一名服务生去探听和记录这些信息。但这些信息毕竟满足不了商人的需求，爱德华·劳埃德便从其他方面入手收集航运信息资料。二是劳埃德将咖啡馆的服务生派到全国各重要港口，作为劳埃德咖啡馆的通讯员，收集各个港口的航运信息。三是劳埃德充分利用咖啡馆邻近伦敦邮局的优势地理位置。邮局局长也是劳埃德咖啡馆的常客，邮局局长每天获得了全国各地劳埃德通讯员的信件后，总要第一时间将有关航运和商贸的资讯交给劳埃德，因此劳埃德能及时地获得许多航运信息。最终，他再把航运信息汇总在《劳埃德航运新闻》上，供商人阅读。

　　《劳埃德航运新闻》每周出版 3 期，但只出版了 76 期就停刊了。虽然时间较短，但作为航运资讯传播的重要载体，对于海上贸易和保险业的发展产生了深远的意义。《劳埃德航运新闻》停刊的原因是在第七十六期的新闻中，爱德华·劳埃德报道了一些王室诉讼案件的信息，这引起了王室贵族成员的不满，他们联合起来抵制《劳埃德航运新闻》。在巨大的压力之下，爱德华·劳埃德宣布《劳埃德航运新闻》停印，重新采用手写方式，以及在咖啡馆宣读和传阅的公告方式，但这并没有影响商人接收航运信息。因此咖啡馆的客人也没有减少，这里仍然是保险商人常驻商谈业务之地。

　　1713 年，爱德华·劳埃德去世，在当时的英国伦敦，普通市民的死讯并不会引起公共舆论的重视，但《飞行邮报》专门报道了爱德华·劳埃德的死讯，这无疑显示了爱德华·劳埃德的知名度。爱德华·劳埃德在遗嘱中将咖啡馆留给了他的女婿威廉·牛顿。威廉·牛顿基本延续了爱德华·劳埃德的经营模式。1719 年，劳埃德咖啡馆的海上保险交易额竟达 900 万英镑。巨大的商业利益也引起了英国政府的密切关注，1720 年，英国政府颁布《泡沫法案》，特许伦敦保险公司和皇家交易所经营海上保险业务，禁止其他私营公司经营海上保险业务，这一政策暴露了英国政府试图干预和垄断保险业的野心。这项政策并没有妨碍劳埃德咖啡馆的生意，因为它根本就不是保险公司，只是为保险商和投保人搭建了商谈业务的平台，并不参与保险业务，所以劳埃德咖啡馆完全不在政府禁令范围之列。

　　1727 年，劳埃德咖啡馆在《劳埃德航运新闻》的基础上，创办了著名的《劳埃德船舶日报》。直到现在，这份报纸仍然在国际保险业占据举足轻重的地位，仅次于《伦敦公报》，是英国历史最悠久的报纸。1743 年，《劳埃德船舶日报》集合航运、保险、商贸等信息于一体，增加了版面和信息量。爱德华·劳埃德的咖啡馆正是凭借着搜集和整理航运事务的动态信息，为商人提供了信息服务和交易环境，也逐渐成为海上保险业务的中心。

　　1760 年，劳埃德咖啡馆的保险商和船长为了共同应对海上贸易的风险，还成立了一个对船舶安全系数等级进行评估的组织，后来这个组织逐渐发展成为一个保障船舶货物和海上生命财产安全的公益性机构，这就是著名的劳埃德船级社。劳埃德船级社是世界上成立最早的一个船级社，历史非常悠久，它所制定的造船规则是各个国家效仿的范例。

当时保险业的保险单格式并不固定，保险商和投保人通常将保险条款写在一张普通的白纸上，注明投保的船舶和货物、投保金额、赔付标准等信息，保险承保人要在保险单下方标明承保的份额，并且签上自己的名字。而劳埃德咖啡馆的服务生经常负责提供签订保险单的白纸，久而久之，劳埃德咖啡馆便制定了统一的保险单格式，批量印刷空白的保险单供保险商填写和使用，并在保险单上印上劳埃德咖啡馆的标记。此外，劳埃德咖啡馆还向商人提供签订保险单的鹅毛笔、墨水和办公桌，极大地方便了新老顾客。

劳埃德专用的保险单自产生以来就成了保险业的重要范本，随着时间的推移，保险单的主要内容也在进一步完善。1745 年，劳埃德保险单上出现了"附注条款"，作为正文条款的补充；1784 年增加了"放弃条款"，即保险人和被保险人为了减少损失，而对处于风险之中的保险标的进行施救，但双方不能因此放弃保险契约规定的权利和义务；1850 年增加了"说明条款"，说明条款旨在详尽地涵盖被保险人的可保利益，并且阐明保险事项。

随着海上贸易的发展，海上保险的需求增大，保险业务和订单也进一步增多，保险商人发现爱德华·劳埃德咖啡馆已经无法容纳如此庞大的客流，无法满足专业的业务需求，他们意识到必须寻找更大的办公场所进行办公和交易。1769 年，一些保险商、经纪人和海上贸易商人经过商谈，共同出资，在伦敦波普海德巷开办了一家保险事务所，专门处理投保人的保险接洽事务。他们耗费了相当大的精力来维持这家事务所的运营，但后来的事实证明，他们失败了。虽然这家事务所的地理位置优越，但是商人更认可"劳埃德"这一品牌，保险商和投保人更愿意到劳埃德咖啡馆进行交易。

1771 年，劳埃德咖啡馆的一位老主顾，同时也是一位著名的荷兰保险商人范梅尔普向众商人提议建立一家"新劳埃德"事务所，以适应日益发展的保险业的形势，将新事务所作为海上保险的交易平台。他的提议获得了许多商人的支持，最终有 79 位商人愿意出资筹建事务所，于是由这些商人每人出资 100 英镑，作为认购新劳埃德的股份，作为建设新劳埃德的资金。新劳埃德的选址是一个大问题，1773 年 11 月 14 日，一位来自圣彼得堡的德裔商人约翰·朱利乌斯·安格斯坦提出租用英国皇家交易所的办公楼作为新劳埃德的选址，其他商人也纷纷表示同意，因为这里的地理位置非常优越。借助皇家交易所的地理优势，"新劳埃德"一定可以吸引广大新老顾客的前来。1774 年，新劳埃德凭借积累的财力将这座办公楼收购下来，作为固定的新劳埃德事务所，这一事件标志着劳埃德保险社的正式成立。从此以后，松散的保险商人群体终于集中起来，有了固定的交易场所。这一切得益于约翰·朱利乌斯·安格斯坦的提议，为了纪念他，人们尊称他为"劳合社之父"。

1887 年，劳合社率先经营盗窃保险业务。这一业务在很长一段时间内无人敢于触碰，既因为当时社会的安保风险较大，抵御风险的成本相对较高，又因为精算学尚不发达，缺乏盗窃保险的相关统计数据，一些知名的保险公司心有余而力不足，所以盗窃保险业务止步不前，劳合社无疑是英国盗窃保险业务的始祖。当时劳合社的保险商将主要精力放在火险业务上，鲜有人涉及盗窃保险业务。有一次，一名保险商在为一位投保人办理房屋火灾保险业务的时候，突然想到该投保人所在的街区治安情况相当复杂，并建议该投保人增加夜盗保险，这一建议获得了顾客的欢迎，从此劳合社开始经营盗窃保险业务，并在实践中逐步发展完善了相关保险条款。

在通信技术尚不发达的年代，爱德华·劳埃德就意识到商业信息的价值所在，将商人视为无价之宝的商业信息汇集起来，印刷报纸供商人阅览和参考，一方面是为了吸引客源和增加营业额，另一方面也显示了他敏锐的商业意识，为商人提供保险交易市场。劳埃德保险社创制的统一保险单格式，对于近现代保险业的发展具有重要的借鉴意义。由劳埃德咖啡馆衍生出来的船级社等机构，从事的业务更加专门化，也使得劳埃德的名声更加响亮。劳合社的形成和发展过程体现了当时英国商业界迫切需要这样一种自由的交易平台，这是由于资产阶级革命后的政治氛围更加有利于资产阶级的创业和发展，进一步刺激了新兴产业和新型组织的产生。总之，这一时代既需要商业人才，也恰恰产生了商业人才，劳合社成为保险业的掌舵人。

6. 可保利益原则

保险业中有一项重要原则——可保利益原则，又可称为保险利益原则或可保权益原则。可保利益原则作为保险业的重要经济补偿原则，通常是指投保人或被保险人对保险标的具有法律所承认的权益或利害关系，具体来讲，投保人或被保险人对保险标的享有经济利益，这种经济利益因保险标的的完好、健在而存在，因保险标的的毁损、伤害而受损。在保险事故发生时，投保人可能因保险标的遭受损失或失去利益，保险人有义务按照保险合同对投保人或被保险人就保险标的的损失进行依法赔付。投保人对保险标的应当具有保险利益，如果投保人对保险标的不具有保险利益的，那么保险合同无效。

可保利益原则被认为首先诞生于海上保险业。18 世纪初，海上保险商人在签发的保险合同上统一注明：被保险人无须证明他们对保险标的享有可保利益。这一规定原本是为了简化烦琐的理赔认定程序，却为不法分子提供了可乘之机，一方面许多人以船舶能否顺利抵达目的地作为赌博的对象，严重败坏了社会风气；另一方面，一些人从事海事欺诈勾当，故意破坏保险标的或者谎称保险标的的损失，以骗取保险赔付。这些不法行为严重损害了保险业的初衷和诚信，也阻碍了保险事业的健康发展。

对于财产保险的可保利益，英国保险业传统观点认为，在保险双方订立合同时，投保人对保险标的是否享有可保利益并不重要，但在保险事故发生之后，被保险人如若要求保险人按照保险合同条款进行赔付，保险人必然要求被保险人拥有对保险标的的可保利益。在 18 世纪上半叶，保险思想进一步得到完善，对于可保利益原则的司法解释是在合同成立之时、保险合同效力期限之内和保险事故发生之时，投保人或被保险人都应对保险标的具有可保利益，才能获得损失赔付，并且保险合同的转让行为也应发生在保险合同期限之内。

可保利益原则作为保险区别于赌博的重要内容，对于保险司法审判原则的发展和完善起了重要的推动作用。在英国，财产保险的可保利益原则最初应用于 1743 年的一桩火灾保险赔付诉讼案件，这就是著名的巴德科克诉萨德勒案。在本案中，哈德韦克大法官对财产保险案件中保险利益的起讫时间进行了明确规定。该案件的判决是可保利益原则在英国司法界的重要应用。鉴于保险市场乱象丛生，1746 年，英国议会通过了一部法案，该法案旨在治理保险市场的诸多乱象，这是英国历史上第一次以成文法律的形式将可保利益原则确立下来，这就是著名的《1746 年英国海上保险法》，巴德科克诉萨德勒案也为后世提供了运用该原则进行司法审判的先例。

在巴德科克诉萨德勒案中，一位租客 X 租用了房东的房屋，租期为一个月。为了防范可能发生的火灾风险，租客 X 为房屋购买了保险，承保的保险公司正是萨德勒保险公司。而双方订立的保险合同承保期限超过了租客 X 的租期，即在保险合同失效之前，租客 X 的租期已经到期了。租客 Y（也就是本案中的巴德科克）成为这所房子新的租赁人，这时候租客 X 为房屋购买的保险尚未到期，租客 X 提出将保险合同转赠给租客 Y。随后一场意外之火将这所房子化为灰烬，租客 Y 恰好外出办事，幸免于难，但房间中的财物都被烧毁了。于是租客 Y 拿着保险合同向萨德勒保险公司索赔，保险公司了解到事情的经过后，拒绝赔付火灾给租客 Y 造成的损失，理由是当初订立房屋火灾保险合同的是租客 X，而不是租客 Y。

最终双方互不相让，租客 Y 将保险公司告上法庭。当时负责审理这件案子的法官正是哈德韦克大法官，他经过缜密思考，作出了对租客 Y 不利的判决。哈德韦克大法官认为，投保人对保险标的的可保利益从保险订立之日起的保险期限内都有效；同时当租客 X 租房期满以后，就不再对房屋享有可保利益，也不能将保险合同的相关可保利益转移给其他人，即保险合同并非只是针对保险标的的损失进行赔付，还同样针对投保人的可保利益进行承保；而租客 Y 显然对该房屋不具有可保利益。因此，保险公司不予赔付具有合理性。经过该案件的审判，财产保险中的可保利益原则得到贯彻执行，该原则需要投保人在投保时和损失发生时都有可保利益，才能依法获得赔付。

可保利益原则实际上包含两则理论，其一为法定关系理论，其二为实际期待利益理论。法定关系理论认为，只有严格的法定关系才能存在可保利益，该理论的代表人是英国大法官伊顿勋爵。1774 年，英国颁布了《人寿保险法》，也确立了可保利益原则，该法规定："人寿保险的投保人与被保险人之间必须具有保险利益，否则合同无效。"英美法系国家法律规定投保人对以下人员具有保险利益：本人；配偶、子女、父母；除此之外，还有与投保人有抚养、赡养或扶养关系的家庭其他成员、近亲属。法定关系理论同时规定，投保人要与保险标的有严格的法律关系，则视为投保人对保险标的有可保利益。这一理论具有相当大的合理性，对英国保险司法审判产生了重要的指导作用。随着时代的发展，社会关系进一步复杂化，法定关系理论虽然合理，但不免刻板，它把可保利益拘泥于严格的法定关系，甚至一度阻碍了保险业的发展。

1806 年，伊顿大法官审理了一起案件——卢塞纳诉克劳福德案，该案件的背景是英国和荷兰之间的矛盾冲突。一位英国皇家专员奉命将几艘船舶从圣海伦娜运往伦敦，这几艘船舶事实上属于荷兰东印度公司，但名义上归英国国王所有，因为荷兰已经臣服于英国国王。英国皇家专员为这些船舶购买了保险，承保船舶从圣海伦娜顺利抵达伦敦。保险生效不久，英国、荷兰两国开战，英国皇家专员将这些船舶作为战利品，因为荷兰已经成为英国的敌人。然而，回程途中船舶失事全部沉没，皇家专员要求保险人赔付，因为这些船舶属于英国国王。而保险人拒绝赔付，理由是与皇家专员订立保险合同时，这些船舶还不属于战利品，皇家专员对投保船舶没有可保利益。最终皇家专员将保险人告上法庭，负责审理该案件的正是伊顿大法官。

伊顿大法官判决驳回原告皇家专员的诉求。伊顿认为，被保险人要在投保财产上具有可执行的法定权利，或者由财产合同衍生出来的权利，只有这种权利才能被定义为可保利益。由于保险事故的发生会使被保险人丧失这种权利，将直接影响被保险人对保险标的的占有和使用。但在本案中，皇家专员和英国国王对船舶并没有直接的法定关系，虽然皇家专员对船舶利益有所预期，但是本案判决以实际所有权这一法定关系为依据，所以保险合同无效。

法定关系理论同样适用于 1888 年美国的一则案例。该案件的一方是农场主互助保险公司，另一方是新荷兰道路管理公司。新荷兰道路管理公司负责铺设纽约与新泽西之间的道路工程，按照道路设计方案越过哈德逊河将大大缩短工程周期，节省道路工程成本。但是造桥和铺路技术要求完全不同，新荷兰道路管理公司经理对此一筹莫展。正在此时，他得知纽约市政府正在规划在哈德逊河上修建一座桥梁，他欣喜不已，不仅因为造桥可以缩短工时，还因为桥上可以建立收费站，通过收费站获得的利润可增加公司的财力。

于是该经理自告奋勇找到纽约市政府，自愿承担 1/3 的造桥成本，但该桥必须在约定的位置建造。其后纽约市政府接受了新荷兰道路管理公司的捐赠和要求，经过筹集另外 2/3 的造桥资金，市政府短时间内建造完成了桥梁，借助这座桥梁，新荷兰道路管理公司也顺利完成了道路工程。收费站设立在上桥的必经之地，假如哈德逊河上无桥可过，也就无费可收，所以新荷兰道路管理公司极为看重这座桥梁，甚至还为该桥梁购买了保险，承保的保险公司正是农场主互助保险公司。

然而就在保险期间，这座桥发生了大火，桥梁被全部烧毁。新荷兰道路管理公司根据保险合同向农场主互助保险公司索赔。农场主互助保险公司拒绝赔付保险金，理由是新荷兰道路管理公司对该桥梁并无可保利益。原来，新荷兰道路管理公司虽然自愿出资造桥费用的 1/3，但其角色只是捐赠人，而非纽约市政府的合伙人，并且该桥建造完成之初，其所有权归于纽约市政府，新荷兰道路管理公司对于此桥毫无权利。综合以上所述，新荷兰道路管理公司对该桥梁并没有可保利益，也就没有权利向保险公司申请赔付。

在后来的司法审判中出现了戏剧化的一幕。在案件的一审中，新荷兰道路管理公司获胜，这让农场主互助保险公司很是恼火。农场主互助保险公司不服判决，申请上诉。经上级法院审理，新荷兰道路管理公司对于该桥并无所有权，虽然该桥对于新荷兰道路管理公司来说具有重要的经济意义和价值，但是这种利益并不是法律规定的可保利益，即使新荷兰道路管理公司捐赠了造桥费用的 1/3，并且帮助选址建桥，也不能证明其对该桥的可保利益。因此上级法院宣判保险合同无效，保险公司无须给付保险金。英美两国的主要法律渊源是判例法，因此该案的判决形成了具有法律效力的判定，这种判定对其后的判决具有法律规范效力，能够作为美国各级法院判案的法律依据。

可保利益原则的第二项重要理论是实际期待利益理论。在英国该原则首先由著名的曼斯菲尔德大法官在司法审判中使用。所谓实际期待利益理论，即被保险人对保险标的能带来经济利益的期待，当然如果保险标的灭失，那么就会给被保险人造成经济损失。在法庭宣判中，法官经常根据实际期待利益理论对被保险人的可保利益进行认定，需要判断被保险人对保险标的是否存在预期利益，被保险人是否对保险标的享有占有权，被保险人是否对保险标的投入了金钱或劳力，以改善或保持保险标的免予损坏、摧毁或者灭失。

1782 年 5 月，曼斯菲尔德大法官审理了一起案件——勒克拉斯诉胡斯案，该案件发生的大背景是英国与西班牙之间的海上战争。英西两国素来矛盾不断：16 世纪末的英西大海战，英国击败了西班牙的无敌舰队，成为海上霸主；17 世纪中叶的英西战争；18 世纪初的西班牙王位争夺战争等，英西两国世仇宿怨已深。1782 年英西两国之间战争的导火索则是美国独立战争，美国独立战争最初只有英美两国参战，随后美国获得了国际支持，许多国家加入美国反抗英国殖民侵略的斗争中。1778 年，法国正式承认美国独立，加入美国一方，对英国宣战；1779 年 6 月，西班牙以法国同盟的身份加入反对英国的海上战争中。由此英国和西班牙于 18 世纪下半叶再次在战火中对峙。

当时英国的一支战船分遣队与西班牙战船遭遇，在英国陆军的帮助下，英国战船分遣队缴获了两艘西班牙战船及船上的所有货物。按照当时流行的英国《战利品奖励法》的规定，缴获战利品的人有权获得这些战利品，但名义上战利品属于英国国王，缴获战利品的人必须回国经由英国国王象征性地将战利品赏赐给他们，才能最终获得这批战利品。于是该战船分遣队事实上享有西班牙船舶及其货物的所有权。为了顺利地将这批货物运回英国接受政府的认定，并变卖获得利润，考虑到途中可能遭遇西班牙船队的阻挠，英国战船分遣队队长勒克拉斯决定派人全副武装护送这批战利品回国，同时还为这批战利品购买了保险，承保这批货物安全抵达英国的保险人正是胡斯。

然而，就在回国途中，船队在海上遭遇风暴，船舶和货物都沉入大海。随后，队长勒克拉斯要求保险人胡斯按照保险合同赔付损失，但遭到胡斯的拒绝，他的理由是勒克拉斯对于这批战利品并没有可保利益，因为这批战利品属于英国国王。很明显，狡诈的胡斯利用《战利品奖励法》的漏洞，想要逃避保险责任，不予赔付。于是勒克拉斯将胡斯告上法庭，该案件争论的焦点问题是原告勒克拉斯是否享有对保险标的（战利品）的可保利益。

曼斯菲尔德大法官听取了原告和被告的陈述，经过与陪审团的商议，作出有利于原告的宣判。曼斯菲尔德采用的便是实际期待利益理论，在本案中，时代背景极为特殊，为了提高英国士兵的作战斗志和鼓舞士气，《战利品奖励法》居然以法律条文的形式确立允许士兵拥有战利品的合法性，事实上是鼓励英国士兵攻城略地，容忍士兵掠夺战利品。虽然该案例发生的背景难以复制，也同样难以为后世案件的审判所遵循，但其中闪现的审判原则确实引发了英国法学家的深入思考，促使他们对可保利益原则进行补充和完善。

战争中英国士兵获得的战利品名义上全部属于英国国王，首先士兵要上交战利品，然后再由英国国王例行手续赏赐给士兵。出于鼓励士兵作战的考量，英国国王在赏赐上从未食言，赏赐只是象征性的程序。因此，士兵自然认为只要将战利品顺利运抵英国，他们事实上就获得了战利品的所有权，于是产生了这种实际利益期待，这足可证明他们对战利品具有可保利益。综合来看，英国士兵对于保险标的具有笃定的现实利益期待。曼斯菲尔德正是根据这一点判决原告诉求合理，保险人胡斯依法赔付保险金。

综上所述，可保利益原则自产生以来便引发了众多法学家的激烈讨论，法学家在司法审判的实践中形成了两种理论：法定关系理论和实际期待利益理论，这两种理论对英国保险司法审判产生了深刻的启示。同时，英美两国的法学家意识到法律本身是难以完备的，因此，他们在实践中引入判例法来辅助司法审判，直至今天，这些法律思想仍然影响着西方社会。

7. 卡特诉波恩案：最大诚信原则

卡特诉波恩案是英国历史上著名的典型案例。该案件发生于 1746 年，主审法官便是当时赫赫有名的英国王座法院首席大法官曼斯菲尔德勋爵。卡特诉波恩案的法律意义在于它的判决将欧洲大陆习惯法中的"最大诚信原则"引入英国商业法，将商人之间的诚信作为商业贸易合同的重要基础，把商人之间的口头协议视为与法律文件具有同等法律效力的证据。

在当时欧洲大陆，商业保险合同无疑是至关重要的发明创造，但随着商业贸易的日益频繁，商人为了显示相互信任，同时也为了提高效率，共同遵守着不成文的习惯法：在商业贸易中，商人不仅要遵守商业契约，还要遵守承诺。因此在他们看来，口头协议与书面合同具有同等的法律效力，这种口头协议正是建立在商人良好信用的基础之上，这就是最大诚信原则的思想源头。而英国商业法中恰恰缺少这种变通条款，仍然严格将商业合同作为约束商人的唯一法律依据。

最大诚信原则是罗马法中的重要原则，该原则受到中世纪欧洲大陆商人的青睐，尤其在汉萨同盟城市中得到广泛应用。商人在长期的商业实践中不断地阐发和补充最大诚信原则的内涵，主要包括告知、保证、弃权和禁止反言等内容。在保险业形成的早期阶段，最大诚信原则是对保险商和投保人共同的约束性原则，在很大程度上极大地补充了保险合同的诸多未尽事宜。这一原则获得了商人的普遍认同，逐渐成为约定俗成的习惯法。而在卡特诉波恩案之前，英国商业法从来不承认最大诚信原则，只承认书面保险合同的法律效力。

这起案件中的原告是罗杰·卡特，他的哥哥乔治·卡特隶属于英国东印度公司。英国东印度公司在印度尼西亚苏门答腊岛建立了殖民地，这里有一座坚固的城堡，被称作马博罗城堡，而乔治·卡特正是这座城堡的总督。当时英国殖民者刚刚在岛上站稳脚跟，每天不得不防备土著势力的偷袭。为了防止城堡被敌人攻占，乔治·卡特与弟弟罗杰·卡特商议，让罗杰·卡特在伦敦为马博罗城堡投保，承保范围为马博罗城堡被当地土著进攻或者攻占。于是罗杰·卡特找到保险商波恩，专门为马博罗城堡买了一份保险，保险期限为 1 年，即从 1759 年 10 月 16 日至 1760 年 10 月 16 日。双方签订合同，投保人为罗杰·卡特，被保险人为乔治·卡特，保险人为波恩，一旦城堡被敌人占领，保险商波恩要赔偿罗杰·卡特一笔不菲的金额。要知道这是一份风险相当大的保险，类似于战争保险。为了证明这份保险的有效性，他们邀请著名的船长特利昂等人作为公证人。当时的欧洲正陷入七年战争（1756—1763 年），英国同普鲁士和葡萄牙结成同盟，对抗法国、奥地利、俄国和西班牙结成的同盟，双方展开了一场争夺殖民地和霸权的厮杀，战场遍及欧洲大陆、北美洲的古巴、东南亚的印度尼西亚和菲律宾等地区。在这场战争中，英国树敌颇多，迫切要求巩固殖民地的安全。以印度尼西亚为例，这里集结了英国和法国两个国家的殖民队伍，双方摩擦不断，殖民地边界频繁变动。而马博罗城堡恰恰处于双方殖民地争夺的"风口浪尖"，乔治·卡特当然了解其中的风险，因此他急切地为这座城堡投保，企图转移风险。

1760 年 3 月，法国德斯坦伯爵带领一群海盗到东方寻求发财之路，他们登上了苏门答腊岛，先是占领了荷兰人的殖民地，后又进一步南下。同年 4 月，他们攻占了英国殖民地马博罗城堡，马博罗城堡的守军和商人无奈之下向法国人投降了。被保险人乔治·卡特遭受了经济损失，便向保险商波恩索赔，但是保险商波恩拒绝赔偿罗杰·卡特的损失，原因是马博罗城堡并不是被苏门答腊岛当地土著占领的，而是被同样在苏门答腊岛殖民的法国人占领的。很显然乔治·卡特作为马博罗城堡的总督早就知道苏门答腊岛的政治形势，法国人对马博罗城堡已经造成了潜在的威胁，而罗杰·卡特在签订保险合同时，居然没有将这么重要的信息明确告知波恩，这让保险商波恩非常气愤，因此他拒绝赔付。

于是罗杰·卡特将波恩告上法庭，先是在基层法院审理，后递交至英国高等法院。1762 年，这件案子交由英国王座法院曼斯菲尔德大法官审理。因为该案件极具特殊性和专业性，曼斯菲尔德召集了一个由精通保险法的商人组成的陪审团，协助法庭进行审理。这一年先后进行了两次审理，曼斯菲尔德及其陪审团宣判卡特兄弟胜诉。保险商波恩不服判决，于 1766 年提出上诉，英国王座法院于同年 4 月 19 日重新审理该案件。

　　保险商波恩的立场非常明确，他认为投保人罗杰·卡特在明知苏门答腊岛处于不利的政治情势下，却不事先告知。但根据王座法院的宣判，保险商波恩显然对投保标的的风险未能进行有效的评估，他相信了投保人的陈述，误以为本案中的偶然性事件不会发生。曼斯菲尔德大法官在判决词中谈到，保险是一项具有风险的投机行业，因此双方在签订合同时，必须毫无保留地告知全部风险因素。在这起案件中，罗杰·卡特显然认为波恩早已知道马博罗城堡的风险，马博罗城堡作为一个新兴殖民地，必然遭受着岛上土著居民和各国殖民者的敌视。罗杰·卡特在投保时，显然已经预料到法国殖民者会登岛来犯，这将对马博罗城堡造成威胁。

　　卡特诉波恩案显然没有应用最大诚信原则的告知内容原则，该原则主要是保险人对投保人的约束性条款，保险人禁止保险合同的双方隐瞒事实和风险因素，由于隐瞒事实对任何一方造成误导，从而达成了不利的交易，由此带来的经济损失将完全归结于隐瞒事实的一方，并由其承担全部损失。卡特诉波恩案的复杂性在于该保险标的——马博罗城堡位于远在印度尼西亚的英国殖民地，该殖民地与英国本土的通信并不十分畅通，信息交换不及时也是本案的重要考虑因素。当时国际社会普遍知晓英法之间的矛盾，对于法国进驻印度尼西亚的政治动向也心知肚明，因此曼斯菲尔德法官及其陪审团认为卡特兄弟未能遵循最大诚信原则。

　　卡特诉波恩案中涉及的告知原则又可分为狭义告知和广义告知。狭义告知是指保险双方订立保险合同时，投保人有必要向保险人如实口述或书面交代保险标的现状及其可能遇到的风险，以供保险人对保险标的的风险进行充分预估；广义告知不仅包括保险合同订立时，投保人必须就保险标的的危险状态等有关事项向保险人进行口头说明或书面陈述，还包括保险合同订立后，如果保险标的的危险状态发生变化、变更和出现新的事故隐患等，投保人有必要将保险标的的风险动向及时通知保险人。此外，保险人也有告知义务，其告知内容主要包括在保险合同订立时，保险人要向投保人解释和说明保险合同条款，尤其是保险合同中的免责条款；保险合同约定的条件满足后或保险事故发生后，保险人应按合同约定如实履行赔偿义务。

　　但在当时的英国社会，最大诚信原则还没有得到广泛重视。曼斯菲尔德大法官首次使用这一原则进行宣判，无疑为英国保险司法审判开启了最大诚信原则的滥觞。保险商波恩原以为马博罗城堡固若金汤，当地土著利用原始冷兵器是无法攻克的，但是保险期限内法国殖民者的入侵对他来说既是一个意外，也是一场灾难，因为保险标的物的危险或损失已经超出了他预料的正常范围。波恩在签订保险合同之前必然有询问罗杰·卡特的环节，他使用的便是最大诚信原则的告知形式。

告知形式包含两种：一种是无限告知原则，知无不言言无不尽，投保人要主动交代保险标的的风险状况和危险程度；另一种是询问回答，即投保人需要对保险人提出的问题如实相告，或者保险人将需要投保人告知的内容列在保险单上，要求投保人如实填写。但是卡特诉波恩案的特殊性在于乔治·卡特作为马博罗城堡总督和东印度公司的下属，有一些军事机密和商业机密是不能告诉保险商波恩的，这使得最大诚信原则无法得到具体落实。据公证人船长特利昂等人的供述，乔治·卡特早就知道马博罗城堡的城防条件虽然可以抵御当地土著的进攻，但是绝对抵御不住欧洲其他国家殖民者的进攻，同时他也了解到法国人即将攻打马博罗城堡，而他未将这些事实告知波恩。

最大诚信原则的另一个重要内容是保证。在卡特诉波恩案中，罗杰·卡特与波恩签订合同，合同条款不仅包含了保险商波恩应该承担的风险和损失赔偿义务，还包含了投保人和被保险人的义务，即卡特兄弟应该尽其所能保护马博罗城堡，保证尽可能地规避风险和控制风险所造成的损失，确保马博罗城堡周边环境的良好稳定。然而事实证明，马博罗城堡的军队和商人慑于法国殖民者的威势，几乎是不战而降，卡特兄弟并没有尽职尽责地完成保险合同规定的义务，这属于承诺保证中的不作为行为。无论是告知还是保证，都是强调保险人和投保人之间的诚信诚实，对于保险标的的重要事实进行如实汇报，以便保险人较为精确地预估所承担的风险。

曼斯菲尔德大法官将最大诚信原则引入英国商业法，虽然当时这一原则并没有引起商业领域的广泛重视，仅在保险业得到较为充分的应用，但是这一尝试无疑为后世的保险司法审判提供了重要借鉴。最大诚信原则对投保人的要求更高一些，因为投保人比保险人更加了解保险标的的风险状况，如果投保人不能给出关于保险标的的详细信息，那么保险人就不会为其承保，原因是没有足够的资料对保险标的的风险进行评估，这便是由于保险信息的不对称导致的风险。

卡特兄弟确实隐瞒了一些重要情况，如马博罗城堡只能对当地土著居民造成威慑，而无法有效地抵御欧洲殖民者；船长特利昂证实，乔治·卡特的总督一职承担的不是军事职能，而是经济和商业职能，他自身无法组织有效的防御。然而对于这一点，卡特兄弟进行了辩驳："我们并没有隐瞒任何情况，英国皇家交易所的所有商人以及曼斯菲尔德的商人陪审团都十分了解苏门答腊岛殖民地的情况。"保险商波恩进而反驳说："保险商人有权利了解保险标的的所有不利条件，而且从披露的卡特兄弟之间的通信中，我们也发现了卡特兄弟原本就知晓马博罗城堡的防务状况难以抵挡法国殖民者的攻击。"波恩声称自己如果发现了这些情况，就一定会将保险费定得更高或者干脆不签订保险合同，因为这份保险的风险太大了。卡特兄弟对马博罗城堡的枪械和火药储存情况，以及难以有效御敌的情况进行隐瞒，事实上未尽到如实告知的义务。

曼斯菲尔德大法官认为被保险人并没有欺诈的意思和行为，首先双方订立保险合同是在法国殖民者登岛之前，保险合同的内容明确强调是为了防备英国敌人的入侵，并没有说明是当地土著居民还是法国殖民者，这些都是保险合同存在的漏洞。同时曼斯菲尔德大法官提出，禁止隐瞒是为了防止欺诈和鼓励诚信，保险商波恩不能仅以"自己未被告知"为理由而主张保险合同无效。总结保险商波恩曾向法院提出的申诉内容：被保险人没有向他介绍马博罗城堡的防务状况；被保险人没有告知法国殖民者可能会攻击马博罗城堡；被保险人曾经收到过一封 1759 年 2 月 4 日的信件，该信件似乎表明法国人在 1 年前（1758 年）曾图谋攻占马博罗城堡，如果这些信件被披露，则可能根本不会有人承保马博罗城堡被攻击的风险。

针对波恩的申诉，曼斯菲尔德大法官提出：1760 年 2 月，马博罗城堡尚未受到法国殖民者的威胁，也没有获得这方面的情报；同年 2 月 8 日，被保险人仍然购置了 4000 英镑的货物，在其后的 1 个月内被保险人进行了约50000 英镑的贸易，说明他认为当时的情况仍然适于经商；但至 4 月 1 日，马博罗城堡便遭到了法国人的攻击，随后被占领。因此被保险人的情况完全符合赔付标准，并没有骗保的行为。保险商需要承保的事故是"是否会受到欧洲敌人的攻击"，而不是"能否抵御"，因此，马博罗城堡的防务状况显然与本案没有必然联系；被保险人只是担心法国殖民者会侵扰马博罗城堡，但在投保人罗杰·卡特为马博罗城堡投保时法国人并无进攻的事实，而当法国人迅速南下之时，卡特兄弟显然没能及时通知保险商关于马博罗城堡局势的变化情况。至于波恩提到的 1759 年 2 月 4 日的信件，这封信是由温琪写给乔治·卡特的，信中说到：法国人在 1 年前曾经图谋进攻马尔堡，今年可能会将这一搁浅的计划付诸实施。曼斯菲尔德大法官认为，这封信只是表达了对于局势的猜测，而非法国殖民者进攻马博罗城堡的直接证据。

曼斯菲尔德大法官进一步提到，如果保险标的的某些公开信息是众所周知的信息，那么投保人不需要向保险商介绍该情况。曼斯菲尔德大法官特别提到，有一些信息，保险商可以通过自己的努力很容易获得，如阅读报纸、伦敦皇家交易所和寻求某些官方渠道了解殖民地的政治状况等，投保人也不需要向保险商告知这些信息；涉及国家安全机密的信息如军事情况等，投保人也不需要向保险商告知这些信息。在卡特诉波恩案中，卡特兄弟无权向保险商透露殖民地的政治情况和东印度公司在苏门答腊岛的经营情况，并且根据英法两国当时的交战状态和海军力量对比，保险商波恩在伦敦显然可以获得更多的国际资讯，足以判断马博罗城堡遭受法国人攻击的可能性。

从曼斯菲尔德勋爵的审判词中可以看到，虽然判决规定波恩按照保险合同赔付乔治·卡特，但是判词还进一步规定了最大诚信原则的适用范围。在此基础上，其后英国的法官们严格规定了保险双方的披露义务。例如，保险人可以较为容易地从其他渠道了解保险标的情况的，这些信息可以不披露；保险人对于自己有疑问或者不确定的事实，应当主动询问被保险人或者投保人；如果保险人对于保险标的风险状况有疑问而未加询问的，则视为保险人弃权，并且不得于事后主张被保险人违反了披露义务。总之，最大诚信原则既约束了投保人的行为，也规范了保险人的义务。

8. 曼斯菲尔德大法官

英国王座法院首席大法官——威廉·穆雷·曼斯菲尔德勋爵一生致力于海上保险司法审判和案例研究工作，他凭借在司法审判中的功绩和对保险法律的总结成就，成为英国海上保险司法史上的典范。英国海上保险史上著名的《海上保险法》中的重要保险司法判例凝聚着曼斯菲尔德勋爵的智慧和思想，这部法律作为世界海上保险法律史上的权威之作，始终指导着世界各国的保险立法和司法审判，在人类法律史上熠熠生辉，绽放光彩。

曼斯菲尔德勋爵出生于 1705 年，逝于 1793 年。他是英国历史上最伟大的法官之一，对于 18 世纪英国法律的汇编和司法实践产生了重要影响，尤其在保险立法和审判方面颇有建树。1756—1788 年，曼斯菲尔德勋爵担任英国高等法院——王座法院首席大法官。他在任职的 33 年里，致力于英国商业法的研究，由此研究的成果惠及英国乃至全世界商业法的制定和审判，也为其后商业法律法规的发展奠定了坚实的基础。

曼斯菲尔德勋爵出生于苏格兰珀思郡一个富足的英国贵族家庭，父亲早早地让他接受古典传统文化的学习，他从幼年时期就显示出对罗马法的浓厚兴趣。早年的他在珀思中学接受教育，1719 年，年仅 14 岁的曼斯菲尔德被父亲送到威斯敏斯特学校和牛津基督教会接受教育，并以优异的成绩进入牛津大学深造，先后获得文学学士和硕士学位。在牛津大学的学生生涯中，曼斯菲尔德勤奋地阅览罗马法资料，学习法庭辩论术。他还进入林肯律师学院，与那里的学术同仁一起学习和探讨法律问题。1730 年，曼斯菲尔德被林肯律师学院授予律师资格。曼斯菲尔德的这些知识储备和训练经验让他受益匪浅，为他的律师职业生涯奠定了学术基础，同时也为他走向政坛，直至担任王座法院首席大法官指明了方向。

曼斯菲尔德成为律师后，秉持公平正义，声名鹊起。1742 年，曼斯菲尔德被任命为副检察长，并任由巴勒布里奇地方选出的下议院议员，他开始同时涉足政治和司法事务。当时西班牙在贸易方面对英国商人设置重重障碍，英国的商船时常受到西班牙商船的恶意攻击，这给英国商人造成了严重的经济损失。曼斯菲尔德为此曾在英国下议院为商人进言，发表了极具感染力的演说，成功地说服了其他议员，通过了提案，制止了西班牙侵犯英国船舶的行为。这令他在律师界声名显赫。其后，曼斯菲尔德成为政府在下议院的主要发言人。他思维敏锐，逻辑清晰，声音洪亮，被誉为"无与伦比的最佳扬声器"。

1754 年，曼斯菲尔德被任命为总检察长。1756 年，他又被任命为王座法院首席大法官，并一跃成为内阁成员，受封为曼斯菲尔德男爵。1776 年，他被升为伯爵。在当时的英国社会，曼斯菲尔德的判案获得了广泛的关注，对国际法中引入英国商业法也作出了巨大贡献，但由于他的某些意见比较前卫，未能获得英国保守派的认可和接受。

曼斯菲尔德在审判中力求公平公正、不偏不倚。1780 年，英国爆发了反天主教的社会动乱，约有 5 万名暴徒参与了这次动乱。一些人还冲击了议会大厦，另外一些怀恨在心的暴徒趁乱将曼斯菲尔德的房屋和图书室烧毁。非常具有戏剧性的是反天主教动乱案件的主审法官就是曼斯菲尔德，社会舆论都在关注这场关系曼斯菲尔德个人利益的审判。被指控组织这次叛乱的是乔治·戈登爵士。经过长时间的庭审和收集证据，结果出人意料：曼斯菲尔德宣告戈登无罪。这一起案件显示出曼斯菲尔德超然的人生态度和公正公平的司法理念。在另一起案件中，一位名叫约翰·威尔克斯的记者出版了许多作品，他被下议院指控在书中宣传激进思想和煽动民意。曼斯菲尔德按照法律程序进行了严谨的调查。面对来自舆论和王室的巨大压力，他并没有屈从于外界的干扰，仍然不偏不倚地审判，最终他认为对于这名记者的指控缺乏证据，于是判决这名记者无罪。

伦敦临近海湾，良港众多，海运发达，为海上贸易和工商业的发展提供了优良的天然条件，商业贸易不断发展繁荣，使其成为英国重要的商业城市。在贸易实践中，商人之间在商业合同契约的制定、合同义务的履行、货物交易、抵押借款和保险以及海上运输等方面不免会产生利益纠纷，常常对簿公堂，因此法院每天需要处理的司法审判案件非常庞杂，有必要对以往的案例进行总结，以指导其后的海上保险司法审判。曼斯菲尔德在审判海上事务的案件过程中，注意总结前人经验，同时适应形势需要进行变通。

曼斯菲尔德勋爵所处的历史时代恰逢英国工业革命的兴盛之时，他工作的主要目的就是要改造英国旧有的商事法律制度，使之适应工业革命经济增长的需求，与日益发展的国际贸易进一步接轨，同时调整与殖民地的商业关系。旧有的商业法律条文并不能适应新时期的司法审判工作，并且对于责任人的义务规定经常模糊不清，而且对于商业实践中已经较为成型的、约定俗成的习惯法未能给予吸纳，这些都是旧有商业法备受诟病之处。同时，随着欧洲大陆上的国家开始对商业法和司法系统进行改革，在这些方面他们远远领先于英国，因此在国际贸易实践中英国商人常处于被动的尴尬境地，与其他国家通商极为困难。

曼斯菲尔德勋爵对英国海上保险法、契约法和票据法等法律门类的发展起了重要的推动作用。他对英国法律最重要的贡献是将商业习惯法根据实际需要进行整理、修改和完善并固定下来，上升为英国的国家法律，从而使得英国的商业法律更加符合当时经济发展的需要。曼斯菲尔德还对英国海上保险法进行修订，剔除许多不适应时代的条款，补充了一些司法审判中产生的重要法律原则，并在此基础上创立了一个系统完备的海上保险法律体系。

曼斯菲尔德勋爵肯定了票据在商业贸易中的可流通性，对国际商业法中的汇票、期票和支票的理论进行研究和阐述，促进了票据法的发展完善，为资本主义市场的资金流转打开了方便之门。曼斯菲尔德还对契约法提出了建设性的改革意见，推动了海上保险业的发展。为了适应殖民地和国际社会的政治经济形势，他引入了国家商业法律的先进成果，冲破了英国传统司法观念的束缚。英国传统法律以土地为中心，深受传统司法的限制，但随着国际贸易的发展，传统司法审判难以适应日益复杂的商业实践，所以法律改革势在必行。曼斯菲尔德勋爵在商业法律领域作出了不可磨灭的贡献，他被誉为英国的"商业法之父"。

曼斯菲尔德还激烈地抨击奴隶制和奴隶贸易，并为英国奴隶制的废除作出了重要贡献。当时，黑奴贸易非常猖獗，但法律没有明文禁止。1772年，法院接到这样一件案子：一个被从非洲掠来的黑奴詹姆斯·萨穆塞特，由于不堪忍受主人查尔斯·斯图尔特的虐待，趁着天黑逃跑了。当年的11月，詹姆斯·萨穆塞特就被抓住了，并被戴上了脚镣。

查尔斯·斯图尔特将他关押在"安和玛丽"号船上，试图将他卖给"安和玛丽"号船长约翰·诺里斯。事情并没有这样结束，在英国这样一个经历了资产阶级革命的国家，自由法治思想早已深入人心，市民非常重视人权，因此有 3 位市民站出来声称自己是这名黑奴的教父，要求"安和玛丽"号船长交出这名黑奴，并向王座法院递交了人身保护权的申请文书。这就是著名的詹姆斯·萨穆塞特案件，负责审理这件案子的正是曼斯菲尔德勋爵。

这件由一名奴隶的人权问题产生的司法案件，迅速引起国内舆论的密切关注，其宣判结果可能影响到英国全体奴隶的命运，人们都在等待曼斯菲尔德对这件案子的审判结果。如果曼斯菲尔德宣判奴隶归这名主人所有，那么曼斯菲尔德将受到舆论的强烈谴责，人权的呼声将不会停息；如果曼斯菲尔德宣判奴隶为自由人，那么将会对英国的奴隶所有者造成巨大损失，要知道在当时的英国社会，一名身体健康的奴隶价值 50 英镑，而英格兰全境共有 1.5 万名家庭奴隶，也就是奴隶所有者将损失共计 75 万英镑，同样英国的奴隶所有者也不会善罢甘休。

面对这样巨大的舆论压力，曼斯菲尔德法官始终坚持公平正义的法律理念，他以超人的胆略，判决这名奴隶人身自由，查尔斯·斯图尔特不能将这名黑奴运到英国以外的领土，法庭上爆发了自由人权支持者经久不息的掌声。曼斯菲尔德在法庭判决中意志坚定地说："我们英国的民主制度之所以令人向往，是因为在这里每个人都是生而平等的，平等地呼吸着自由民主的空气，平等地享有公民权利。每个来到英国的人都有权得到英国法律的保护，不管他的身份地位如何，不管他在此之前受过何种压迫，不管他的皮肤是何种颜色。英国自由的空气绝不允许被奴隶制玷污！"

随后，曼斯菲尔德的判决遭到了英国保守势力的驳斥，英国虽然还有买卖奴隶的现象，但是曼斯菲尔德的判决对人们的思想却产生了深刻的影响。曼斯菲尔德的审判虽然不能宣告英国奴隶制度的死亡，却宣告了在英格兰和威尔士奴隶制度的法律基础已经动摇。曼斯菲尔德的审判结果导致了一连串的连锁反应，英格兰约有 1.4 万名奴隶获得了自由，其他奴隶则自愿成为前主人的付薪仆人，由此可见曼斯菲尔德的宣判对于英国奴隶制度的重要影响。

曼斯菲尔德在审理日常案件中，经常作出许多创新举措。1765 年，曼斯菲尔德接到一宗皮兰诉讼范梅尔普违反商业合同的案件。在具体的审判中，曼斯菲尔德试图对以往的司法审判程序进行变通。英国传统司法审判条例中有一项重要规定，即商业契约要经过研究考虑环节才具有法律效力，否则视为无效。而曼斯菲尔德对该规定进行了挑战，认为研究考虑环节只作为商业合同的证据，而非不可或缺的要素；省却这一环节，商业合同仍然具有法律效力。曼斯菲尔德的努力事实上是针对烦琐的英国司法体系的改革，面对日益发展的国际贸易，政府必须建立高效的司法程序和商业合同审核程序，在这一点上曼斯菲尔德的目光无疑是长远的。

曼斯菲尔德还对陪审团制度进行了修正，以往的陪审团经常通过抽签选举产生，并且陪审团成员的文化水平和知识构成差别较大，有些成员甚至毫无商业贸易经验和法律知识。有鉴于此，曼斯菲尔德认为有必要针对商业案件的司法审判专门成立一个由通晓商业法的商人组成的陪审团。商人凭借自己在商业贸易中的经验和专业知识，能够对案件提出较为专业的意见和建议，并且拥有国际贸易经验的商人还将有助于国际商业法引入英国商业法。曼斯菲尔德很快将这个想法付诸实践，于是曼斯菲尔德勋爵陪审团成立了，该陪审团在商界和法律界架构起沟通的桥梁，促进了英国司法审判的科学化进程。

曼斯菲尔德个人非常推崇古代社会的自由贸易思想，他的观念深深地受到罗马法律和希腊法律的影响，早年他熟读古代学者讨论经济事务的作品，如西塞罗和色诺芬等人的著作，并逐渐将这些思想应用于司法审判中。1783 年，曼斯菲尔德负责审理一桩保险案件——格瑞逊诉吉尔伯特案。事情的经过是这样的，吉尔伯特是一名运奴船船长，他向格瑞逊借款作为进行奴隶贸易的成本，两人签订合同，如果船舶和船上的奴隶平安归来，吉尔伯特则向格瑞逊支付本金和利息；如果船舶和船上的奴隶沉入大海，吉尔伯特则不需要赔偿。

但是在这件案子中，船长吉尔伯特被指控杀掉奴隶丢入大海，造成格瑞逊的经济损失。英国传统法律规定，奴隶像马牛羊一样都是财产，船舶航行中遇到大风大浪，在绝对必要的情况下，船长可以将奴隶当作货物抛弃。曼斯菲尔德并没有严格按照旧法审判，他视奴隶为自由人。依据证据，他宣判对杀死奴隶的船长吉尔伯特处以罚金，并对此类案件的审判程序进行简化。由此可见，曼斯菲尔德在尊重保险契约的同时，也适时采用变通的方法。

曼斯菲尔德大法官

　　曼斯菲尔德还重视保护版权。1769 年，他负责审理一件著作版权的案子，原告是安德鲁·米拉尔，被告是罗伯特·泰勒。安德鲁·米拉尔是一位书商，他于 1729 年购买了诗人詹姆斯·汤姆生所创作的诗歌《四季》的版权。罗伯特·泰勒在印刷诗集的时候，将《四季》收录到其中，最后安德鲁·米拉尔将罗伯特·泰勒告上法庭。曼斯菲尔德保护了书商安德鲁·米拉尔的版权，责令罗伯特·泰勒停止印刷该诗集，这项审判被认为极具前瞻性和长远目光，对后世著作权保护法的制定和发展提供了借鉴。

曼斯菲尔德被誉为18世纪英国最伟大的法学家，他的司法审判事实上反映了英国自启蒙运动以来的理性光辉。在他的努力下，詹姆斯·萨穆塞特案件的宣判结果动摇了奴隶制度的法律基础，推进了英国奴隶制度和奴隶贸易的废除。曼斯菲尔德制定的司法审判原则和商业法律条款促进了英国商业的发展，加速了英国成为世界头号强国的进程。曼斯菲尔德启动了英国法庭系统的改革进程，以往的案件常遭到搁置审理，在他担任大法官期间规定，除非特别有争议的案件需要搁置重审外，其他琐碎的小案件应该当庭宣判。这些措施既节省了法庭审判的开销和时间，简化了司法审判程序，又提高了办事效率，对英国司法系统的革新产生了深远的影响。

9. 维多利亚女王的保险单

维多利亚女王出生于1819年5月24日，逝世于1901年1月22日。这位英国女王在位长达64年，开创了辉煌的"维多利亚时代（1837—1901年）"，这一时代是英国在政治、经济、文化、科学技术和军事等领域兴盛发展的黄金时期。然而，大多数人所不知晓的是维多利亚女王热心支持英国保险事业，还为自己买了人身意外伤害保险。为维多利亚女王承保的保险公司是1797年成立的鹈鹕人寿保险公司。此外，威廉四世、爱德华七世和雪莱等著名人士也都持有这家保险公司的保险单。

维多利亚时代的社会经济获得了长足发展，这一时期积累的资本为后来英国的经济建设提供了重要的物质基础。维多利亚时代的英国利用工业革命产生的社会财富进一步战胜了封建主义，虽然在政治、经济和文化上仍有封建残余，但是机器大工业替代了工场手工业，城市化进程率先开展，这些都是历史的进步。英国的工业生产能力一度超过全世界工业生产的总和，对外贸易额度也超过世界上任何一个国家，英国初步确立起资本主义国家在世界上的统治地位。

英国成为当时世界上最富有的国家，但在这样富庶而辉煌的表象之下，却隐藏着财富分配不公的毒瘤。资产阶级和新贵族享受着宫殿般的生活，工厂主舒适地品尝美味珍馐，而贫苦的农民则居住在破旧的茅屋里，工人备受剥削，挣扎在绝望的边缘。一位英国保守党代表一针见血地指出了英国社会的弊病，他声称英国存在两个直接对立的民族——富人和穷人，并且讽喻性地说，如果茅屋倒塌了，宫殿也不会太安稳。这说明随着经济的发展，英国的贫富分化进一步加剧，社会矛盾尖锐，直至影响社会安定。

与此同时，社会治安状况出现了复杂的情况，一些城区位置偏僻，流氓、贫民、无产者等闲杂人员聚集，犯罪事件也时有发生，给周围市民的生命财产安全造成了严重的隐患。例如，1888 年的开膛手杰克案件就发生在伦敦东区的白教堂附近，一时间人心惶惶，罪犯始终未能落网。在这种社会情况下，迫切需要建立社会保障体系。

英国的社会保障实践和社会保险事业的历史相当悠久。早在 1601 年，英国就出台了济贫法，建立了一大批收容所、济贫院和贫民习艺所，一方面对由于年老、残疾丧失劳动能力的人进行收容；另一方面，让贫苦人习得一技之长，帮助他们就业，通过这种措施使得一大批闲散人员得到安置，有效地缓解了社会矛盾，稳定了社会秩序。

18 世纪初期，保险业迅速成长，这首先得益于海运贸易发展和商品经济勃兴的大背景，其次是英国政府放开了保险经营的限制。1824 年，英国政府废止了《泡沫法案》，这一法案于 1720 年颁行，旨在限制保险业经营主体，仅允许伦敦保险公司和皇家交易所经营海上保险业务，禁止其他私营公司涉足海上保险业务。《泡沫法案》的废止结束了以上两大保险机构对英国保险市场长达近 100 年的垄断，英国保险业经营主体的范围进一步扩大，大量资金注入海上保险市场，催生了一批新的保险公司，如太阳保险公司、伦敦保险人公司等。老牌的皇家交易所和伦敦保险公司等也不甘示弱，久负盛名的劳合社也在这一时期成为保险市场的重要力量。总之，这一时期海运保险业的发展为维多利亚时代提供了蓝本。

人寿保险思想也逐步发展和完善。早在 1536 年，英国保险商人马丁就将海运保险的保障范围扩展到人身生命保险，这无疑体现了保险业的人文之光和人文关怀。1583 年，伦敦皇家交易所签署了世界上第一份人身保险单，这标志着英国出现了独立的以人身生命和安全为保险标的的保险业务。1698 年，英国马莎斯人寿保险公司成立，专门承保人寿保险和人身意外伤害保险。英国保险商人开始将投保人的健康、年龄、居住环境、工作环境等因素，作为签发人寿保险单的重要依据，并对不同年龄段的投保人规定不同的保险费率，大致涵盖了现代人寿保险的某些条款。

1762年，英国公平人寿保险公司采用了较为科学的生命表作为签发人寿保险单和收取保险费的依据。英国著名数学家、天文学家哈雷经过对伦敦人口出生率和死亡率的统计和精算，于1693年创制了这一生命表。英国保险业的这一举措表明精算学已经被运用到保费计算和风险评估中，英国人身保险向着科学的人身保险迈出了重要的一步。值得一提的是，在1888年开膛手杰克案件发生后，保险公司接收到了许多人身伤害保险业务订单，这表明生存环境对于人们的生活指数产生了重要影响，人们不仅关注自然死亡风险，还将人身意外伤害风险纳入保险业务范围。

英国人普遍认为，维多利亚时代的政治、经济、法律和教育等领域的改革为后世福利制度奠定了基础。维多利亚时代见证了人身保险的巨大发展。18世纪末，英国还只有4家较为成熟的人身保险公司，但到1837年，英国人身保险公司的数量增至82家，所有公司总资产高达2775万英镑，这显示了英国保险商人的卓越智慧及保险市场的良好态势。1837年，英国在原有人身保险的基础上推行了一项改革，后人称为"捐赠保险"。该保险不仅对过早死亡的风险进行防御，还为年老丧失劳动能力的风险进行规避。1870年，英国还颁布了人身保险公司法，对于人身保险公司进行规范和治理。

盗窃险种的保险业务办理数量也有一定增长，但是这一时期的盗窃保险仍然只是火灾保险、人身意外伤害保险业务的附加，而非独立存在的保险险种。盗窃保险吸引了一些经营贵重商品交易的商人，如珠宝商人、珍贵艺术品商人和金银首饰商人等。1895年，英国著名的保险商卡斯波特·西斯专门推出了面向珠宝商人的保险单，为珠宝商人的珠宝商品提供综合险业务，其中就包含盗窃造成的损失。其后，苏格兰商业保险公司、艺术品保险公司和金银制品保险公司等也开始承办盗窃保险业务，盗窃保险覆盖的范围越来越精细化。

战争保险也曾经在英国出现过，但是由于该险种损失风险巨大，没有保险公司愿意接手这块"烫手的山芋"。拿破仑战争之后，虽然西欧反法势力最终获得了胜利，击败了拿破仑，但是各国政府都对这场造成巨大损失的战争心有余悸，纷纷采取措施进行规避。投保成为其中一个重要选择，但是几乎没有保险公司能够承保如此大的风险和赔款额度，即使由于战争造成海运价格的上涨也是保险公司难以承担的。保险公司一旦承保，当战争发生时，也就意味着保险公司的破产。战争保险一度沉重打击了英国保险业，这说明英国保险业亟待改革，旧有的实践经验已经难以应对处于变革中的社会形势。

现代英国被称为"福利国家"，其社会保障思想古已有之。18 世纪下半叶，英国伯克郡实行了一种名为"斯宾汉姆兰德制"的保障形式。1795 年，斯宾汉姆兰德地区的地方官员为缓解粮食价格居高不下、当地民众生活困苦的严峻形势，在当地的市政部门召开了一次会议，讨论并制定了这一对策，因此这种制度被称为"斯宾汉姆兰德制"。其后这种制度由伯克郡推广至英国南部农业区，对缓和社会矛盾起了一定的作用。

斯宾汉姆兰德制是一种针对院外贫农（济贫院以外的贫困农民）的救济措施，很大程度上是对济贫法的修正和补充。其内容规定，对于每个教区低于最低生活水平的家庭，按照面包价格和家庭人口予以补贴，保障其基本生活需求。这种措施体现了社会公平、互助互济的思想，但从严格意义上讲，这项制度并不是社会保障制度，也不是保险制度，它只是基于施舍和恩赐方法、缓解社会矛盾和冲突的一种临时性的救济制度，并没有通过国家统一立法将这项成果巩固下来。

工业革命为英国社会、经济和政治带来了巨大影响，工人不堪忍受压迫和剥削，开始联合起来开展工人运动，资产阶级掌控的英国政府一方面反对工人运动带来的消极后果，另一方面也不得不作出一些彰显效率和公平的举措，如保障妇女儿童权益、改善工厂劳动条件的工厂法、改善矿工劳动条件的矿井法、缩减工作时间、10 小时工作制等。虽然政府作出了这些举措，但并没有真正承担起救济贫困的任务，民间的救济工作多由教会和工人农民自己组织的救济团体来承担。

18 世纪，英国的民间救济事业有了很大发展，友谊社、互助会等自助互助团体纷纷涌现。截至 1861 年，仅英国伦敦就有 640 个慈善团体；到 19 世纪 70 年代，参加各种互助组织的会员达 400 万人。在这些组织中，工人、农民等会员往往自愿出资建立互助基金，当会员自身或者家属因患病、意外事故等原因陷入困难时，互助组织就会动用互助基金帮助困难会员渡过难关。

政府也在社会保障方面作出了一些成绩。1897 年，为了纪念维多利亚女王的钻石婚，政府专门设立了威尔士亲王医院基金，并发行了一系列邮票，鼓励民众通过购买邮票的方式向医院捐资，作为社会医疗保障基金，用于支付为残疾人、贫困人员看病治病所需要的花费。同时政府还实行配套的疾病生育保险，对于妇女在生产中可能遇到的危险进行防御，这项政策保障了贫困民众享有医疗服务的权利，对于维系社会稳定起了重要的作用。

英国的贵族成员在充分享受工业革命的成果时，也在不断地思考如何规避风险，维多利亚女王就非常重视和支持人身保险的发展，这或许与她自身的经历有关。这位女王在位期间曾经遭遇 8 次袭击，但都化险为夷，最后女王想到为自己的生命安全投保。

维多利亚女王生平第一次遭受袭击是 1840 年 6 月 10 日，一位名叫爱德华·奥克斯福德的青年，因为失业等生活遭遇，对王国产生不满。当维多利亚女王与丈夫阿尔伯特外出时，爱德华向女王的座驾开了两枪，他被旁观民众当场抓获。维多利亚女王在这次袭击事件中表现出的镇定和从容，给英国民众留下了深刻的印象，在回白金汉宫途中，她还向海德公园的人群挥手和微笑示意，完全不像刚刚经历了一场枪击。在处理凶手的态度上，维多利亚女王也显示了极大的宽容和仁慈，她并没有下令处决凶手。爱德华·奥克斯福德被鉴定为精神病患者，后来被送进疯人院，直到 1867 年才被释放。

1842 年 5 月 29 日，维多利亚女王正乘坐四轮马车穿过圣詹姆斯公园，一位名叫约翰·弗朗西斯的年轻人冲了出来，向维多利亚女王的马车开枪，所幸手枪卡壳了，没有击发子弹，然后约翰·弗朗西斯赶忙逃走了。第二天，维多利亚女王再次乘坐马车经过同一道路，有意通过此举引诱约翰·弗朗西斯再次犯案。尽管女王加强了警备，马车速度也很快，约翰·弗朗西斯还是出现了，并向女王的马车瞄准开枪，幸运的是没有打中，隐藏在附近的便衣警察迅速抓获了约翰·弗朗西斯。约翰·弗朗西斯被控以叛国罪，即将于同年 7 月 3 日接受死刑的审判，但就在死刑审判的前两天，约翰·弗朗西斯被改判流放。

此外，针对维多利亚女王的恶作剧式的袭击也不在少数，一位名叫约翰·威廉的年轻人试图用枪瞄准女王，随后被逮捕。事后检查发现，他的枪里根本没有子弹，而是塞满了纸和烟草。因此对他的指控较轻，他仅被判处 18 个月的监禁。1849 年，一位爱尔兰退役老兵汉密尔顿因失业而对女王心存不满，向女王的马车射击，事后证实他的枪里只装了火药，而没有子弹。1850 年，维多利亚女王在一次袭击中受到轻伤，当她的马车行进在公园中，一位名叫罗伯特·佩特的前军官用手杖投掷女王，造成女王脸部擦伤。

维多利亚女王与印度男仆卡里姆（左图为实景，右图为电影剧照）

1882 年，一位穷困潦倒的诗人为维多利亚女王写了很多首诗，希望能献给女王，但被女王拒绝，因此他心怀愤恨，觉得自己的才华无人赏识。于是他偷偷地混在人群中，跟踪维多利亚女王的马车，当维多利亚女王离开温莎火车站时，他向女王开枪射击。幸运的是，两名伊顿公学的学生见此情景，用随身携带的雨伞将其制服，随后这名凶徒被警察带走。维多利亚女王了解了事情的经过后，决定让其免予死刑。

英国鹈鹕人寿保险公司标志

虽然维多利亚女王受到多次袭击，但她仍然关心民众，积极从事公益活动。1845年，爱尔兰遭遇灾荒，土豆大面积减产，当地民众面临饥荒，在4年的时间里，几乎有100万爱尔兰人死于饥荒，另有100万人逃离家园。爱尔兰人对维多利亚女王痛恨已久，称她为"饥荒女王"。其实，维多利亚女王非常关注这里的民众，她个人就捐助了2000英镑给英国灾荒救济协会，超过了其他任何的个人捐赠者。这充分体现了维多利亚女王对于社会保障事业和社会保险事业的支持。

维多利亚时代见证了人身保险业的重要进步和发展，而这些成绩一方面得益于维多利亚女王对保险业的支持，另一方面也离不开科学技术的进步和工业生产创造的财富。在这一时代，精算学的发展促进了保险业的科学化，保险商人开始缜密评估每一份保险单所应承保的风险，保障保险业的健康发展，如针对人寿保险的险种，生命表的创制和精密程度将直接关系到保险公司的命运；同时保险门类和险种也进一步细化，颇具有现代保险业的特点。工业革命的相关成果也在实践中迅速得到应用，机器大工业生产产生的巨大利润滋养了社会保险业和社会保障事业，为英国政府赈济贫民提供了坚实的物质基础，同时工业革命也使人们的思想进一步活跃，视野进一步开阔，人们将一种新的活力注入各行各业。历史证明，一个人只有拥有了足够强大的财富基础，才能承担相应的风险。对于社会也是如此，只有以坚实的经济财富作为后盾，才能更好地应对社会风险。

10. 工业时代的稳压器

工业时代特指英国工业革命开启的以大机器工业生产为主导的时代。这一时期，欧洲各工业国家对能源资源开发与综合利用的能力进一步提高，新的发明和创造层出不穷，呈现出工业化格局。其有以下具体表现：经济上重工业兴起，资本主义加速发展；文化上现代学校得以创立，音乐、美术、绘画等艺术成就纷纷涌现；政治上凭借工业生产积累的资本，欧洲各国进一步开拓国际市场和原料产地，提高了综合国力；世界各地的经济联系进一步紧密，经济全球化的萌芽初步显现。

工业革命以后，工业生产的痕迹渗透进入社会生活的各个角落。资本主义商品经济、现代交通运输业和大机器工业生产的迅速发展使得世界市场进一步扩大，世界各国间国际交流与贸易合作的频率空前提高。以英国为例，18 世纪 60 年代以来，英国棉纺织行业出现一系列重要发明，如瓦特蒸汽机、珍妮纺纱机和水利纺纱机等投入使用，大机器生产逐步取代手工劳动，现代工厂取代了手工工场，这场在工业、科学、技术等方面的重大变革就是著名的工业革命。

当代美国著名批判社会学代表人物丹尼尔·贝尔将人类历史分为三个阶段："前工业时代""工业时代""后工业时代"。其中工业时代是继农业时代之后的社会发展阶段，主要以工业生产和科学技术为经济主导成分，因工业时代对于大机器和煤、气、油、电等无生命能源进行了广泛利用。工业社会又被称为现代社会，并且这一时期的社会分工越来越精细，科学技术促进了生产效率的提高；社会流动性增强，业缘关系取代了血缘关系和地缘关系而成为人们社会关系的主要形式；城市化速度大大加速，农业人口比重降低；社会民主化程度提高，法治逐渐取代人治，个人发展的机会增多；新的思想观念充斥着人们的头脑，竞争意识、时间意识和风险意识增强，人们更加崇尚科学和真理，追求革新，反对迷信，价值取向发生重要变革。

丹尼尔·贝尔对资本主义社会的价值观念和文化观念进行了深入剖析，科学技术的发展促进了精算学的发展，社会涌现出一批掌握科学运算技术的精算师。随着工业生产快速发展的还有不断增长的社会风险，工伤、失业、职业病等，与此同时人们的保险意识逐渐增强，保险业也获得了相应的发展。政府也对保险业采取了调控政策，同时还建立了社会保障制度和福利制度，试图以此缓解社会矛盾，归根结底还是为了提高工人的生产积极性，创造更大的利润。

工业社会中人与自然的关系发生了重要变化，人们一改农业社会靠天吃饭的传统生活方式，开始发挥主观能动性改造自然，但也导致了生态环境的恶化。大量农民和手工业者破产，被迫进入工厂，出卖劳动力获得生活资料；城市化进程的加速也导致城市人口拥挤，缩小了人们的生存空间，治安状况堪忧；城市民用房屋和工业建筑增多，城市卫生条件变差，增加了疾病传播的风险；高强度的生活节奏使得人们在心理和生理上都发生了变化，加重了心理负担和生理负担，卓别林的著名影片《摩登时代》正展现了工业社会人们的心理隐疾，该影片用夸张的手法将人类描绘成大机器的附庸。

工业革命确立了资本主义国家在全世界的统治地位，东西方发展差距增大，形成了西方先进、东方落后的局面。工业社会中产生了两大直接对立的阶级——工业无产阶级和工业资产阶级，这两大阶级自产生之初就存在矛盾，由于工业生产规模的扩大，需要的劳动力增多，资本家利用大机器生产对工人进行剥削，使无产阶级陷入贫困和饥饿的境地。工业革命和科技革命无疑激化了无产阶级和资产阶级之间的对立，资本主义社会的基本矛盾日益尖锐。

人身意外伤害保险和工人人寿保险在社会中起了稳压器的效果，在一定程度上缓和了社会矛盾。大多数的保险形式都是针对不确定的风险损失进行的损害赔偿，而意外保险则是针对某一特定事故，如火灾、盗窃等，补偿事故造成的实际损失。纵观英国人身伤害保险的发展史，是从10世纪左右行会互助组织开始，行会组织成员之间救难济困，其中针对人身伤亡的扶助已经初步具备了意外保险思想，但是相对于海上保险和火灾保险，正式的意外保险则起源较晚。据记载，1665 年荷兰等地才出现了早期的针对士兵战争伤亡的救济津贴，并且分别针对身体的不同部位规定不同的救济金额：丧失双眼、双臂发放 62.1 英镑；失去一只脚发放 7.7 英镑。1773 年，一项提案被提交到英国议会，要求每周为手工业者发放津贴，用于防备罹患重病和年老无依。当时两院并没有通过这项提案，但是这项提案启发了友谊社的诞生。1820—1846 年，众多类似的组织建立起来，帮助病患和穷人渡过难关。

1880 年，政府出台雇主责任法令，保护了因工伤致残的工人群体的权益，随后成立的雇主责任保险协会专门承保工伤事故风险。该保险协会制定了一种保险单，就非工人疏忽或操作不当引起的意外伤害向雇主进行索赔，这是对雇主责任保险的重要补充。1894 年，意外事故保险公司委员会成立，该机构主要负责仲裁劳动过程中的意外事故是否由于雇主疏忽失职所致，一定程度上缓和了雇主和工人之间的关系。1897 年，劳工赔偿法令颁行，其中规定了自行补偿原则，该原则适用于从事具有一定危险性工作的工人在工作中发生的一切意外事故。

人身意外伤害保险后来广泛推行于工人群体间，投保范围也进一步扩展到专业技术人才和商人群体。1847 年，一家名为专业人才保险公司的机构成立于英国，主要侧重于对失明、瘫痪和其他疾病风险的承保；1851 年，另一家保险公司除了承保失明和瘫痪风险外，还承保身体其他部位的疾病风险，甚至还包括心理疾病的风险。这同样显示出工业社会中人们的精神世界发生了重要变化，生活节奏的加快可能导致心理疾病的产生。

蒸汽机的出现带动了一系列新兴产业的兴起，例如蒸汽火车、铁路和冶炼等产业，同时也带来了人身意外伤害风险，客观上带动了人身伤害保险业的繁荣。1848 年成立的铁路乘客保险公司，不久便获得了皇家特许状。1856 年，诺维奇伦敦意外保险和玻璃保险公司成立，承保包括狩猎、枪击、蒸汽机和机器造成的各种伤亡风险。1866 年，伦敦意外事故保险公司兼并了多家小型保险组织，实力大增，开始对因工伤造成的特定部位的人身伤害进行承保，如一只眼睛、一条胳膊或一条腿受伤赔付 100 英镑；一双眼睛、一双手臂或双腿受伤赔付 250 英镑；一只手受伤赔付 50 英镑；一根手指或多根手指受伤赔付 25 英镑；对于其他未包含在保险条款之内的人身意外伤害，如果被保险人因伤暂时失去劳动能力，那么在养伤期间每天（星期天除外）赔付 1 英镑作为生活费用，直到第 100 天为止。

1869 年，伦敦担保与风险公司成立；1869 年，大洋保险公司成立。

这一系列保险公司的成立从一定程度上说明了英国政府对于保险事业的支持。起初，铁路乘客保险分为单程和往返两种保险费率，只针对由于火车运行造成的死亡风险进行承保，但随后扩展到针对非致命的意外伤害风险。即使保险双方事先商定条款，也难免会发生纠纷，为了调解保险事务中的纠纷，早期人身意外伤害保险合同中便将仲裁条款写入其中，一直影响到后世保险条款的制定。

1852 年，铁路乘客保险公司的保险业务范围进一步扩展，开始承保其他任何意外情况造成的人身伤害，由此衍生出普通伤害保险，保险商还根据保险年限确定不同的保险费率。普通伤害保险产生的重要原因是因为铁路乘客保险市场虽有发展，但仍然狭小，所以保险商不得不开拓保险业务范围至各种疾病风险，并创立了身体残疾给付原则。当时的保险商人为进一步整合保险市场资源，成立了疾病意外保险协会。1855 年，意外保险出现了新的销售形式——附券保险，保险公司在周刊和小报上印上保险附券，凡持有保险附券的人视为购买了铁路意外保险，一旦因铁路意外事故受伤或死亡，可以获得最多 100 英镑的赔付金额。于是保险业开始与出版行业相互合作，一方面，保险业借助出版物拓宽了保险市场；另一方面，出版行业借助保险业扩大了刊物的销路，可谓互利双赢。

工业时代的重要发明——玻璃制品也得到了广泛应用，玻璃透明光亮，商家经常用作橱窗装饰，借此展示商店的商品。但玻璃易碎的特性将其与保险结下了不解之缘，巨大的玻璃窗成本相当昂贵，如果遇到盗窃等其他事故，在当时会给商家造成重大损失。为此，1829 年，法国人率先推广了玻璃保险；1852 年，英国伦敦玻璃保险公司成立；1854 年，全英玻璃保险公司和哈德斯菲尔德玻璃相互保险公司成立，英国各市镇的玻璃保险协会也纷纷成立，这些玻璃保险组织的商务登记簿中记录了投保的各式玻璃制品，并注明详细的尺寸、装潢样式和安放位置等信息。

工业时代交通工具的发展也与保险产生了千丝万缕的联系。早在 1883 年，自行车骑乘者就开始与保险商打交道；1875 年，马车事故责任保险开始销售；1896 年，公路机动车辆法令颁布，与汽车相关的意外保险市场开始活跃起来。苏格兰雇主保险公司颁行过一种保险行业情报单，专门对保险市场的重要资讯进行报道，其中就刊登了汽车保险费率。

当时著名的法律意外事故保险公司除承保汽车本身的损失保险外，还对汽车责任保险进行承保，即承保被保险人因汽车对第三方所负的赔偿责任，也就是第三方责任险。第三方责任险是指被保险人以希望免除自己对第三者的损害赔偿责任为目的所订立的保险合同，一旦被保险人因汽车事故对第三者造成赔偿责任，保险公司将代行赔付。法律意外事故保险公司在 1889 年对汽车事故承保上述风险，保费高达 100 英镑，其后该保险公司又将汽车相互碰撞的意外事故加入承保范围。

人身意外伤害事故的增长在一定程度上促进了医疗事业的发展，但是医生仍是一个风险极高的职业。1885 年，医生为了共同抵御和分担医疗事故风险，经过商讨成立了医疗保健联盟。1896 年，北方意外事故保险公司发行了一张保险单，对医生因开错处方引发的医疗事故提供职业损害补偿，这成为后来的职业责任保险的源头。当时的疾病保险已经拥有了医务选择这一流程，即投保人在订立保险合同前要经过体检，并对保险材料进行医务审查，评定投保人的身体风险、道德风险和职业风险情况，保险公司会根据这些内容决定是否承保。

法律意外事故保险公司除承保汽车事故风险外，还于 1893 年推出了意外伤害事故和特殊疾病保险。这种保险除赔付意外事故造成的损失外，还对因患有特殊疾病致残的投保人附加疾病赔付。1900 年，纽约州的优越意外事故保险公司将建立在年金基础上的意外伤害和疾病保险引入英国，得到了英国人的欢迎，很快普及开来。这种保险形式其后进一步以法律的形式确立下来，成为英国国家保险法的重要内容。

工业时代虽然以工业生产创造的财富为重要支柱，但是农业生产仍是整个社会生活资料的物质基础。西欧人大量食用的肉、奶、禽、蛋等都离不开农业，因此农业的丰收与否将影响整个社会的安定和谐秩序；即使从现代社会来看，农业生产仍是工业生产的重要原料基础。但从地理环境和气候条件上来讲，西欧并不是农业生产的理想之地。鉴于此，保险商人率先将目光投向了农业保险，其中以雹灾和畜牧保险最为重要。早在 1791 年，德国北部的布伦瑞克地区农民就成立了世界上最早的农业互助保险机构。1797 年，德国东北部的梅克伦堡雹灾保险协会成立，承保庄稼遭受雹灾风险业务，这些初级的农业保险组织大都采用互助共济、均摊损失的原则，这也为后来英国的农业保险组织建设提供了宝贵的实践经验。

19 世纪中叶，英国的畜牧保险姗姗来迟。英国早期也有一些均摊牛瘟风险的友爱互助社，但这些组织力量弱小而分散，一遇到大型牛瘟就纷纷因财力枯竭而破产。随后保险商开始集中资金筹建畜牧保险机构，1844 年，英国第一家正式畜牧保险公司——农场主和牧场主牲畜保险公司宣告成立，其后牲畜保险公司和农场经营者保险公司成立。这些公司不仅承保肉牛瘟病风险业务，还承保农场主饲养的马、羊和猪等家畜的保险业务。

1864 年迎来了畜牧保险的"严冬"，一场突如其来的牛瘟蔓延英国各地的农场，瘟疫持续了两年之久，给农场主和牧场主造成了巨大的经济损失。许多畜牧保险公司纷纷因负债而破产，保险市场一度低迷。而这场瘟疫可谓是大浪淘沙，一些实力弱小、经营不善的保险公司遭到淘汰，一些实力较强、掌握科学风险管理方法的保险公司得以幸存。这场牛瘟过后，畜牧保险市场很快复苏起来。1866 年的议会法案强调对畜牧保险市场进行监管和扶持，引导畜牧保险的健康发展。

总之，工业时代不仅标志着社会在经济领域产生了重大突破，还展现了人们在思想和精神文化方面创造的重要成果，保险思想的深化和完善正是工业时代思想成果的重要体现。相较于农业社会，工业社会产生了新的矛盾和冲突，手工与机器的矛盾，资产阶级和无产阶级的矛盾，资本家与下层贫民的矛盾等，在这矛盾复杂的工业时代，保险业恰恰扮演着稳压器的角色，对于缓和社会矛盾、调和人际关系起到了独特的重要作用。

11. 英国特许保险学会

随着工业时代的来临，英国保险业也更加组织化，英国特许保险学会就是其中的一个重要标志。英国特许保险学会成立于 1897 年，会址最初设在英国曼彻斯特，现在总部位于伦敦奥尔德曼伯里，人们通常把该学会的英文名称缩写为"CII"。它是世界上著名的保险界职业团体，也是全球著名的保险业教育和保险从业资格认证机构，致力于支持和继续保险档案调查研究，它的配套图书馆收藏了各种各样的保险史料实物。为了提高保险界从业人员的专业水平，该学会专门设计了一整套严格的 CII 保险从业资格考试制度，在全球保险业享有很高的专业声誉，其颁发的职业资格证书获得了全世界的普遍认可。

英国特许保险学会旨在为保险业打造一个社会知识和信息交流的平台，在全体会员及保险人中间建立交换信息、合作共赢的纽带，提高保险业的公信力。该学会尤其注重火灾保险业务的发展，同时为保险业的自我管理起了推动作用。最初该学会主要面向毛纺织商人开展业务，保障他们的毛纺织厂、门店和仓库的安全，为他们承保火灾盗窃风险，帮助他们用防火材料建造房屋，赔付被保险人一定金额用于火灾后续重建工作。

英国特许保险学会自建立之初就对会员准入进行了严格规定。英国特许保险学会主动向保险业里资格较老、地位较高的年长者抛出橄榄枝，吸收他们作为会员；对于一些在工业领域作出突出贡献的年轻人，英国特许保险学会也会毫不犹豫地吸纳进来。同时为了吸引更多的有志青年，英国特许保险学会还准许青年学者加入青年保险学院学习保险业知识，这批青年后来成长为保险学会的中流砥柱。

英国特许保险学会成立之前，曼彻斯特保险业中就已经形成了一些小规模的组织。1869 年，曼彻斯特的棉纺织商人为应对火灾风险，联合起来建立了纺纱工人互助火灾保险协会。该协会帮助众多的棉纺织工厂配备了消防器材，同时还号召协会成员组成消防队伍，在火灾救灾过程中互帮互助。大致同时，苏格兰火灾保险经理公司成立，这些保险组织的特点是规模较小、承保风险能力相对较弱，因此对保险资源进行整合的任务势在必行。

1871 年，格拉斯哥保险与精算协会成立，该组织将保险业人才教育和培养作为主要工作内容。随着英国民众保险意识的增强，保险市场前景也随之变得广阔，新兴的保险机构如雨后春笋，在爱尔兰、挪威、诺里奇、伯明翰、约克郡、布里斯托尔、纽卡斯尔和诺丁汉等地区，使用不同名称、负责不同险种的保险协会纷纷涌现。这些协会的建立和发展经验为英国特许保险学会的发展提供了前车之鉴。

众多保险协会的成立在一定程度上体现了英国日益繁荣的商品经济，英国各城市工业发展的成果促进了人口增长、房屋建筑增加及不动产的价值上升，单位面积上财富积累也越来越密集，这必然需要保险公司和保险协会来对火灾、盗窃等风险进行承保。据统计，仅19世纪最后40年中，英国登记在册的保险公司就有500多家。随着科学技术和机械发明的进步，一些科技成果迅速被投入应用，催生了一系列相关工作岗位，各行各业由于机器引发的风险事故也随之增加，因此保险业的险种数量也不断增长。

19世纪中叶，英国人身意外伤害保险兴起，伴随着英国铁路里程的增长和火车数量的增加，火车客流量增大，相关行业从业人员激增，由火车造成的人身伤亡也相继增多。据统计，1843年，英国共有2400万名旅客乘坐火车；1849年，这一数字上升到6400万名。铁路运输的迅速发展也强化了公众的风险意识和对保险的重视，1811年的索尼格坡道事故、1847年的迪桥事故和1848年的施赖维纳哈姆事故等都造成了严重的人员伤亡。

工业革命的另一项重要科技发明也催生了新兴险种和保险协会的诞生。从19世纪初开始，蒸汽高压锅炉被投入到工业生产中，在带来巨大经济效益的同时，也对人身生命和财产造成了危险。19世纪中叶，英国兰开夏郡工厂遍布，蒸汽高压锅炉分布密集，由于锅炉自身质量问题和技术人员操作不慎造成的锅炉爆炸事故层出不穷。而当时的英国还没有专门针对锅炉爆炸事故的保险业务，投保人经常将锅炉爆炸事故作为火灾事故处理，要求火灾保险公司进行赔付，以弥补锅炉爆炸造成的经济损失。但是火灾保险公司不承认这样的保险索赔理由，拒绝赔付。当时著名的太阳保险公司尝试接受锅炉保险业务，但是它并不是为了保险业的发展而承保此项业务，而是借此与其他保险公司竞争。锅炉保险案件经常会闹上法庭，为此法庭专门成立了由工厂技术工人组成的陪审团。陪审团中有一位名叫托马斯·福赛思的机车技师，他是一位负责机车制造和维修的精明能干的经理。在他的倡导下，机车等相关行业组建了蒸汽锅炉保险公司筹备委员会，在此基础上开展了保险公司筹建计划。最终在1858年底，蒸汽锅炉保险公司成立了。该保险公司不仅负责蒸汽锅炉的检测和维修，还为使用蒸汽锅炉的工厂承保风险。

　　由于蒸汽锅炉保险公司抓住了市场机遇，生意很快红火起来。截至1871 年，共承保 2 万多台蒸汽锅炉。全英锅炉保险公司后来设计研发了易溶连杆自动装置，并申请了专利。这种装置的优点是它在锅炉温度超过安全极限时，自动熄火和释放蒸汽，在一定程度上消除了锅炉爆炸的隐患。其后，英国蒸汽锅炉防爆协会成立，1865 年，蒸汽锅炉防爆协会更名为曼彻斯特蒸汽使用者协会。

　　曼彻斯特蒸汽使用者协会开始提供与锅炉生产相关的生命和财产保险，同时负责工厂锅炉的检测和维修。曼彻斯特蒸汽使用者协会反对以往保险公司孤立的、片面的承保锅炉爆炸风险，因为这样会使锅炉技师产生松懈情绪，无视风险的存在。为此，曼彻斯特蒸汽使用者协会提出，对于与锅炉相关的人身财产安全都应进行投保，这一举措促进了锅炉产业强制认证保险和锅炉工程保险的出现。

　　为了防范和规避相关风险，对铁路事故造成的损失进行补偿，一些具有开拓意识的保险商人率先开展了行动。1848 年，英国铁路乘客保险公司成立，并于次年获得皇家特许，更名为铁路保险公司；1850 年，意外伤害死亡保险公司成立，这些保险公司专门承保日益增长的铁路事故风险，其以火车站的售票处作为经营网点出售保险产品，将火车票和保险单一并发售，作为乘车和承保的凭证。其后这种人身意外伤害保险业务的范围扩展到其他行业和领域，如工人人身意外伤害保险、士兵战争死亡保险等。随着英国工人阶级数量的增长，英国还通过了一系列保险法律，保障工人群体的劳动权益，为工人购买人身意外伤害保险，帮助他们应对重大疾病、工作意外事故、职业病及失业风险等。克里米亚战争期间，一些保险公司还负责为奔赴战场的英军士兵承保阵亡风险，一旦军官和士兵阵亡，保险公司将赔付款项，以用于照顾阵亡将士遗属的生活。如果士兵因受伤致残，那么保险公司将根据残废给付原则给予一定的生活保障。1885 年，残废给付原则获得了进一步的完善，其范围逐步扩展到其他重大疾病保险。

　　由此可见，英国特许保险学会的成立具有较为深厚的保险理论根基和实践经验基础。

　　英国保险市场繁荣的表象之下也埋藏着深深的社会隐患。保险组织的增多造成社会资本的分散，单个保险组织承保风险的能力降低，面临重大损失时，经常会破产，其结果甚至会恶化社会关系，影响整个社会的正常运作。保险作为防御和规避社会风险损失的重要环节，同时也作为金融市场和社会保障体系的重要支柱，在自由市场规律的作用下，风险经常会造成难以估量的后果，保险业恰恰成为分摊社会风险的资金安排者和社会经济保障制度的重要内容。因此，英国保险业迫切需要整合保险资源，按照相关规章制度建立统一的组织。在此背景下，英国特许保险学会应运而生。

与此同时，保险市场的繁荣前景和丰厚利润吸引了一大批人才加入保险业，保险商人队伍进一步壮大，但也不可避免地造成了保险从业人员鱼龙混杂、知识素养和道德素质良莠不齐的问题，这也为英国保险业的发展带来了危机。一方面，素质不高的保险从业人员不能给投保人提供全面的、专业科学的保险建议，导致保险客户利益受损，未能充分达到规避和防御风险的效果，保险建议的相关投诉和抱怨不断，整个保险业的公信力降低，最终导致保险业资金来源萎缩；另一方面，专业保险人才受到保险业和保险客户的欢迎，保险机构的决策者认识到，有必要对保险从业人员进行保险专业知识能力的培训，并且执行严格的考试上岗制度，让有能力者充分发挥自己的潜能，将无才无德之辈拒之门外。19世纪末，这种整顿和改革保险业的思想甚为行业所推崇。

19世纪中叶被认为是保险业的"巨灾时代"，保险组织的增多也同样带来了恶性竞争。由于相关法律法规尚不完善，保险公司争相吞并，最终导致许多保险公司破产或倒闭。据统计，1844—1867年，在短短二十几年的时间里，仅英国约有230家保险公司遭到吞并或宣告破产。面对这种情况，英国民众对保险业进行监督和管理的呼声越来越高，保险业亟须用健全的法律体系来整合优质资源，提高承保风险的能力，切实保护被保险人的权益。

保险商人逐渐意识到保险业联合的必要性，保险组织的负责人也开始着手成立统一的保险行业协会。1897年3月，来自曼彻斯特不同保险机构的代表汇集于一处保险组织的办公驻地，他们在此开会讨论成立联合协会的相关事宜，包括协会章程的制定、协会办公地点的选址、协会成员的准入原则、协会主要工作任务和协会的经费来源等。最初他们将协会的名称定为大不列颠和爱尔兰保险机构联盟，会上制定了大会章程，选举产生了联盟执行委员会成员，该联盟拟定创办保险年鉴作为保险业的舆论阵地。

在这次历史意义重大的保险业会议中，最大的亮点莫过于产生了保险业教育考试和从业资格认证这一重要制度的萌芽。面对以往保险业人才专业素养偏低的窘境，大不列颠和爱尔兰保险机构联盟执行委员会作出了英明的决断，该联盟的考试和资格认证平等地面向所有人，只要有能力就可以接受教育和参加考试，进而获得保险从业资格证书，从事保险业。对于家境贫寒但有志于学的人才，该联盟还给予资助，帮助他们完成培训，经过考试持证上岗。此外，该联盟还规定了成员之间的互助义务，号召成员缴纳资金，设立互助基金，帮助家庭困难的成员；如果联盟成员死后留下儿女无人照料，该联盟还建立了孤儿院收容这些孤儿，日常经费开支均由联盟互助基金承担。该联盟的孤儿院后来发展成为独立的救助机构，那便是英国著名的伦敦救助会。

起初，该联盟的保险年鉴由伯明翰和格拉斯哥等地的保险组织管理和发行，而教育和培训工作主要由约克郡的保险组织承担。后来经执行委员会深入讨论，决定将考试和从业资格认证权力收归曼彻斯特的联盟总部，而将教育工作下放给地方保险组织，曼彻斯特联盟总部定期举行保险从业资格认证考试，授予考试合格者保险从业资格证书。

随着大不列颠和爱尔兰保险机构联盟规模的扩大和业务水平的提高，联盟委员会商定向政府申请皇家特许状。保险的益处非常广泛，包括管理社会风险、规避风险因素、补偿社会风险带来的经济损失等，但是如果没有政府的干预，保险市场将会陷入自由放任的泥潭。为了更好地引导保险业的健康发展，英国政府对保险市场采取了调控措施，具体形式便是为一些信誉卓著、较有声望的保险公司颁发特许状，作为鼓励和嘉奖。

英国皇家特许状是以英国国王的名义颁发类似于专利特许证的官方证书，该证书授予个人或团体一定的权利，一般颁发给对社会具有积极贡献的大学或者其他学术机构。英国皇家特许状与一般的委任书和授权书不同，它几乎具有永久的法律效力。据统计，英国国王共颁发过 980 份皇家特许状，保存下来的有 750 份，世间最久远的是 1066 年颁发的自治权特许状，授予苏格兰田镇自我管理的权利。自 13 世纪开始,英国国王开始授予一些商业公司特许状,如 13 世纪的英国大宗商品公司和 16 世纪成立的英国东印度公司、英格兰银行等。在某种程度上,英国皇家特许状成为商业公司公信力的象征,因此大不列颠和爱尔兰保险机构联盟也有意申请皇家特许状,以进一步扩大该联盟的影响力。

经过该联盟的积极运作,大不列颠和爱尔兰保险机构联盟终于获得了英国皇家特许状。联盟召开会议决定将联盟更名为英国特许保险学会,并将该学会的总部迁至伦敦。凭借伦敦广阔而繁荣的保险市场和英国特许保险学会在保险教育方面的资源优势,该学会获得了在首都崭露头角的机会。在英国保险业整合资源的道路上,英国特许保险学会在前人的经验基础之上作出了重要的贡献。英国特许保险学会经过长期探索,将保险业的进阶考试分为三个等级:第一级为初级保险资格考试,主要内容为保险市场概况、保险法律原则和人寿保险基础;第二级为保险实务课程考试,内容涉及保险管理原则、保险实务和保险公司运营管理;第三级为准会员考试,内容涉及保险合同法、商业保险法、人寿与伤残承保标准和保险风险管理等。通过这样严密的考试制度,英国特许保险学会为保险业输送了大量专业人才,极大地推动了保险教育事业和保险业的发展。

英国特许保险学会标志

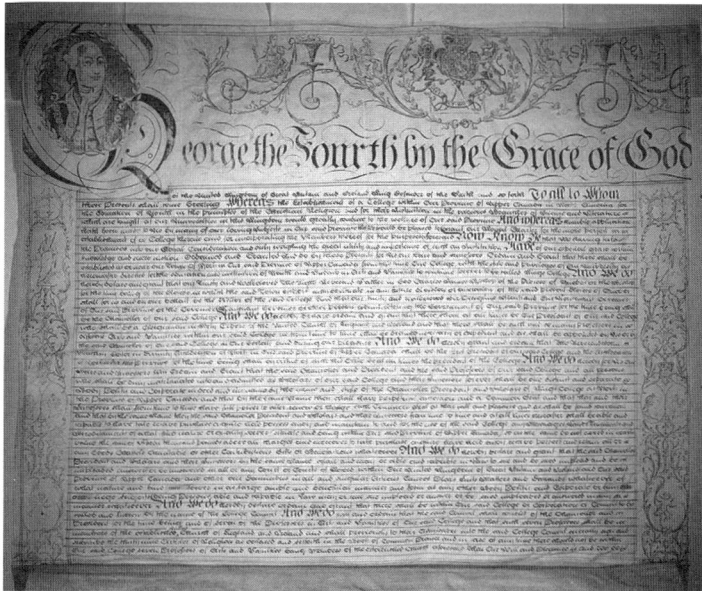

1827 年英王乔治四世颁发给伦敦国王学院的皇家特许状

12. 现代保险监管之父——伊莱泽·赖特

随着现代保险业日益增长，保险市场也日趋复杂多样，保险监管问题日益突出。美国人伊莱泽·赖特在这方面作出了卓越的贡献，并被誉为"现代保险之父"。伊莱泽·赖特生于 1804 年 2 月，逝于 1885 年 11 月，是美国著名的数学家和废奴主义者，同时还被誉为"人寿保险之父"和"现代保险监管之父"。他一生致力于完善和发展保险业，发起了著名的旨在建立保险业准备金和提供退保价值的保险业运动。其后，他被任命为首位马萨诸塞州保险委员会保险监督员。伊莱泽·赖特还率先提出了以保证保险公司偿付能力为目标的现代保险监管理念，这一理念在他后来起草的保险监管法律样本中得到诠释。

伊莱泽·赖特

　　伊莱泽·赖特出生于康涅狄格州南迦南地区一个虔诚的基督教家庭，他的父母都非常反对奴隶制度，耳濡目染，年幼的赖特也产生了极强的正义感和严谨的道德情怀。伊莱泽·赖特从小就拥有良好的家庭教育，他的父亲于1781年从耶鲁大学毕业，尤其擅长数学，这为伊莱泽·赖特成为数学家提供了得天独厚的后天教育条件。1810年，他们全家迁到俄亥俄州的塔玛其，年幼的伊莱泽·赖特便在自己的农场居住，他的农场常为逃亡的奴隶提供避难场所。

　　1826年，年仅22岁的伊莱泽·赖特也从耶鲁大学毕业，并且开始从事教育事业。他先在马萨诸塞州的格罗顿教学，随后又到了俄亥俄州的休斯敦，于1829—1833年在西储大学执教，这就是后来的凯西西储大学。在这段时光里，伊莱泽·赖特拜读了威廉·劳埃德·格瑞森的作品，受益匪浅。尤其是那本小册子《非洲殖民问题思考》深深地感染了伊莱泽·赖特，深化了他对奴隶制度危害的认识。他意识到美国殖民运动协会强迫黑奴回到非洲土地是极为不道德的行为，这些作品促使他走上了废奴主义的道路。

　　1833年，伊莱泽·赖特联合一些志同道合的朋友召开了一次小型会议，会上他们共同发起并成立了美国反奴隶制协会，其中包括路易斯·塔班、狄奥多西·塔班、詹姆斯·伯尼等人，美国反奴隶制协会随后吸纳了社会各界的废奴主义者，推动了美国废奴运动的开展。该协会最初的办公地点为一处公理会教会所在地，所以该组织带有极强的宗教色彩。其后伊莱泽·赖特迁居纽约，并连续 5 年担任该协会的全国执行秘书长，其间为消除种族歧视和倡导全民平等而奔走疾呼，痛斥奴隶制度的罪恶，他的演讲慷慨激昂，得到广大民众的支持。

伊莱泽·赖特还出版了一系列作品，1834 年的《人权之书》，1835 年的《救世主》《废奴季刊》，这些作品受到人权倡导者的广泛关注，在全国范围内引发了热烈的讨论。他始终以其充沛的精力和顽强的斗志坚持不懈地开展废奴运动，但也招致了保守派和当权者的仇视。一天夜里，伊莱泽·赖特的房屋被一伙暴民包围，这伙暴民还试图绑架他，将他掳到加利福尼亚。在朋友的多方帮助下，伊莱泽·赖特终于化险为夷。

1835 年夏，美国反奴隶制协会成立两年之际，伊莱泽·赖特还参与了美国著名的邮件运动，促进了美国邮政系统的革新，他还利用美国的邮政系统，将宣传废奴主义的传单、书刊和杂志等邮递到全国各地，尤其是奴隶制度盛行的南部蓄奴州。这些宣传品极大地启发了人们的思想，这场运动也注定名存史册，成为废奴运动史上规模最大、影响最广的宣传活动。

1838 年，伊莱泽·赖特离开纽约，来到休斯敦。1839 年，在这里他成为马萨诸塞州废奴杂志主编，刊登和发表了许多关于废奴主义的文章。

与此同时，伊莱泽·赖特还受到保险监管思想的影响。保险监管思想于 19 世纪初就出现在美国保险业。1810 年，美国宾夕法尼亚州率先通过一部垄断本州保险业务的法律，旨在禁止外州保险公司在本州开办保险业务，其后美国马里兰州和纽约州相继通过了类似法律，美国保险业初步产生了保险监管的萌芽。1814 年，纽约州颁行法律，严格规定了保险公司的破产清算程序，从法律上保护了被保险人的利益，加强了对保险公司破产的管理。1837 年，马萨诸塞州要求保险公司提交关于保险准备金的资料。伊莱泽·赖特充分汲取了前人在保险监管方面的成果，进一步提出了自己的保险监管理念。

1840 年，伊莱泽·赖特开始逐渐脱离美国反奴隶制协会，他选择支持美国新兴的自由党，相信只有通过政府决策和国家立法才能最终废除奴隶制度。他加入了波士顿警戒委员会，平时负责波士顿的治安巡逻，此外他还积极帮助逃亡的奴隶，为他们提供避难所。伊莱泽·赖特还因为帮助黑奴惹上了官司，当时他协助一名奴隶——沙德拉克·明科斯逃亡，于是他被这位奴隶的主人告上法庭。在受到诉讼的时期，他对美国反奴隶制协会和教会彻底丧失了信心，一方面是因为在受到诉讼的时候没有得到协会和教会的帮助，另一方面还在于他开始寻求世俗方法解决奴隶制度问题。就这样，伊莱泽·赖特从一个公理会成员转变为无神论者。

1844 年，40 岁的伊莱泽·赖特决定到英国去考察英国保险监管的先进经验。他来到了著名的伦敦皇家交易所深入研究人寿保险的运作情况。在他抵达伦敦的第一天，他就在《每日电讯》上看到了一篇人寿保险的广告，内容是出售 42 份人寿保险，购买保险的老人在交清所有保险费后，可通过竞标的形式寻求出资者为他们的人寿保险买单。

伊莱泽·赖特迅速意识到这种保险形式的弊端，这些购买保险的老人已经年纪老迈无法工作，可能终其一生也无法交清高昂的保险费，更不用说享受人寿保险的收益了。这些购买人寿保险的老人不得不通过登报的方式寻找愿意出资的投机商人，一旦找到出资人，这些老人可以获得高于保险公司的收益。伊莱泽·赖特还购买了有关英国人寿保险的相关著述，例如《戴维·琼斯论年金保险》等，他激动地一口气读完了整部书，从中获益颇深。

英国之行带给伊莱泽·赖特深刻的启示，当他回到美国之后，开始对此次考察进行总结。他觉得英国的人寿保险相当不合理，心中萌生出整顿美国人寿保险市场的想法。为了保障被保险人的利益，规范保险公司的行为，伊莱泽·赖特决定发起一场保险业运动，旨在确立退保价值制度，即当被保险人决定解除保险合同时，保险公司要按照行业标准给付被保险人退保金额。

1852 年春，伊莱泽·赖特来到经常光顾的咖啡馆喝咖啡，这时咖啡馆的人很多，他选了一个靠窗的位置坐下，恰好邻座有一位保险经纪人，手中拿着一张保险广告传单。起初，伊莱泽·赖特并不在意，之后听到保险经纪人的谈话，凭借着独特的职业敏感度，他不禁看了一眼那张保险广告传单。看过之后他大吃一惊，没有哪家保险公司敢接下这单保险，因为没有保险公司有能力和财力承担这样的保险，即使有保险人承保，那么他必然是伪装具有偿付能力。

于是，伊莱泽·赖特当天就决定撰写评论员文章揭露这一事实，同时他还召集波士顿各家保险公司的代理人到他的办公室。各家保险公司的代理人都是一头雾水，起初以为伊莱泽·赖特要进行敲诈，经过伊莱泽·赖特的耐心讲解，诸位代理人才明白，眼前这位其貌不扬的中年人确实具有保险方面的专业知识，比他们要懂行得多。伊莱泽·赖特对这些保险公司的忠告是改革保险公司资金链条，确保公司业务的有序进行。事后，许多保险公司纷纷登门拜访，邀请伊莱泽·赖特作为公司顾问。

根据这件事情，伊莱泽·赖特想到，保险市场中像这样的案例并不少见，如果保险公司没有诚信，那么后果将不堪设想。因此，他认为有必要对保险业进行监管，确保保险公司有一定的偿付能力，并且根据保险公司的偿付能力来制定承保标准。这一制度同时要求保险公司必须有一定的财力基础和偿付能力，于是保险业准备金制度应运而生。伊莱泽·赖特还制定了一系列科学的规章制度，帮助保险公司精确地预估保险准备金，制定法定的准备金最低标准。最终伊莱泽·赖特的保险业改革方案获准执行，并取得了显著成效。

伊莱泽·赖特初步践行了保险监管的思想，并不断丰富和发展这种思想。保险监管一般指的是国家保险监管部门根据保险法律规范对保险机构和保险市场进行监督和管理的一系列行为，其目的在于促进保险业和保险市场的健康稳定发展，维护保险人和被保险人的合法权益。保险监管可分为内部监督和外部监督，内部监督是指保险业自律组织依照保险业规范对保险市场自我管理的行为；外部监督是指政府设立的保险监管部门按照相关法律对保险市场进行监督和管理的行为。二者相互配合，共同保障保险业和保险市场的秩序。

1853 年，伊莱泽·赖特担任《邮路时报》编辑，同时他还对创造发明产生兴趣，据记录他至少发明了三项工具：制钉机、水龙头和套管接头，他还为后两项发明申请了专利。与此同时，伊莱泽·赖特对人寿保险业产生了浓厚的兴趣，并将数学天赋应用于与人寿保险息息相关的精算学，他如饥似渴地阅读保险法规和保险书籍，开始对人寿保险风险进行评估和研究，自认为找到了人生中最理想的工作。

1858—1866 年，伊莱泽·赖特连续 8 年担任马萨诸塞州保险委员会保险监督员，率先提出以保证偿付能力为目标的现代监管理念。他还提出了计算人寿保险数据的新型公式，这就是著名的"累积公式"。这一公式的计算方法科学，但计算过程烦琐。为了提高运算速度，1869 年，伊莱泽·赖特发明了一种计算器，并申请了专利。这是一种运用对数规则发明的运算装置，用于比较复杂的乘法和除法运算，这一发明极大地促进了人寿保险业精算学的发展。

伊莱泽·赖特担任保险监督员期间，除提请马萨诸塞州立法机关立法监督保险业外，还将负责办理的案件登记在册，写成了一部保险监督报告。这部报告极大地提高了他的知名度，并且成为人寿保险业的重要指导手册。许多保险公司挖空心思想要冠以伊莱泽·赖特的名号。伊莱泽·赖特的儿子华特·赖特最终子承父业，成为新英格兰人寿保险公司的精算师；伊莱泽·赖特的女儿也成为美国通用联合保险公司的精算师。

伊莱泽·赖特担任马萨诸塞州保险委员会保险监督员，事实上是一种政府授权给专业保险机构，使之委托监管保险市场的方式。纵观保险发展史，从早期的互助共济形式到自主管理的行会组织，再到国家干预的委托监管，这一系列演变体现了保险监管逐渐走向专业化的趋势，掌握专业技术和专业知识的保险人成为保险监管的重要力量。保险监督和管理因其特殊性、专业性和复杂性，必然需要从其他行政管理领域分离出来，成为独立的监管部门。

保险业诞生之初，国家并没有对其进行干预。随着人寿保险业的繁荣，在这繁荣的表象之下，也潜伏着巨大的危机，如监管不到位、被保险人骗保和保险商诈骗等。面对这些乱象，西方国家开始通过立法对保险业进行监督和管理。伊莱泽·赖特担任马萨诸塞州保险委员会保险监督员的第一年就开始游说马萨诸塞州立法机关。在他的努力下，1858 年，马萨诸塞州立法机关终于通过了保险监管法，强制保险公司建立准备金；1861 年，为了禁止保险公司私自挪用保险准备金，马萨诸塞州颁布反挪用准备金法；1880 年，马萨诸塞州立法机关颁布法律规定，保险公司对退保顾客支付退保金额必须使用现金交易。

保险监管的重要目的是防止风险累积对社会经济造成的恶果。伊莱泽·赖特所生活的时代，保险监管主要体现在国家制定保险法律法规和国家委托保险监管机构对保险业进行行政监管两方面。保险业是一个特殊的承保风险的行业，是社会经济补偿制度的重要组成部分，对社会经济发展和人们生活的安定起了重要作用。同时由于风险的不确定性、损失程度的不可知性、赔付标准的差异性和保险事故的随机性，保险业还是一个高风险的行业，保险公司的亏损或倒闭不仅直接造成保险业的损失，还会造成广大被保险人生活无依，同时社会再生产受到影响。保险业的恶性竞争和保险欺诈行为也会对保险公司造成毁灭性的打击，同时还会危及相关产业和广大公众的利益，因此有必要对保险业进行严格的监管。

对保险公司和保险市场进行监管并不是简单的命令和控制，而是需要协调各方利益，制定统一的行业规范和法律，通过政府的宏观调控，弥补市场机制的缺陷。保险业因其特殊性决定了不能采取自由放任政策，政府应履行行政管理职能，优化保险资源的配置，调控保险业的发展，同时还要监测保险公司的偿付能力和经营风险，督促保险公司防范和化解经营风险。伊莱泽·赖特正是在广泛了解和调查保险业现状的基础上，结合英美两国保险市场的监管成果，总结金融市场和保险经营规律，制定科学、合理和精准的保险监管决策，防范和规避保险风险。他还利用所学的精算学专业知识，收集和整理保险市场数据，评估保险业风险，克服保险信息不对称的短板，促进保险市场的健康有序发展。伊莱泽·赖特提出的保险准备金制度，基本具备了现代保险业的要素，以保证保险公司偿付能力为目标的现代保险监管概念对于现代保险市场的调控具有深刻的借鉴意义。伊莱泽·赖特不愧为"现代保险监管之父"，为世界现代保险业发展起了极为重要的奠基作用。

第四章

世界现代保险的演变 （1900—1945 年）

1. 有趣的自行车保险

如今自行车随处可见。平日里，如果你在上下班高峰期站在任何一个地方的街头，都将会看到各种类型的自行车从你面前经过。各种不同喜好的人骑着不同类型的自行车，都被赋予了不同的社会目的和文化含义：带着柳条篮子的复古自行车标志着对一个逝去时代的怀念；混合动力车和城市租赁自行车表明人们通勤上班时间在增加；费用高昂的高科技自行车表明人们对比赛和运动的兴趣。当然，城市空间设计布局、人们对运动的喜好和自行车所带来的方便都促成了当前自行车广泛的流行。

那么有没有自行车保险呢？当然有，从历史上看，自行车保险起源于 19 世纪末 20 世纪初的欧洲。欲了解现代自行车保险，我们还得先了解自行车发明的故事。有了自行车，才有了自行车保险。那么自行车是如何被发明出来的呢？这个问题的答案可以追溯到久远的历史，它的历史既丰富多彩，又趣味横生。

早在 300 多年以前，著名的法国数学家雅克·奥扎拉姆就提出了一种新理论，认为人类可以以自身的力量驱动一种车辆去往任何地方，这种车辆可以取代马匹。骑行者不仅可以去任何地方，而且在骑行过程中，也能很好地锻炼自己的身体。在骑行过程中，速度的快慢取决于骑行者的意愿和体力。但是如何制造这个听起来很有价值的行驶工具呢？

奥扎拉姆在他 1696 年出版的著作中提出了很多有趣也很实用的问题。在第 23 个问题中，一位来自法国拉罗谢尔的物理学家埃利·理查德提出了自己的四轮车解决方案。根据理查德的构想，一个人只要坐在前面用一对绳子控制前面两个车轮，同时他的副手站在后面，通过上下两块由弹簧和滑轮共同组装成的往复式木板来操作后轮，就可以驱动车辆前行。

1804 年，美国的机械师博尔顿发明了 4 个轮子的车子，车子上装有舒服的座椅，可以坐 6 个人，需要 2 人操作这个车子，一个人在前面驱动较小的前轮，另一个人面向后方站在车子的中央，后一人用双手旋转刹车杆，刹车杆可以带动一系列的 4 个连锁齿轮，最后一个齿轮被安装在车子的后轮上。

在同一时期的欧洲，工业革命在英国和欧洲大陆进行得如火如荼，各个领域的发明爱好者的创新发明不断涌现。

其中，德国卡尔·冯·德赖斯男爵一系列的发明创新令人印象深刻。他早年就下定决心改进人类的交通工具。1813 年，他建造了一辆可乘坐 2 ~ 4 人的车子。为了获得公众的认可，他设法出版了他的著作，随后获得了当时一些著名人物的认可，其中就有俄国沙皇亚历山大一世。虽然德赖斯获得了一定成功，但是当地专利保护局并未通过他的专利保护权的申请。专利局的审查员还对他的发明给予了讽刺和挖苦，认为正常人都是用双腿走路，只有能力欠缺的人才会使用他的车子。

面对讽刺打击，德赖斯并不气馁，而是更加坚定决心。1814 年的秋天，他展示了改进后的新车子，但仍收效甚微。德赖斯一度变得消沉起来。几年后，德赖斯又重新振作起来，决心攻克其中的各种难题。这时，他提出了一种新思路，也就是如今广为人知的"老式脚踏车""脚踏两轮车"。终于在 1817 年的夏天，世界上第一辆脚踏车正式诞生。

1817 年，德赖斯发明的这种老式脚踏车，被认为是世界上第一辆自行车。但从技术上讲，这辆自行车与现代的自行车还是有非常大的区别。现代的自行车组成要素包括连续的钢管金刚石框架、线轴悬挂轮、脚踏驱动链轮和块状链轮、钢滚珠轴承和充气橡胶轮胎等。1817 年的这辆自行车显然并不完全具备这些要素，但不可否认它推动了两轮车这一概念，初具现代自行车的基本框架。

1818 年 4 月，德赖斯骑着他发明的车子从曼海姆到了法兰克福，两周后，又骑着它回到曼海姆。随后，脚踏两轮车在欧洲迅速流行起来，可以说掀起了骑两轮车的热潮。在法国首都巴黎、奥地利首都维也纳及欧洲其他地区，还出现了骑两轮车的比赛。

在当时的英国，每辆脚踏车的售价为 8～10 英镑，价格不菲。当时伦敦的手工艺人一周的收入才 18 先令，不到 1 英镑（20 先令）。一辆脚踏车的价格相当于伦敦手工艺人两三个月的收入。在爱尔兰的都柏林，有两位爱尔兰人抓住商机，开办了教人学习骑行这种脚踏车的学校。

1819 年人们发明了手刹。1819 年英国的《每月杂志》刊登了一辆三轮车的图画，报道称有三个人用手驱动这辆车，早晨离开伦敦，花了大约 7 个小时行驶了 54 英里到了布莱顿。

经过几十年的积累发展，1867 年，新一代的自行车出现在巴黎人的视线里。两轮车通过机械曲柄和脚镫子，打开了新的发展道路。

脚镫子的发明并不属于英国，而是法国。1867 年 4 月，法国巴黎工匠皮埃尔·米修制造了一款脚镫子两轮车，通过脚镫子和安装在前轮的曲柄直接可以带动两个轮子。两轮车的轮子也变得更加紧凑，前轮为了提高转动效率而设计得比后轮更大些。骑上这种两轮车需要抓住手柄，然后飞快地跑着跳上去。骑手笔直地坐在车上，手臂伸展到手柄，脚踩在旋转的踏板上，一旦掌握了平衡，骑手可以摆动自己的双腿，轻松自如地骑行。

这个发明才诞生了真正的现代自行车。虽然它的制造成本昂贵，人们也对其半信半疑，但米修的这种新车子很快就打开了销路。第一批顾客都是自行车运动的倡导者，大约有 20 个人，全部拥有贵族头衔。这个新奇的发明，被当时的人们称为"交通史的一场革命"。

1867 年随着自行车运动的兴起，几个外国商人购买了米修的自行车样本，带回各自的国家。1867 年的夏天，法国里昂的一家公司推出了一款新的两轮自行车。到了 1868 年的春天，米修雇佣的工人增加到 60 人，这些工人来自欧洲各地。毫无疑问，此时米修的自行车公司规模已经相当大了。同时，其他公司纷纷涌入这个新兴行业。一大批自行车骑手热衷于把骑自行车作为一种娱乐活动。

随着自行车行业的兴起和自行车技术的改进，自行车比赛也蓬勃兴起。

1870 年 4 月，一场史无前例的自行车比赛在英国伯明翰的阿斯顿十字广场举行。7 名英国最好的自行车骑手展开角逐，当天共有 4000 多名观众到场观看。比赛最精彩的是约翰·亨利·帕尔默与来自德比郡的约翰·普林斯之间展开的 1 英里角逐。帕尔默是 1869 年比赛的冠军，而普林斯是新一代骑手。《运动员》杂志对这场激动人心的比赛做了如下精彩的描述：

"在不温不火的开始后，帕尔默表现最佳，他最先通过第一个裁判，然后，普林斯直接冲了过去，他们近距离紧密地搅绕了一圈。

在第二局，德比郡的普林斯展现了迅猛的冲刺劲头，在帕尔默还没有注意到的时候，普林斯以迅雷不及掩耳之势冲了过去，领先帕尔默 20 码的距离。这种优势继续保持着，距离一度拉大到 30 码，帕尔默的优势地位一直保持到第四圈。

帕尔默的朋友期待有奇迹发生，这时帕尔默以极大的勇气和超水平发挥，迅速缩小差距，最后成功超过了对手普林斯。"

随后不久，星形轮和橡胶轮胎成为自行车的新装置。1870 年低，高座自行车获得非凡的成功，大型自行车活跃了消费市场。与此相关的两位先驱者对自行车作出了重大贡献，他们分别是英国考文垂的詹姆斯·斯塔利和威廉·希尔曼。1871 年他们开办了自己的自行车公司——斯塔利合伙公司。1871 年，他们引进了一种经过改造的具有驾驶杆的全金属自行车。这种新型自行车价格便宜，很快成为市面上最时尚的一款新型自行车。

此后，英国的自行车变得更轻便。笨重的铁管被更轻、更细的钢管所取代，自行车几乎减轻了一半的重量。到了 1873 年，自行车的重量大约有 40 磅。同时，在驾驶杆和车轴上安装了轴承，使整部自行车在骑行时变得更加顺畅。

1870 年，伦敦的自行车爱好者成立匹克威自行车俱乐部和自行车业余爱好者俱乐部。1873 年，一大批自行车俱乐部如雨后春笋般兴起。对于俱乐部的大多数人而言，他们都喜欢骑这种更舒适、速度更快的高座自行车。

1885 年，一种更加安全的自行车——"漫步者"出现了。它的设计者是约翰·肯普·斯塔利，他后来解释说，这种设计是基于早些年制造的一辆三轮车模型。他的目标是让骑车人坐在合适的位置，与地面保持适当的距离。为了让骑行人根据自身喜好选择合适的坐姿，斯塔利设计了可调节高低和前后位置的座椅，制造了可调节的手把，他还用了链条和齿轮为后轮提供动力。

由于新设计的"漫步者"自行车要比传统的高座自行车低，更符合空气动力学的结构，所以速度更快。有些人甚至宣称这是"漫步者"的最大优势。1885 年 9 月，乔治·史密斯骑着"漫步者"自行车以 7 小时 5 分的时间完成了 100 英里的路程。第二年，斯塔利进一步改进了"漫步者"，使自行车两个轮子的大小完全相同。自行车变得更加实用。随后，英国开始大批量生产这种新式自行车。

19 世纪 90 年代早期，"漫步者"自行车逐渐代替了道路上其他类型的自行车。1891 年春天，《伦敦杂志》已经谈到这个趋势，自行车的安全系数越来越高，它将取代老式的自行车和三轮车。

国际自行车贸易随之兴起，美国自行车贸易的增长尤为显著。1887 年，美国自行车进出口公司从 12 家增长到 75 家。1891 年，美国进口了 15 万辆自行车，当时是骑自行车人口的两倍。

德国把德赖斯誉为"自行车之父"。法国则要求建立纪念碑，以纪念皮埃尔·米修。自 19 世纪 80 年代早期开始，法国兴起的自行车文学作品就认为是这位铁匠米修在 1855 年发明了自行车。

1895 年《纽约论坛》评论到："人类使用的物件很少有能在社会环境中引起革命性巨变的，自行车对于人类来说，要比战胜拿破仑与取得第一次、第二次布匿战争的胜利还重要。"拿破仑是 19 世纪初期著名的历史人物，曾率领法国军团鏖战整个欧洲大地，建立盛极一时的法兰西第一帝国。布匿战争是古代罗马与迦太基之间展开的战争，罗马因这两次布匿战争险些灭亡。这些夸张的评论，反映了 19 世纪 90 年代中后期美国人对自行车的狂热。

1895 年的美国纽约，一家名为米修的俱乐部在百老汇租了一家老兵工厂，这家俱乐部的 400 名会员可以每周两晚在此骑自行车，同时还有乐队助兴伴奏。这家俱乐部也呼吁沿着河滨大道骑车。其他地方的俱乐部也举办以自行车为主题的舞会和酒会。自行车不是上流社会的独享物品，全体社会成员都对它情有独钟。据说，成千上万的人都会节约每一分钱来买一辆自行车。在英国伦敦，一位杂志编辑说道："在闷热的工作间工作了一天的妇女们，都非常希望下班后能借一辆自行车骑一个小时。"

在英国伯明翰一个名为"号角"的社会主义团体强烈建议工人阶层学会骑自行车，它甚至组织了一个由志愿者参加的自行车俱乐部，他们将骑上俱乐部分发的自行车来传播无产阶级革命思想。由于自行车提高了灵活性，这些宣传无产阶级的人们很容易到达遥远的乡村地区。一旦他们到了这些地方，就会分发书籍来传播解释社会主义思想。

自行车的发明给人们出行带来方便的同时，也带来了各种风险，如被盗的风险、人身伤害的风险等。

1868 年 8 月，法国的一期娱乐杂志刊登了一幅漫画，展示了一位富有的自行车骑车人因骑车过猛导致的自行车事故，以及因此受到妻子责骂的情形。

虽然这只是一幅漫画，但当时出现的自行车事故还真是不可忽视。据报道，当时美国印第安纳州的一位年轻黑人，曾在大街上骑自行车时不小心撞倒一位上校，酿成自行车事故。另据报道，一名骑车人在骑自行车时，吓坏了两匹拴着的马，它们挣脱了绳索，飞奔而去，以至于最后失踪无法找回，马车的主人因而损失惨重。一些自行车事故甚至是致命的。例如，当时有一个 15 岁的法国小男孩骑自行车加速下坡，由于失去了对车子的控制，掉进了罗纳河，溺水身亡。

由于自行车造价不菲，因而越来越容易被盗。伦敦人口众多，自行车被盗事件频发。

自行车事故漫画

以上这些因素都催生了自行车保险。据记载，开创自行车保险先河的是英国的劳合社，1883年它签下了世界上第一份自行车保险单。其后，法国于1890年也推出了自行车保险。

如今的自行车保险承保范围种类繁多，主要有以下几类：一是针对自行车本身损害或被偷窃的自行车保险，如果突然意外的碰撞事故对自行车造成破坏和损失，此险种承担自行车的修理费用。二是如果上了保险的自行车发生火灾、被盗、破坏等，此险种也予以承担。三是自行车赛车手参加三项全能运动或参加自行车比赛发生事故时，此险种也予以承保。除上述情况以外，此险种的承保范围还包括自行车租赁报销、竞赛活动费用报销、自行车备用配件花费、自行车周期损耗成本等。

自行车的盗窃险起源于英国，劳合社首先推出了这一险种。这个险种的出现与发展也颇为有趣。当时一位供职于劳合社经营海上保险的经纪人问劳合社保险商，是否可以给他的房屋和财物提供盗窃保险。劳合社保险商回答说可以。其实这位经纪人当时已经给他的财产购买了火险。这位有很高工作热情的经纪人就发布广告，宣称劳合社承担由盗贼所造成的损失风险责任。盗窃险从此诞生了。当时的珠宝商对盗窃险最有兴趣，积极推广盗窃险。自行车等交通工具的盗窃险也在不久后产生了。

覆盖对他人和财产造成的第三方责任险，承保自行车对他人造成的身体伤害和财产损失。第三方责任险，又称责任险，是指以被保险人想要免除对第三方的损害赔偿责任为目的所签订的保险合同。该保险是以被保险人依法应承担的责任为保险标的。责任险在法国首开先河，1804年法国的《拿破仑法典》第1382条最先对有关赔偿责任作出了规定。英国的责任险相比法国而言进程缓慢，1875年伦敦暨地方铁路客车公司开始发行用于马车意外事故的第三者责任保险单。

自行车医疗保险是指自行车投保人在骑车过程中发生事故而导致伤残的，保险公司承担投保人的医疗费用。

道路救援保险服务是指每辆自行车只要向保险公司交纳一定的费用，保险公司会提供24小时紧急情况的救援服务。

现如今自行车拥有者除购买车锁给自行车提高安全系数外，买保险无疑也是一种选择。保险公司根据客户需求不断完善自行车保险的相关险种和服务。自行车骑行者通过购买自行车保险可以为自行车和人身安全提供保障。这个时期不但出现了自行车这种新式交通工具，诞生了自行车保险，而且随着汽车的发明和应用，汽车保险也随之兴起。

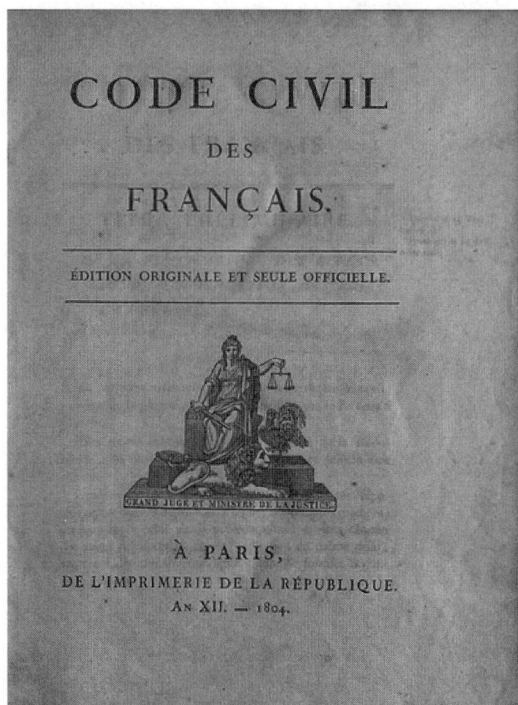

1804 年《拿破仑法典》第一版封面

2. 马车催生第一张汽车保险单

如今的汽车保险已与人们的日常生活息息相关。然而，汽车保险的产生，还有着一段悠长的历史故事。它是随着汽车的发明而出现的新事物。

说起汽车的发明，我们至少可以上溯到欧洲的中世纪。

早在 13 世纪的英国，一位中世纪哲学家罗吉尔·培根就对制作自我驱动车辆的研究有着浓厚的兴趣。他曾经说："我们能够在没有任何畜力的帮助下，以不可想象的速度驱动车辆。我们也能够制造机器，通过翅膀的方式，使我们可以像鸟儿一样在天空中飞翔。"然而，世界上第一台类似于现在的车辆却出现在 17 世纪的中国，这一点恐怕是很多人没有想到的。17 世纪是中国科学技术发明的繁荣期。当时一位法国耶稣会教士来到中国，他就是南怀仁。这位传教士设计出一台动力车，以蒸汽为动力，由齿轮传动装置驱动前行，它被称为是蒸汽机车的早期模型。我们不知道南怀仁是如何制造出这台动力车的，也不知道它使用了多久，但我们可以肯定的是，1665 年这台蒸汽动力车曾经行驶在北京的街头。

然而，那个时候这种车辆并未得到推广应用。到了 18 世纪后半叶，欧洲大陆的强国法国，在国内统一和对外扩张过程中，日益重视科学技术的发明创造。1776 年，法国人尼古拉斯·约瑟夫·古诺为法国军队制造出了 2 辆炮车，其中一辆至今仍被收藏在法国艺术学院的博物馆。这种炮车有三个轮子，能够自动行驶，并可搭载 3 名炮手，但由于其行驶速度很慢，不及正常人步行的速度，所以没有得到应用。

就在法国人制造炮车之际，英国率先开始了工业革命。英国相继出现了伯明翰的马修·博尔顿和詹姆斯·瓦特、利兹的马修·默里等一批能工巧匠，为汽车的发明创造积累了条件。1845 年，爱丁堡的托马斯制造了第一个可以充气的汽车轮胎，并获得专利权。此后，橡胶逐渐被大规模用来生产轮胎。英国在这个时期改造了交通系统，修通了适合汽车快速通行的柏油路。

1863 年，英国萨里郡的约翰亨利·纳特成功制造出一辆蒸汽机车，它可以搭载 4 位乘客，随后又把它改造成更为小型的牵引机车。他开始想尝试使用其他燃料作为动力。1873 年，他制造出了柴油机车，在市场上销售很好。多年后他又生产出了汽油机车。

几乎与此同时，1885 年爱德华·巴特勒也展出了他的汽油机车。1887 年 8 月，他成功制造出英国第一台汽油机车。他和纳特都是农民出身，他们制造的机车也都是为了农业生产。虽然车身小，但是毫无疑问是有效的，因为英国的乡村道路状况比较好。

在与英国隔海相望的欧洲大陆，德国出现了一位世界名人，他就是现代德国奔驰汽车的创始人卡尔·弗里特里奇·本茨。1886 年，卡尔·本茨 41 岁，研制出一台具有电点火装置和水冷却系统的汽油发动机，该发动机为 0.89 马力，他把这台发动机安装在了一台三轮车上。该车配有钢管车架、钢板弹簧悬挂、后轮驱动、前轮转向和制动手柄等。这部车已经具有现代汽车所有的零部件，堪称"汽车鼻祖"。世界上第一辆汽车由此诞生。

其实，当年本茨自己并不敢开着他的汽车上街，因为这辆车经常熄火，本茨怕别人笑话。后来，他的妻子对他们的孩子说："如果你们的父亲没有勇气开上街，那么就让我们去开吧。"

果不其然，本茨的妻子还真带着他们的两个孩子，把这辆车开出去了。

早晨 5 点钟，他们趁着本茨还在睡梦中，就把车开到了 144 公里以外的外婆家。随后他的妻子发来电报，高兴地告诉他，他研制的汽车成功了。

德国的奔驰汽车成功了，而英国的汽车还主要是在乡村道路上行驶。由于英国政府担心汽车压坏道路所造成道路的维修费用越来越高，于是便修改了道路交通法。英国的立法者主张对道路交通进行管制。从 19 世纪 60 年代起，乡村绅士出身的英国议会成员，为了保护乡村道路，就开始抵制农村地区不断增加的农业蒸汽机车。

1861 年机动车道路交通法由此诞生。这部法律禁止使用任何农业蒸汽机车，因为蒸汽机车会对道路表面产生过度磨损。随后，1865 年新的道路交通法颁布，进一步限制了这类机动车的时速，要求在乡村道路行驶的这种车辆不得超过每小时 4 英里，并且需要一个人举着小红旗在前面开路引导方可上路行驶。因此，1865 年的道路交通法在英国历史上又被称为"红旗法"。

1878 年英国又颁布新法，规定每个牵引机车需由 3 个人负责，允许各地政府对交通事故所造成的路面损害提出赔偿。

事实上，以上这几部法律并未严重影响农业蒸汽机车的使用，反而极大地限制了在城市道路上行驶的汽车。

埃利奥特可能是苏格兰第一个拥有这种机动车的人。他曾经开着他那辆车在苏格兰的罗克斯堡郡不受拘束地自由驰骋。但是，当他开过南部边界来到英格兰特威德河畔的贝里克时，他就受到了英格兰法院的传唤。法院控诉他开车时速达到 8 英里，超过了英格兰法律规定的时速，而且他在开车时没有人在前面打红旗引路。

虽然那个时候开汽车的人并不是很多，即使他因触犯 1865 年、1878 年交通法而受到起诉，但他依法应缴纳的罚金往往微不足道。地方法官也都很同情他。另据记载，1896 年，伯明翰地方法官莱昂·霍利被控诉驾驶机动车未曾让他人在前面举旗开道，因此被罚了 1 个先令。他解释道，法官们都在执行或许他们自身都不太认可的法律。因此，这种尴尬的局面不可能长期持续下去。英国民众针对 1878 年的交通法掀起了一场抵制运动。他们认为，限制每小时 4 英里的速度是可笑的，已经远远过时了。

1897 年英国伯明翰道路上的汽车

当时英国国内也出现了维护机动车车主利益的媒体。1895 年 11 月，考文垂的威廉姆·艾萨克艾利夫，创办了《汽车》杂志。随后社会上出现了更多的类似读物，他们的声音极大地影响了英国议会立法。

1895 年 6 月 17 日，肖勒·费弗向英国上议院提交了机动车高速路法案。

这份法案旨在取代早期的机动车法案，因为早期的机动车法案鼓励过时的马车，限制了速度更快的机动车，最终会阻碍商品自由快捷的流通。肖勒·费弗说道："亲爱的议员们，最近到过法国巴黎的人都看到了，巴黎的街头行驶着无数辆汽车，这些车辆都是由汽油、蒸汽或者某种电力来提供动力。在巴黎和波尔多地区的道路上，人们进行了一场试验，一辆由汽油提供动力的机动车和一辆马车比赛，看谁能先到终点。在比赛过程中，机动车完全由人来操控，马车也没有受到惊吓。最终，机动车以每小时 15 英里的速度赢得了比赛。"

他接着指出，英国早期的机动车法案，规定机动车必须由至少 3 个人来操作，一个人还要拿着旗子在前面开道，而且这种车辆在乡村只能以每小时 4 英里以下的速度行驶，在城镇以每小时 2 英里的速度行驶。这就极大地限制了机动车。然而，由于当时正值英国政府换届，费弗的这项提案并没有获得通过。

1896 年 4 月 23 日，与费弗提案类似的机动车法案在上议院得到全票通过，随后成为法律。1896 年的机动车法应该归功于戴维·所罗门爵士。所罗门爵士是英国机动车交通组织的创建者，同时也是该组织的第一任主席。这位英国历史上著名的人物来自一个犹太家庭。拿破仑战争期间，所罗门爵士倾全家的财力，并利用自身的金融管理才能，帮助英国对抗法国。正是他负责起草了 1896 年的法案，因为政府部门里没有人擅长这个领域。除了自己亲自写宣传小册子，所罗门爵士还自己掏钱刊发文章，引导公众舆论。他乐此不疲，毫无怨言，不停地给那些乐于读他文章的人写信，因为人们知道他的名声，尊重他诚实正直的人格。据说，仅带有他签名的信件总数就达到 56000 封。由此可见，所罗门爵士为了那部法律可谓竭尽了全力。

在新的机动车法律通过后，1896 年 11 月 14 日，英国民众为了庆祝早期机动车法律被废除，在伦敦和南部城市布莱顿的道路上展开了一场比赛。该比赛主要由汽车俱乐部组织，参赛车辆多达 33 部，不过大多数机动车来自国外。

这次汽车比赛开启了现代汽车保险的先河。

据记载，当时苏格兰雇主责任和事故保险公司首次为该比赛承担了汽车保险。苏格兰雇主责任和事故保险公司承诺为每一位竞争者和乘客提供保险，并同时对车辆损失提供保险，该保险公司还首次提供了第三方责任险，即在车辆行驶过程中车辆对他人造成的人身伤害险。这些保险险种均详细地列在保险单上，保险费率为保险额的 2%，每辆车外加 2 英镑。这是世界保险史上最早的汽车保险。

1899 年，汽车与其他车辆发生碰撞，也被囊括到汽车责任险里。

随着汽车工业的快速兴起，汽车数量不断增多，许多保险公司也看到了这个巨大的商机。英国人弗雷德里克·妥尔斯比设计出了一种保险单，它覆盖了以上所有的险种。截至 1900 年，英国有数家保险公司均可为汽车提供保险，其中就包括 1892 年成立的英国法律意外保险协会，该保险协会成为 18 世纪头十年汽车保险领域的领军者。

1907 年，伦敦和兰开夏郡公司开始为汽车承保。1917 年，英国皇家交易保险公会也开始为汽车承保。1904 年劳合社签署了第一张汽车保险单，为了提高竞争力，大大降低汽车保险费率，以至于基本上没有利润可言。

很多新创办的汽车保险公司在竞争中败北，很快陷入破产境地。据统计，仅在 1896—1923 年，英国就有 5 家较大的汽车保险公司在建立不久即告破产。

在英国率先开出汽车保险单后，美国也紧跟英国的脚步。美国的汽车保险开始于旅行者保险公司。在 19 世纪末 20 世纪初，俄亥俄州是美国早期汽车业发展中心，所以美国的第一张保险单也出自于此。1897 年，旅行者保险公司卖出了一张马匹保险单。虽然这张保险单是一张马匹保险单，但是涵盖了承保车辆在事故中造成的对他人人身和财产的伤害。1898 年 2 月，美国纽约州布法罗市的一名汽车司机杜鲁门·马丁，从旅行者保险公司购买了真正意义上的汽车保险单。

自从杜鲁门购买了汽车保险单后，越来越多的人开始购买汽车保险。

1902 年出现了第一张汽车火险及盗窃保险单，这是第一张非责任汽车保险单。伴随着新险种的出现，保险法规也日益走向完善。

3. 《1906 年海上保险法》 的故事

英国《1906 年海上保险法》的制定和实施，是世界保险史上的大事。该法不仅是英国海上保险法律的集大成者，而且为世界其他国家和地区的海上保险法提供了范本。目前，世界多数国家的海上保险法都受到其不同程度的影响。这也是伦敦成为世界金融保险中心的重要标志之一。

100 余年过去了，我们回首英国这部海上保险法，仍然回味无穷。英国偏安于西北欧一隅，何以能够制定出这样一部具有世界意义的海上保险法？它究竟有多深厚的历史积淀？又是怎样起草出来并最后被批准为法律的？这部海上保险法都有哪些内容值得关注？为了回答这些问题，我们首先要谈谈英国海上保险业的兴起和发展历程。

海上保险早年间由意大利传入英国。有关海上保险传入英国后的发展情况，1876 年出版的弗雷德里克·马丁撰写的《劳合社历史与英国的海上保险业》作了较为详细的记载。其中，英国海上保险兴起和发展的几个重要时间节点，值得注意。

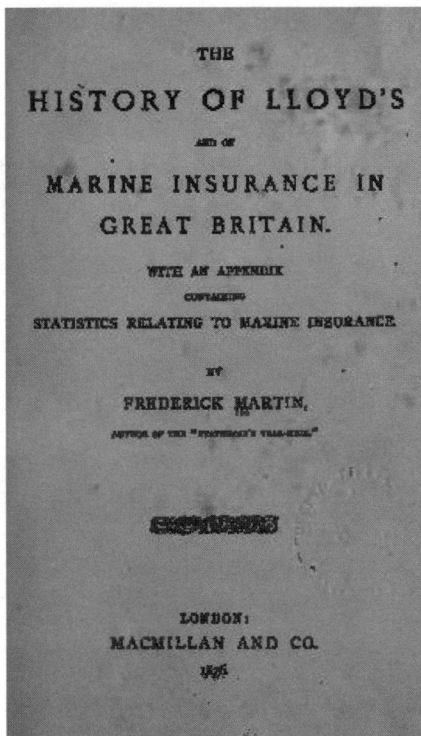

《劳合社历史与英国的海上保险业》封面

1575 年，《保险费率规章》颁布。这是英国历史上第一份保险法律文件。

1601 年，《商事保险法》颁布。这是英国第一部保险法规汇编。与此同时，伊丽莎白一世还建立了第一个专门审理海上保险案件的法庭。

1613 年，存世最早的英国保险单。该保险单与 19 世纪劳合社的保险单大致相同。

1688 年，劳埃德咖啡馆第一次被载入文献，这是劳合社的前身。

1720 年，皇家保险交易所和伦敦保险公会被授予保险经营特许权，垄断经营英国海上保险和冒险抵押借贷业务。

1726 年，《劳合动态》出版发行。

1730 年，《劳埃德船舶年鉴》出版。

1745 年，《1745 年海上保险法》获得通过，其中禁止赌博保险单和再保险业务。

1756 年，曼斯菲尔德爵士被任命为大法官，他制定了英国保险法的主要原则。

1769 年，劳合社成为较为完备的保险组织，并将办公地址迁到了皇家交易所。

1779 年，劳合社的保险单格式定型。直至 1850 年，保险单上 "以上帝的名义，阿门" 一句被改为 "众所周知"。

1788 年，《1788 年海上保险法》获得通过，要求所有保险单均应列出被保险人的姓名。

1798 年，首次要求海上保险单加盖印花。

1824 年，皇家交易所和伦敦保险公会的垄断权被废除，其他公司和合伙人均可从事海上保险业。

1834 年，英国劳埃德船级社建立，成为世界上历史最悠久、规模最大的船级协会。

1845 年，《1845 年赌博法案》明确了以赌博为目的所签订的保险合同均无效。

1862 年，《1862 年公司法》允许注册有限责任公司，禁止未经注册的 20 人以上的商业团体从事商业活动。

1864 年，再保险合法化。

1868 年，《海上保险单法》颁布。

1871 年，《1871 年劳合社法》颁布，正式承认劳合社为法人。

1891 年，《1891 年印花税法》颁布，其中规定海上保险合同的内容应体现在保险单上，并细化了一些保险合同内容，规定海上保险合同制定过程不能超过 12 个月。

1894 年，《1894 年商业船舶法》颁布。

1901 年，《1901 年金融法》颁布，认可了在特定情况下，延迟条款有效。这里的延迟条款，是海上保险的条款之一，规定如果船舶在保单期限内未能到达目的港口，被保险人可以按照比例续交保费以使保单延期。

从以上时间节点可以看出，《1906 年海上保险法》并不是一蹴而就的，而是有着深厚的历史积淀，是历史实践总结出来的集大成式的成果，是英国人经过一步一步摸索而形成的历史智慧。该法颁布实施后，不仅成为规范英国海上保险活动的基本法，也成为其他国家海上保险业参照推行的一般准则。其促进了整个世界保险业的发展，影响深远。

《1906 年海上保险法》的起草和通过，不仅有着深厚的历史积淀，而且还有一位号称"立法天才"的人大力推动，他就是麦肯齐·查尔姆斯爵士。他先后起草了《1882 年汇票法案》《1893 年商品交易法案》，《1906 年海上保险法》也是由他亲自起草的。据说，他在起草该法时，参考了 17 ~ 19 世纪近 2000 多个案例，殊为不易。这也许是该法能够产生广泛而深远影响的重要原因。

英国《1906 年海上保险法》的主要内容都有哪些呢？

从总体上看，该法共有 17 部分 94 条，内容涵盖海上保险的界定、可保利益、告知、保险单、保证条款、重复保险、航程条款、保险单签署、保险费、赔偿方法、互助保险、再保险等。

该法开宗明义，首先界定了什么是海上保险合同："海上保险合同是一份保险人赔偿被保险人，以双方都同意的方式，弥补海上损失，也就是海上活动引起的损失，所签订的合同。"

这里最关键的一词是"赔偿"，因为从本质上来说，海上保险合同就是一份赔偿合同。赔偿原则贯穿于整个保险合同，同时这一词也决定了保险双方的权利与责任。被保险人因经济损失所获得的经济赔偿数额也取决于它。事实上，无论是海险，还是其他险种，投保人最主要的目的就是获得赔偿。

英国上议院赖特爵士也对赔偿作出了精彩的评论。他在里卡兹诉弗雷斯塔尔铁路公司案件中说："立法和法院的共同目标是使保险赔偿这一理念奏效，赔偿是保险的最基本概念。"

在另一个有关案件，即卡斯特兰诉普林斯顿案件中，布莱特法官评论到："保险合同是一份赔偿合同，也仅仅是一份赔偿合同。这个合同意味着如果被保险人遭受损失，根据签订的保险单，就可以得到最大程度的赔偿，但绝不能超过最高的限额。"

确实，我们围绕保险所展开的一切活动都根植于这个最重要的原则，诸如分摊原则、代位求偿原则、可保利益原则、赌注性保险单、双重保险等都来源于这一保险赔偿理念。

在上述案件中，另一位法官更自信地认为，赔偿原则将解决所有问题："在所有众多困难问题中，我对赔偿原则非常有信心。我们只要运用这个原则，困难问题将会迎刃而解。一个人针对他的损失，可以得到一定程度的赔偿。遵循这样绝对可靠的原则，还有什么难题可言呢？"

不可否认的是大部分问题都可以通过这个原则得到解决，海上保险最本质的特征是赔偿，但是海上保险合同又不完全是赔偿合同。

《1906 年海上保险法》的第二部分对海上保险的可保利益原则作了说明。

可保利益原则是海上保险乃至其他险种的重要原则之一。可保利益原则是保险双方签订保险单的基础，也是保险人决定对保险标的是否可保的前提条件。该法明确规定，没有可保利益的保险合同是无效的。在此之前，由于可保利益原则没有列入法律规定，英国经常出现一些奇怪的投保现象。例如，只要报纸上出现某名人得病或者死亡的消息，就有许多与死者无关的人来为他买保险，以此来骗取保险金。该法从根本上杜绝了这类现象。

最大诚信原则也在《1906 年海上保险法》中得到明确体现。该法律规定，保险双方应基于最大诚信原则签署保险合同，如果保险双方有一方没有遵守这一原则，那么另一方可宣告保险合同无效。这就要求被保险人在保险合同签署前必须向保险人坦诚公开，如果被保险人没有做到坦诚公开，或对自身重要的情况有所隐瞒，那么承保人有权废除合同。这是因为被保险人每一个重要情况都会影响谨慎的保险人的判断，从而影响保险费用的数额，甚至影响承保人是否有必要为被保险人提供保险服务。在这里，"最大"一词表明诚信的重要性。当时的法官克尔曾指出，最大诚信原则是压倒一切的原则。

除以上的赔偿原则、可保利益原则、最大诚信原则外，该法还明确规定了代位求偿原则。这就是海上保险的第四大原则，也是由赔偿原则所衍生出来的。

该法明确规定："无论保险人赔付的是全险，还是货物商品可分割的部分，均有权获得被保险人在该已赔付保险标的上所剩下的利益，并且保险人从保险事故造成损失之时起，就获得被保险人在保险标的上的所有权利和赔偿"。

假如一艘船购买了保险，保险公司估算该船价值为 6000 英镑，但其真实价值可能要超过这一数字。如果该船被撞沉，那么保险公司就要赔偿 6000 英镑的全损。在保险公司赔付后，如果该船的投保人又把船打捞出来并进行修复，修复后船的出售价格为 5700 英镑，那么根据《1906 年海上保险法》规定，这笔钱属于已赔付标的后剩下的利益，应归保险公司。这就是代位求偿原则的具体体现。如今这一原则已成为被世界保险业的基本原则之一。

代位求偿原则的主要目的是避免被保险人重复获益。

结合以上分析，我们可以发现《1906 年海上保险法》具有以下几个特征。

第一，这部法律是英国维多利亚时代法典编纂运动的延伸成果。维多利亚时代特指英国维多利亚女王统治时期，即 1837—1901 年。维多利亚女王在位的 60 余年是英国繁荣强盛的黄金时代。该法虽然颁布于爱德华七世统治时期（1901—1910 年），却酝酿于维多利亚时代末年。如前所述，麦肯齐·查尔姆斯爵士早在 19 世纪八九十年代就已开始参考英国商业习惯和各种相关案例，起草该法。

第二，这部法律适用范围广泛。该法虽然是关于海上保险的法律文件，但并未截然区分海上保险合同与一般保险合同，甚至也没有排除普通法的内容。该法律的许多原则不仅限于海上保险，也适用于其他险种。这些保险原则属于海上保险合同法的一般原则，与一般保险合同相同。事实上也是这样，继《1906 年海上保险法》后，许多有关非海上保险合同的纠纷案件，也都是比照该法进行审理的。

第三，这部法律非常重视商业和商人。在起草该法时，麦肯齐·查尔姆斯爵士废除或修改了过时的商业条例、有碍于商业活动的条款，从而极大地促进了保险市场的变革。同时，法律对任何侵权事件都作了明确的说明，任何一方都可以本着最大诚信原则，避免合同失效。在风险发生任何改变时，保险责任自动解除。在向上议院介绍海上保险法案时，赫歇尔法官也说："所有商业交易的最大目标是确定性，为此，法院制定这样一部法律是很有必要的。"麦肯齐·查尔姆斯爵士曾说："一位商人对一位律师说，让我自由制定合同，但是请你清楚地告诉我，如果我没有签合同，或者我没有清楚地签合同，那么你将如何处理。如果我事先完全知道你们律师如何处理一个特定的案子，那么我就会相应地调整我的行为。所以我想知道的是我所处的位置。"

总之，《1906 年海上保险法》虽然已过去 100 多年了，但其基本原则仍熠熠生辉。这部保险法奠定了若干保险行为准则，极大地促进了世界现代保险业的发展，今后还会继续为人们提供更多的借鉴。

4. 改变美国社会的一场大火

1911 年 3 月 25 日，美国纽约市阳光明媚，晴空万里。儿童的嬉戏打闹声回荡在华盛顿广场公园的上空，老年人则在绿草如茵的公园轻松散步。这是纽约曼哈顿区最负盛名的广场之一。广场的北面是一排排老式的贵族式的红砖石灰岩构成的高层小楼，它们兴建的时间最早可以追溯到 1833 年。广场的东面则是纽约大学的学生宿舍。

在华盛顿广场公园的东北角，有一家三角衬衫工厂，它位于阿什大楼的 8 ~ 10 层。这家工厂大约有 500 名女工。她们大多来自欧洲的贫困家庭，甚至很多人都不会说英语。为了糊口，她们甘心拥挤在这样狭小的空间里，赚取低廉的工资。

当天下午 4 时 45 分，三角衬衫工厂的女工们结束了 9 个小时的工作正准备下班离开，制衣女工艾娃·哈丽斯突然闻到了一股焦煳味，大声喊到："火!"

然而，火势迅猛，人们还来不及灭火逃生，大火就蔓延开来。

起火的确切原因最终也不得而知。虽然幸存者后来证实，起火原因似乎来自桌子底下，有可能是有人往废布桶里投掷了火柴或没有熄灭的烟头引起的。

机器上的燃油、成堆的布料、已经制作好的衬衫、少量的蕾丝还有纸板等都是易燃物，均有助于火势的蔓延。事后有人回忆，那天工厂里易燃物很多，起火点在8层，火势借着易燃物迅速向四周扩散。

当时在8层的大多数工人都已经离开座位准备下班，桌子上只剩磨具和材料。

大约有100名女工正在准备接受雇主的检查，以防有人偷窃，这是工厂下班时的惯例。当女工一看到火，就立刻涌入走廊逃生。可是由于走廊太狭窄，里面堆满了大件的箱子，箱子里面装满了废弃的布料。人们顿时乱作一团。

这时，8楼的电话接线员迅速呼叫9楼的工作人员，但没有人应答，她又往10楼打电话通报8楼的火灾情况。10楼是工厂管理人员的办公室。这些管理人员拨打了消防部门的电话求救，并迅速爬楼梯逃到大楼顶部。

值得庆幸的是通往楼顶的楼梯没有上锁，人们可以通过楼梯逃到楼顶。该楼紧邻纽约大学的学生宿舍，可以从楼顶逃到宿舍楼从而获救。然而不幸的是9楼的女工试图从防火安全门逃脱，却发现门竟然是锁着的，因而伤亡惨重。

在火灾之后的调查取证中，工厂的管理层承认9楼安全门上锁的事实。他们的证词证实，锁门是规定，是为了防范女工偷窃财物从那里逃走。他们还摆出一副义正词严的态度，好像锁门对于他们来说并不是什么大事。女工们被锁在9楼，拥挤的空间和浓浓的烟熏味，使她们很难想出好的逃生办法。三角衬衫工厂没有喷洒灭火器，更别提现如今先进的灭火器。

在火灾一开始，有人拉出防火水管准备灭火，但由于没有水压，根本不出水。依靠少量的水桶想要扑灭大火是远远不够的。9楼只有一部太平梯。太平梯在高楼外部，原本是供火警时逃生应急用的，然而这部太平梯年久失修、摇晃不定，早已失去了其作用，最后只有20人通过这部太平梯幸免于难。

当时，阿什大楼总共有 4 部电梯，其中 2 部是乘客电梯，2 部是货运电梯。每部电梯一次最大载客量是 15 人。然而在那种紧急情况下，人们已经完全顾不得最大载客量了。女工一窝蜂地冲进电梯，她们完全不在乎多么拥挤狭小的空间。一些人为了逃生，甚至当电梯下降时直接跳到电梯顶上。电梯承受着过度超载的危险，以至于电梯的缆绳最后断裂了。

在逃生的人群中弥漫着混乱与惊慌的情绪。尖叫声、拍打声、逃跑声充斥着衬衫工厂的各个角落。

街上的人们被这一场景惊呆了。街头驻足的人们有不少亲戚朋友在这家三角衬衫工厂里工作。震惊中的人们抬头仰望失火的楼层，看到数十位妇女爬到窗外，此时滚滚浓烟在她们周围翻腾，烈火已经烧到了她们的长裙和头发。她们只能选择纵身一跃，从高空坠下。虽然消防队员努力去接住她们，一些围观群众也不由自主地帮忙，使劲拽住布毯的四角，但是这根本不起作用，因为从高层摔下来的女工的重量直接扯断了施救布毯，女工直接砸到人行道上，鲜血染红了整条街。

直到次日黎明时分，橙色火焰照亮了被困的工人。许多目击者后来报告称，一些女孩在不停地哭，一些人手拉着手，另一些人在跳楼前祷告。据统计，共有 58 名女工跳楼摔死。有报道称，一名男工帮助几名女工爬到窗外，这几名女工宁可摔死也不愿被火烧死。这名男工帮助的最后一位女工是他的未婚妻，他们互相温柔地亲吻了对方，然后同时跳了下去，一对彼此挚爱的生命从此陨落消失。

谢泊德是当地通讯社的记者。当时他正在阿什大楼事发现场。他把看到的一切记录了下来，两天后《密尔沃基日报》刊登了他的报道：

"正当我到达火灾现场，一股浓烟在大楼高层阵阵翻滚。我抬头往 7 层以上的方向看，每扇窗前都有 4 名女孩挥舞着她们的手臂，大声求救。

'快点呼叫火警！'人群中有人喊道。'去找一个长梯！'我大声对她们喊'不要跳！'我听到远处传来消防车的警笛声。'他们来了！'我喊道。'不要跳，待在那里！'其中一个女孩爬到窗台，她后面的人努力往回拽她，然而她还是跳了下去。

人们给消防部门打了报警电话。10 分钟后，纽约市消防分队的云梯消防车迅速到达现场。他们配备了一些新灭火装备，包括高压水枪和两辆消防车。那个时候大部分的消防车还都是马车。据统计，当时有超过 30 辆消防车赶到了现场。

消防队员建起一张长约 20 英尺的钢丝网，试图接住跳下来的女工，但是不管是消防队员撑起的铁丝网，还是人们自发撑起的毛毯，都不足以承受女工从高楼跳下时的冲击力。

然而，云梯最高只能达到第六层。一些消防员爬到云梯的最高处，拼尽全力爬到失火的楼层，去拯救被困女工，但也无济于事。

一些人拖着长长的水枪爬上云梯。消防队员只要砸开门锁，就可以灭火。"

警察在人群中维持秩序，帮助焦虑的朋友和亲戚寻找幸存者。根据《纽约时报》的报道，消防队员很难到达救援位置，因为围观的人群和死亡工人的尸体把道路堵得水泄不通。

在这次三角衬衫工厂火灾事故中，共有 146 人遇难。沉痛的悲剧激起了人们的愤慨，这股愤怒很快传播到了整个纽约市和全美国。

在火灾之后，美国人民强烈谴责安全系数如此之低的黑工厂，并推动了美国对工厂管理的立法改革，迎来了"工厂立法修法的黄金时代"。

1912 年纽约州通过了 8 项新劳工法，1913 年又出台了 25 项新法，1914年再增加 3 项，共计 36 项。这些法律内容涵盖了工厂改革的各个方面，彻底重塑了纽约州的劳工法律。法律中规定，人数超过 25 人的工作场所必须安装自动报警系统；超过 200 人的工作场所，必须安装自动喷水灭火器。

在当时的保险业界看来，三角衬衫工厂是"极端危险的投保户"。其实，早在 1902 年、1907 年和 1910 年，三角衬衫工厂就已经发生过 3 起火灾。不过，那几次火灾发生的时候正值工厂停工，没有造成人员伤亡。即使如此，为其承保的保险公司也支付了一大笔保险赔偿金。因此，很多人怀疑三角衬衫工厂的所有者布兰克和哈里斯是故意不安装喷洒灭火器，从而不能及时灭火。这样，他们就可以从保险公司获得大笔保险赔偿金。

工厂主布兰克和哈里斯拒绝承认他们忽视了对工厂火灾风险的管理。可是事实上，在火灾发生仅数天后，布兰克和哈里斯的工厂就在纽约市的另一个地点重新开张了。他们试图在当地报纸刊登广告以招收工人，但遭到当地舆论的强烈抵制，以至于当地报纸拒绝刊登他们的招聘启事。

尽管如此，布兰克和哈里斯还是通过这次火灾事故获得了 64950 美元的保险赔偿，相当于这次火灾遇难的 146 名女工人均为其带来了大约 445 美元的利益。

这次火灾后，消防队长爱德华·克罗克承认，安装喷洒灭火器将增加大约 4% 的建筑费用，他强调说，安装喷洒灭火器还将增加楼层租赁费用，而且这一举措将会减少保险赔偿金。

保险专家阿尔·麦克法兰则在《工人》杂志上刊文进行了总结。他认为，纽约三角衬衫工厂火灾事故应成为"风险陷阱"的经典案例。他提出，如果投保人给价值 5 万元的标的投保，却能获得 10 万元的保额，那么投保人自然会无视安全防护措施。如果一场火灾的最终所得将大于损失，那么人们为什么要去改善危险的工作环境呢？如果整个保险体系都默许甚至鼓励这样的超额保险行为，那么这只会意味着没有人去监管，没有人去根除潜在的危险，也没有人会为这种不合理的保险赔偿作出任何改变。火灾也就一定会再次发生。

麦克法兰还说，纽约火险交易所垄断着纽约市的保险业，迫使互助保险公司等保险公司离开纽约市。而互助保险公司却能提供真正的保障来弥补火灾损失，同时也会刺激投保人尽力改善安全设施。互助保险公司在纺织领域成功经营了很多年，尤其是在福尔河附近的地区。他们会提供较低的保险费率，以补偿安装像喷洒灭火器这类的安全设施所花费的费用。

其实，早在 1895 年，纽约市许多工厂主和大楼管理人员都尝试安装过喷洒灭火器。他们据此要求保险公司相应地降低保险费率，然而却遭到保险公司的拒绝。工厂主们便联合起来成立类似互助保险的组织，这才迫使保险公司降低了保险费率。

尽管有这样的让步，单个的工厂厂主还是认为安装喷洒灭火器的费用过高。为解决这一难题，有 10 家保险公司组成一个联合体，并起草了一项计划。他们在不增加工厂主额外费用的前提下，可以使纽约的工厂变得更加安全。这项计划就是安装自动喷水灭火系统，这样可以提高安全系数，减少损失风险。对于安装了自动喷水灭火系统的投保户，保险公司将相应地降低保险费率；对于那些未安装自动喷水灭火系统的客户，保险公司将收取高额保费，以此弥补因安装自动喷水灭火系统所负担的成本支出。

这项计划受到工厂主们的欢迎。但它却减少了保险代理人的佣金收入和经纪人的费用。

例如，阿什大楼的保险额是 164.7 万美元。如果按照"未安装自动喷水灭火系统"的保险费率计算，阿什大楼的所有人和它的 8 个租赁者需要交纳 1.5 万美元的保险费，其中经纪人将获得 1600 美元的收益。但是对于和阿什大楼具有相同保险额的新英格兰或南卡罗来纳州棉纱工厂来说，这两家工厂都安装了自动喷水灭火系统，每年只需交纳 1100 美元的保险费，但保险经纪人只能获得 60 美元的收益。

保险代理人和经纪人控制着整个纽约市的保险交易。他们强制撤销了 10 家保险公司的保险销售权。最终，这项安装自动喷水灭火系统计划被迫终止。

虽然工厂主不安装自动喷水灭火系统，保险公司还可以收取高额的保险费，但保险公司发现与衬衫工厂合作还是赚不了多少钱，因为这样的工厂太容易发生火灾。截至 1910 年低，一家大型保险公司在签署的 1749 张保险单中，最终取消了与服装零售商的 693 笔保险合同。仅 1910 年保险公司就为 42 起因衬衫工厂造成的火灾事故支付了赔款。1911 年，有 1056 家工厂投保，这一年共发生 81 起火灾事故，保险公司同样为此支付了高额的赔款。保险公司开始监督或者重新评估工厂的危险系数，纽约火险交易所开始研究修正保险费率，并决定提高保险费率。1911 年 6 月，保险费率增长到 35%。

三角衬衫工厂发生的这一场人员伤亡惨重的火灾，促进了美国工厂和劳工的立法进程，同时推动了美国保险业的变革。

一场大火可以说改变了美国社会。而一年后，巨轮泰坦尼克号的沉没，则可谓震惊了整个世界。

5. "泰坦尼克"号的保险赔偿

1997 年电影《泰坦尼克号》上映。这部电影总造价为 2 亿美元，是当时拍摄成本最高的电影。该片当年曾轰动一时，获得了超过 18 亿美元的票房，是 1997—2010 年票房最高的电影，并获得第七十届奥斯卡金像奖最佳影片、最佳导演等 11 项大奖。主演莱昂纳多·迪卡普里奥和凯特·温斯莱特也因该片一炮走红。2012 年 4 月 4 日，为了纪念"泰坦尼克"号沉船事件 100 周年，电影《泰坦尼克号》重新被搬上银幕。其中，男主人公杰克与女主人公罗丝在危难关头的经典爱情对白，令无数人唏嘘不已。

然而，这场当时世界历史上最大的巨轮海难，不仅上演了动人的爱情故事，还成为世界保险史上最大的海险赔偿案例。

"泰坦尼克"号巨轮的海难事故发生于 20 世纪初。当时欧洲与北美经济社会日趋一体化，往返其间的大西洋航线也非常繁忙。据统计，1840—1890 年，英国和美国的贸易额增加了 700%。大西洋两岸往返的船客不仅是各个领域的社会商业精英，而且还有数百万名的下层民众。仅 1907 年，就有 1285349 名移民进入美国。

当时，移民交通费成为轮船公司最大的一笔收入来源，所有的蒸汽轮船公司都竭尽全力竞相拉拢富裕的移民乘客。因此，"泰坦尼克"号实际上也是一艘移民船。

据记载，1912 年 4 月 10 日，"泰坦尼克"号离开英国南安普顿港驶向美国纽约，开始了自己的处女航。这艘巨轮可以说是海上豪华宫殿，是那个时候最大、最漂亮的蒸汽邮轮。该船长 269 米、宽 28 米、高 53.3 米，吃水深度为 10.5 米，吃水线到甲板的高度达 19.7 米，排水量为 52310 吨，输出功率达 46000 马力，以煤作为燃料，蒸汽驱动的往复式发动机驱动着两个很大的外部螺旋桨。

"泰坦尼克"号的船体由 15 个横向水密舱壁隔开。每舱都从双层底开始，延伸到水线以上。就逃生装置而言，"泰坦尼克"号载有 14 艘传统意义上的救生船、2 艘应急救生船、4 艘"恩格尔哈"折叠式救生船。救生设备还是不少的，这实际上已经超过英国贸易规则委员会的标准。另外，"泰坦尼克"号还配有3560件救生衣，这也符合委员会的配备标准，贸易委员会也对此进行了检查确认。此外，还有一台马可尼公司生产的5千瓦无线电装置，由两位受过马可尼公司专业训练的员工负责操作。

当年建造这艘海上巨无霸花费了不少时间。据记载，该船从1909年3月31日开始建造，直到1911年5月31日才完成，历时两年多。

该船下水时，轮船公司公开宣称它的首次下水将以最快速度完成最短航程。船上载有2566位乘客驶往目的地美国纽约。这些人不少都是大西洋两岸英美等国最富有、最有社会地位的上层人士，其总身价超过2.5亿美元。

当代美国传记作家沃尔特·洛德这样描述："显而易见的是，它不仅是世界上最大的轮船，其雍容华贵更是无可匹敌，甚至连乘客的狗也一样雍容华贵。约翰·雅各布·阿斯特带着他那条名叫'奇蒂'的艾尔谷犬；哈勃出版公司的亨利·哈勃带着他钟爱备至的北京犬；费城的银行家罗伯特·W. 丹尼尔带着他刚从英国买来的一条拿过头奖的法国牛头犬。华盛顿的克拉伦斯·摩尔也刚刚买了狗，不过他为卢杜恩的狩猎之行购买的50对英格兰猎犬，这次并未同行。"

一等舱房间的装饰有着不同的风格和主题，有路易十六式的、昂皮尔式的、意大利文艺复兴式的、路易十五式的、路易十四式的、格鲁吉亚风格的、摄政时期风格的、安妮女王时期风格的及荷兰风格的等。一等舱每个房间都配有精致的床，而不是普通的木板铺位。这些装饰样式受到乘客的极力赞美。"泰坦尼克"号还配有4间装饰豪华典雅的会客室套房。每套都由2间卧室、1间客厅、私人浴缸和卫生间组成。这4间会客室中有2间还配有50英尺长的私人步行甲板。

"泰坦尼克"号不仅有上层雍容华贵的乘客，还有一多半属于中下层穿戴朴素的老百姓。整艘"泰坦尼克"号共有1034位乘客购买了一等舱、510位乘客购买了二等舱、1022位乘客购买了三等舱。如果将二等舱和三等舱的总人数加起来，普通老百姓的人数超过了有高等社会地位尊贵人士的人数。

当天，"泰坦尼克"号离开港口，航行在广阔的大西洋上。船内的锅炉房和船甲板上的景象形成了鲜明的对比。锅炉房位于船体的下半部分，其室内的温度比太阳直射下的撒哈拉沙漠温度还要高。穿戴肮脏破烂的工人汗流浃背，佝偻着腰忙不停歇地工作着；而在海风吹拂的甲板上，穿戴荣华的百万富翁，日日笙歌，一片喜气奢侈的景象。

1912 年 4 月 14 日，"泰坦尼克"号以每小时 22 海里的速度前行，这低于预期的最高速度。从下午 6 时开始，海上天气清爽和煦，虽看不见月亮，周围却到处都是星光。然而，室外温度在不到 2 个小时里下降了 10 华氏度，下降到 32 度。船上的二副莱托勒按照船长的安排，下午 6 时要准时接班。

大约到了晚上 9 时，船长史密斯来到甲板。莱托勒清楚地记得他们之间的对话。

史密斯："风不是很大。"

莱托勒："是的，风平浪静。"

史密斯："风平浪静。"大约 9 时 30 分，船长史密斯回到了他的寝室。

莱托勒指示两位船员在桅杆上仔细瞭望，注意附近有没有冰山出现。到了晚上 11 时，"泰坦尼克"号的一副默多克接了二副莱托勒的班。夜晚 11 时的"泰坦尼克"号船上的大部分乘客和歇班的船员都已进入了梦乡。

就在晚上 11 时 40 分，瞭望员费雷德里克突然发现一个黑色的物体隐隐约约地出现在船的前方。他立即给桅杆的观察员按了 3 声急促响铃，随后他马上给甲板上的工作人员打电话，大声喊道："前面有冰山！"

默多克立即采取紧急行动以避免相撞，但为时已晚。

虽然他成功地避免了与冰山正面相撞，但"泰坦尼克"号的右弦撞到了冰山，水底下的冰山划破了船底。默多克对此却一无所知。

正当"泰坦尼克"号撞到冰山的侧部时，许多乘客并没有意识到。人们只是以为一个引擎停止了工作，感觉到哪里出了毛病。由于撞击是在水线以下，所以撞击的严重程度无法准确判断，这对大多数人而言，"泰坦尼克"号只是停了下来。

事实上，当时"泰坦尼克"号水线以下的船首舱和锅炉房均已被撞坏了，"泰坦尼克"号的甲板下部开始进水。史密斯、安德鲁和尹世曼很快来到甲板上，他们很快意识到"泰坦尼克"号的真实情况不容乐观。令人不安的消息也在乘客当中不胫而走，一传十，十传百，坏消息也越来越离谱，躁动的情绪也在人群中蔓延开来。

一开始，许多船客只是好奇为什么船停。当"泰坦尼克"号撞上冰山的消息传开时，很多人是感到好奇而不是恐惧。毕竟，乘客的寝室还没有受到破坏，灯光继续明亮地闪烁着。只有少数善于观察的人意识到"泰坦尼克"号正在缓慢下沉。

午夜过后没多久，船长史密斯给全体船员下达了命令，准备救生船。然而，"泰坦尼克"号配备的救生船承载量只有1178个人，而船上的人数达到2000多人。

与此同时，就在0时10分，船长史密斯命令船上的马可尼无线电操作员杰克·菲利普和哈罗德·布莱德发出求救信号。紧接着，菲利普发出当时国际上通用的求救信号CQD与"泰坦尼克"号的呼号MGY，并附加上船舶所在的大致位置。0时20分，船长下发救生船的命令落实到各个救生船。0时30分，船长作出进一步指示，让乘客陆续登上救生船。0时45分，第一艘救生船被放入海中，其他的救生船每隔5分钟或10分钟也陆续被投放到海里。那个时候还没有正规的救生船训练，虽然船上的工作人员均被安排负责救生船，但实际上许多人并不知道他们的具体职责是什么。

当时"泰坦尼克"号还没有扩音广播系统，所以在由锅炉产生的强烈的噪音背景下，传递命令只能单纯地依靠口头传送。莱托勒随后感到噪音如此巨大，以至于他听不到任何命令。所以人们一见到救生船，就一窝蜂地涌上来，完全没有了秩序。

这样无组织的乘客塞满了救生船。如果当时组织有序，或许还可以承载更多的人。如果每艘救生船都能被有序合理地利用，将会有超过一半的"泰坦尼克"号乘客获救。然而，事实上大多数救生船的实际承载量远远低于其本身应有的承载量。例如，一号救生船可以载客40人，但最后只有12人上船。

据统计，救生船上有很多空闲座位被浪费了，只有854人上了救生船。

正当救生船被陆续下放到海里时，马可尼无线电操作员菲利普和布莱德还在继续发出求救信号。除了CQD信号，操作员还发出了最新的SOS求救信号。"泰坦尼克"号四副鲍克斯·霍尔还发出了常规遇险信号火箭，尝试联系附近五六公里范围内的船只，但没有得到回应。

"泰坦尼克"号的沉没

只有航行在附近的丘纳德公司的"卡帕西亚"号船率先作出了救援响应。"卡帕西亚"号是一艘 13600 吨位的商船，行驶速度是 14 海里。当时该船搭载着 1000 名乘客和船员，从美国纽约往东开往欧洲的直布罗陀海峡。

当天 0 时 25 分，"卡帕西亚"号的马可尼无线电操作员哈罗德·科塔姆呼叫"泰坦尼克"号。当听到"泰坦尼克"号撞击冰山急需救援的消息时，他震惊了。

"卡帕西亚"号船长罗斯特伦计算出"泰坦尼克"号所发出的位置是东南方向，距离他有 58 英里。他便立刻下令掉头，改变航向，马上前去救援。罗斯特伦和他的轮机长成功地把航行速度加快到了 17.5 海里，这已经超出了正常速度。然而，即使是这样的速度，"卡帕西亚"号还花了将近三个半小时才赶到正在沉没的"泰坦尼克"号现场。

"泰坦尼克"号上人们惊慌、无助的情绪四处蔓延，船上的管弦乐队为了缓和人们慌乱的情绪，不顾自身的生命安危，演奏着舒缓的音乐。2 时 5 分，最后一艘救生船被下放到海里，船上搭载了 40～50 位乘客。然而，混乱与恐慌不断升温。船长命令两位无线电通讯员紧急撤离。此时，海水逐渐漫过甲板，最后的折叠式救生船也从船舱的顶部准备下放到海里。滞留在"泰坦尼克"号上的乘客一窝蜂似地冲上去抓住救生船的船尾，犹如抓住生命中的最后一根稻草。

2 时 20 分，"泰坦尼克"号船上所有的灯全部熄灭了，此时还有将近 1500 名乘客滞留在船上。"泰坦尼克"号依旧在缓慢下沉，逐渐消失在海平面上。

"卡帕西亚"号在 4 时才赶到，这时距"泰坦尼克"号沉入海底已过去了 1 小时 40 分，距离第一艘救生船下放到海里已超过 3 小时。黎明的曙光已照亮了海洋上的冰山。救生船已经分散到几英里的范围。"卡帕西亚"号在冰山附近不断地寻找幸存者。

"泰坦尼克"号搭载的 2000 多名乘客，最后只有 711 人幸存，据统计，一等舱有 62.46% 的乘客获救，二等舱有 41.40% 的乘客获救，三等舱只有 25.21% 的乘客获救。获救者中，女性乘客占比为 74.35%，男性乘客占比为 20.27%；儿童占比为 52.29%。

遇难的乘客中有美国军事长官阿奇博尔德·巴特、美国巨商本杰明·古根汉，还有美国商人、众议院议员伊西多·施特劳斯及其夫人，"泰坦尼克"号的设计者托马斯·安德鲁斯等。马可尼无线电操作员杰克·菲利普、"泰坦尼克"号上所有的音乐家、船长史密斯也全部遇难。幸存者中有另一位马可尼无线电操作员哈罗德·布莱德、二副莱托勒、百星公司的董事长布罗斯·伊斯梅。

英国白星航运公司建造"泰坦尼克"号共耗资 150 万英镑。由于该公司属于远洋轮船航海公司所有，所以白星航运公司自我承担"泰坦尼克"号 1/3 的海上风险。劳合社的经纪人威利斯·法伯联合其他保险公司共同为这艘船承担了风险。在 1912 年 4 月 15 日沉船事件发生前的 15 天，"泰坦尼克"号签署了全损保险协议。保险承保范围包括船体和船上设备等，保险金额为 310 万英镑，约合 500 万美元。保险费率仅为 0.75‰，即 7500 英镑的保险费可以保 100 万英镑。如此低的保险费率反映出当时的保险公司普遍看好"泰坦尼克"号，相信它是不会葬身海底的。2012 年，这份"泰坦尼克"号的全损保险单在英国威尔特郡被拍卖，预估价为 1.5 万英镑。拍卖商安德鲁·奥德里奇说："这是世界上唯一仅存的'泰坦尼克'号保险单，这张看似不起眼的 A4 纸当时却价值 500 万美元。"

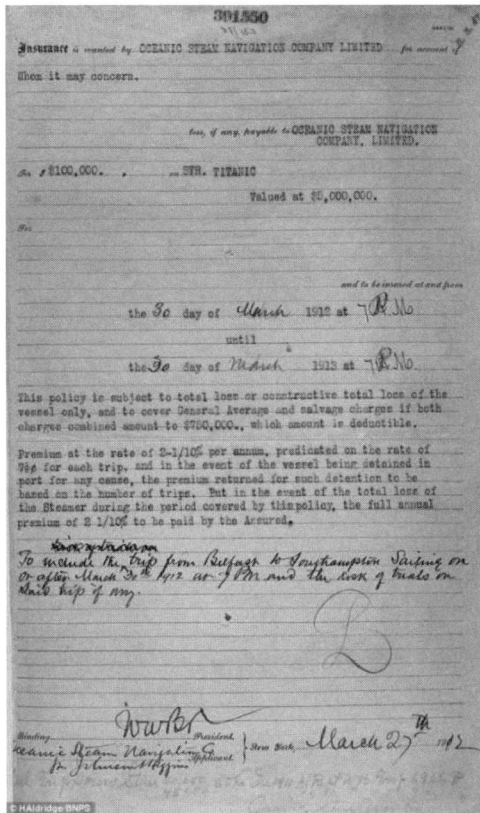

"泰坦尼克"号全损保险单

"泰坦尼克"号的母公司远洋轮船航海公司在事故发生后的 30 日内获得了全部赔偿金。奥德里奇继续评论道："'泰坦尼克'号的主人在灾难发生后的 1 个月内，几乎没有等到遇难者下葬就拿到了赔偿费。这在如今是极为少见的。这一过程需要几个月，甚至几年的时间，如果今天发生同样的一起事故，轮船拥有者可能会因杀人罪而被起诉，并要为此支付数百万英镑的赔偿金。"1912 年 4 月 28 日《纽约时报》的标题是：远洋轮船航海公司迅速拿到"泰坦尼克"号保险索赔金，总赔付额达到 1200 万英镑。

虽然当时有很多保险公司在事故发生前均想承保"泰坦尼克"号的保险，但是有一家名为英国天使海上保险公司却认为这艘船不安全而拒绝承保。

总共有 77 家保险联合组织支付了赔偿金，其中赔偿数额最大的是大西洋互助保险公司，该公司不得不为这起事故支付超过 100 万美元的赔款。船上的货物损失是巨大的，部分清单如下：

3364 袋信件；

1 辆雷诺牌汽车；

1 个果酱机；

7 页牛皮纸《圣经》；

3 大箱丹佛博物馆的古代文物；

50 箱牙膏；

11 包纽约国家城市银行的橡胶；

5 架钢琴；

30 箱高尔夫球棒和网球；

1 珠欧马尔·海亚姆项链复制品；

4 大箱麻醉剂。

幸存下来的威廉·卡特声称，他的雷诺牌汽车也与冰山发生了碰撞，并向保险公司提出 3100 英镑的索赔额。这是汽车保险史上首次提出的汽车与冰山碰撞的索赔请求。

然而，"泰坦尼克"号船上只有不到 1/3 的船员和乘客购买了人身保险。

"泰坦尼克"号沉船事故的赔偿速度之快显示出了保险公司的诚信度。

瑞士再保险公司的"泰坦尼克"号损失记录

在这一灾难发生后，"泰坦尼克"号上的乘客所投保的英国保诚保险公司迅速作出理赔承诺，仅仅用了 24 天时间，就为投保的 324 名乘客和船员支付了 14239 英镑的赔款，总人数超过遇难者人数的 1/5。著名的美国费城商人约翰·泰耶不幸在此次沉船事故中溺水而亡，他的妻子获得了当时最高 5 万美元的人寿保险赔偿金。巧合的是，32 年后，她死于 4 月 15 日——"泰坦尼克"号沉船纪念日。

白星航运公司向所有遇难者赔付 260 万英镑，其中 220 万英镑赔付给了英国人，40 万英镑赔付给了美国人。美国人起初提出 1000 万英镑的索赔金额，但最后只得到了其中一小部分的赔偿。

那些遇难者家属继续向白星航运公司提出索赔要求，一纸诉状将其告上法庭。最终家属们花了 4 年时间，才拿到总共 66.3 万美元的赔偿款。

"泰坦尼克"号沉船事故也影响到瑞士再保险公司。由于该公司只承担了很少的再保险责任，所以对公司的影响是轻微的。

"泰坦尼克"号沉船事故发生后，纽约《交易电报》的一则消息称："'泰坦尼克'号又被人打捞出来，拖到了加拿大的新斯科舍岛，现在这艘船很安全。"当时有几家保险公司不管这一消息是否属实，表示很乐意继续对"泰坦尼克"号承担再保险业务。

1912 年"泰坦尼克"号的沉船事件，给人们带来了巨大的人身和财产损失。各保险公司在事故发生后迅速支付了保险赔偿金，使这些保险公司树立起良好的信誉。例如，英国的保诚保险公司依托良好的信誉至今仍活跃在世界保险舞台上；在当时刚成立不到 20 年的德国安联保险集团，赔付账单对安联保险集团来说是天文数字，但是安联保险集团还是通过各种方式履行了赔付责任。良好的信誉是保险公司安身立命之本，更是世界保险业不断发展的重要保证。随后航空保险的兴起，也再次印证了这一点。

6. 航空保险的兴起

航空保险是世界现代保险业发展的重要体现，也是当今保险领域的一个重要险种，它随飞机的发明和航空业的发展而兴起。

1903 年 12 月 17 日，在美国的加利福尼亚州北部，一个名叫基蒂霍克的不起眼的小村庄，因一件事件而轰动全世界。威尔伯·莱特和奥威尔·莱特这一对孪生兄弟，在经历过无数次的失败后，试飞新建造的飞机"飞行者一号"。莱特兄弟当时并不知道，他们的这次试飞成为人类步入航空时代的里程碑。

试飞那天并不是一个风和日丽的好天气，奥威尔·莱特感觉那一天的天气非常糟糕。当时正值冬季，凛冽的寒风使飞行前的准备工作变得异常困难。兄弟俩不时地跑进附近的小屋，靠着小炭炉来暖和一下身子。冷风不仅令人不舒服，而且对试飞而言还很危险，正如奥威尔曾说的那样："我们认为，虽然'飞行者一号'面对的是空中强劲的寒风，但它从营地地平面升空应该没什么问题。我们意识到强风会增加飞行中的危险，这种危险只能通过软着陆来得到部分的解决。"

奥威尔后来回忆时也特别感慨："即使有过十年上千次的飞行经验和技巧，我也几乎很难说那一次在 27 英里风速的条件下飞行会成功。"

莱特兄弟

事实上，那天试飞时"飞行者一号"成功飞上了天空。飞机面对强风飞行了一段距离后，最终在天空中获得了平衡。当时丹尼尔用相机拍到这一精彩的历史瞬间："飞行者一号"像一只雄鹰一样在天空展翅翱翔。

驾驶这架飞机的奥威尔艰难地操控着飞机，"飞行者一号"在飞行 120 英尺的距离后顺利着陆。这令奥威尔兴奋不已，他后来这样回忆道："这次飞行的时间只有 12 秒，但这是人类第一次试飞成功。第一次搭载着一个人，靠着自己制造的发动机和飞行器，成功地在天空中飞翔。飞行过程中没有减速，始终保持着前行，最终成功降落在我们起航的位置。"

当天，莱特兄弟按捺不住心中的喜悦之情，还成功地进行了另外 3 次试飞活动。最后一次试飞成绩更加喜人，飞机在空中的飞行时间共持续了 59 秒，飞行距离达到 852 英尺。那一天结束后，开心的莱特兄弟跑到 4 英里之外的基蒂霍克气象站，给他们的老父亲发了一封电报，报告了这个振奋人心的好消息。

消息一传出，无数的新闻记者涌入他们家中，这些记者都想第一时间采访这对孪生兄弟。莱特兄弟在向媒体正式宣告这一消息时，也纠正了一些不实传闻。他们接受美联社的采访时这样说道："只有那些熟悉航空学知识的人，才会明白驾着一架飞行器在时速为 25 英里大风的环境下飞行的困难。当冬季已来临，我们本应推迟我们的试飞日程，选择一个更好的季节试飞，但我们对这次试飞有信心，因为飞行器的发动机拥有强劲的动力，也有良好的性能来承受着陆时的冲击。同时，我们也有充分的准备来确保在大风中飞行的飞机如同在无风天气中一样飞行安全。"

1903 年 12 月 17 日，航空学家把这一天定为"飞机诞生日"。

飞向天空一直是人类的一个梦想。这一梦想在无数人的努力下在这一天终于得到了实现。莱特兄弟试飞成功以后，激发了众多飞行爱好者的兴趣和试飞勇气。

1906 年 11 月 12 日，巴西人桑托斯·杜蒙驾驶飞行器在巴黎试飞成功，其速度达到每小时 41.29 公里。

1907 年 11 月 13 日，法国人保罗·科尼尔研制成功了人类历史上第一架可载人的直升机。

1909 年 7 月 25 日，法国人路易·布莱里奥驾驶着他自己设计的飞机成功地飞越英吉利海峡。

1910 年 3 月 28 日，法国人法布尔成功试飞人类第一架水上飞机，其最高飞行速度达到每小时 60 公里。

中国人也为世界早期航空业的发展作出了自己的贡献。1909 年 9 月 21日，中国人冯如驾驶着自己研制的飞机在美国奥克兰市一飞冲天，成功地实现了中国人数千年的飞行梦想。

因此，可以说自从莱特兄弟试飞成功以后，航空运输业日渐兴起。

1919 年 8 月和 9 月，世界上第一条空中航线"劳森航线"开通。一架有两个引擎的飞机，每次搭载 26 名乘客，往返于美国华盛顿特区、纽约、芝加哥和密尔沃基这几个地方。

随着航空业的发展，飞机造成的事故也开始出现，消除航空事故风险的需求逐渐增多，航空保险应运而生。这也掀开了世界保险史上新的篇章。航空保险的产生最早可以追溯到 1911 年。这一年，劳合社签署了第一张标准规格的白翼航空保险单。1912 年 7 月，在英国的索尔斯堡平原举行了一场飞行比赛，劳合社决定为所有参赛飞机承保。不幸的是，那一天的天气很糟糕，导致很多飞机坠机，劳合社损失巨大，以至于劳合社保险人都想彻底放弃这一新险种。这一新兴的保险市场也难以打开局面。

随着航空业的产生和发展，飞行员这一职业也随之出现。保险公司开始为飞行员提供保险服务。英国的陆军航空队给飞行员上的保险标准为每年交纳 21 英镑的保险费，如果飞行员损失双手、双腿或失明，保险人将赔偿 1000 英镑；如果损失一只手、一条腿或一只眼睛失明，将赔付 500 英镑。然而，第一次世界大战的爆发暂时延缓了民用飞机的发展，更是给航空保险沉重的一击。

新事物的发展从来就不是一帆风顺的。第一次世界大战结束后，新一代保险人开始重新思考航空保险的可行性，几个保险代理商决定再次对飞机开设保险业务。与此同时，民用飞机再次得到发展，从而刺激了保险市场的复兴。

第一次世界大战结束后，许多飞行员经常驾驶着战争期间服役的教练机开展一些规模比较小的航空运输服务，其中大多数飞机用来搭载乘客，票价起初是每人 10 美元，后来降到每人 1 美元。这些飞行员对保险的需求日益增加，但他们大部分资金短缺，飞行收益也不固定。面对这种新兴的需求，1919 年英国成立了两家专业航空保险公司，一家是航空通用保险公司，另一家是鹰星保险公司。同年 5 月 1 日，在大洋彼岸的美国，美国旅行者保险公司针对航空风险推出了综合险。可以说，这份航空全险的推出是公司对未来几年的航空市场将得到长远发展的一个判断。航空保险至此才初具规模，成为世界保险史上的又一个新险种。

美国旅行者保险公司推出的航空综合险包括飞机维护、飞行和使用。根据当时保险公司与投保人所签订的航空保险单，航空保险具体包含以下几种：

一是人身保险。以 5000 美元为最高赔付额。

二是针对飞机所有者和飞行员的事故保险。保险公司对人员的死亡、失踪和失明进行赔偿，同时也对人员的全残和局部伤残进行补偿。

三是旅行意外机票险。保险公司为航空公司提供意外事故保险票，航空公司转售给乘客。当这些票给到乘客的手中时就开始生效，直到次日 4 时。在保险期间，保险公司提供最高 5000 美元的意外死亡赔偿和伤残赔偿。

四是公共责任和财产损失险。这是针对飞机意外碰撞而导致旅客伤残的风险，还包括飞机升空、飞行过程中和飞机降落导致的事故风险。财产损失主要是针对飞机给他人造成的财产损失，不包括机身本身的损失。

很有意思的是，早期的旅行者航空综合险保险单并不涵盖飞机本身。

1919 年 5 月 6 日，在旅行者保险公司推出这款航空综合险数天后，在美国航空俱乐部的一次会议上，旅行者保险公司的代理人理查森和佩恩把航空保险票卖给了一些知名人士，包括当时的美国总统伍德罗·威尔逊和莱特兄弟。航空机票一号被卖给了威尔逊总统，保险费为 5 美元，保额为 5000 美元。第二天，他们又把这些航空保险票卖给了另一群航空爱好者。

《保险人周刊》对此评论到："旅行者保险公司开拓了保险领域，并在这一领域赢得了声望。"

根据旅行者保险公司的声明，其目的是提供保险以鼓励制造、改善和使用飞机。保险公司的副总裁瓦特是这项保险业务的主要设计人，他在公司的出版物《保护》上刊文进一步说明了这一目的："飞机时代的来临，要求保险公司端正认识。公司的目的在于研究航空保险发展条件，以最大限度地提供保护。保险公司将基于飞机的类型、设备和使用情况，整合相应的保险数据，在认真地检查和监督下签署航空保险单。"

旅行者保险公司一开始就预料到飞机时代将会与我们的生活息息相关。安全将一定会得到极大程度的改善，飞行失误所带来的伤亡将会有所减少，伤亡率也将会有所下降。然而，好景不长，航空业的发展并没有达到旅行者保险公司的预期。1931 年发生了一系列严重的空难，旅行者保险公司赔光了公司所有的保险储备金，最终被迫放弃签署航空保险单。随后几年，该保险公司再未进入航空保险市场。直到 1939 年，该保险公司加入了美国航空保险集团，才重返航空保险市场。

除了旅行者保险公司，美国还有其他 5 家保险公司积极活跃在航空保险市场中，这些保险公司分别是家庭保险公司、美国女王保险公司、环球及罗格斯保险公司、自由国家保险公司和消防员基金保险公司。

1920 年 5 月，一位名叫霍雷肖·巴伯的劳合社保险经纪人写到："我非常希望美国的航空保险在短时间内给予航空业最大程度上的保障与支持。"

如今很多人知道莱特兄弟的大名，但不知道霍雷肖·巴伯。那个时代，巴伯的大名在英国家喻户晓，他是英国第一个取得飞机驾驶员学位资格的人，也是英国第一位驾驶运输机的人。1911 年他驾驶飞机把电灯泡从英国的肖勒姆运送到南部沿海霍弗镇。他还是第一次世界大战中的飞机教练员。因此，可以说巴伯是英国航空史上的先驱者。

巴伯在第一次世界大战后曾供职于劳合社，后来辞职移民美国，成为一名航空保险经纪人，供职于哈德福德火灾保险公司和哈德福德意外事故保险公司。不久，巴伯和他的同伴鲍德温接受独立火灾保险公司及其子公司宾夕法尼亚的独立火灾保险公司的邀请，成为这两家保险公司的航空保险部门经理。他们为推动航空保险业的发展作出了重要贡献。

在航空保险史上，还有一个人扮演着重要角色，他就是布鲁克斯·帕克。

1911 年，帕克毕业于宾夕法尼亚大学。在他求学时，他就是大学航空俱乐部的创立者之一。该俱乐部是美国年代最久远的航空俱乐部之一。

帕克在求学期间就去保险公司实习，获得了丰富的保险业务经验。大学毕业以后，他到保险公司工作，专门销售海上保险。第一次世界大战期间，他被任命为华盛顿财政部海上保险部门经理。第一次世界大战结束后，1919年他建立了自己的保险公司，即帕克保险公司。

在帕克保险公司成立之初，他不断探索更为广阔的保险领域，尝试满足客户日益增多的多样化的保险需求。帕克和他的合作伙伴开创了许多保险形式和承保方法。帕克公司曾为泛美国际航空公司提供航空保险。帕克还规范了航空保险销售方法，即直接在航空公司的柜台上售卖航空保险。帕克公司把目光投向了国际市场，特别是拉丁美洲国家的航空保险市场。同时，帕克公司将总部从宾夕法尼亚迁到纽约，其分支机构分布在宾夕法尼亚、华盛顿、波士顿和佛罗里达等地区。

可见，尽管早期的航空保险步履维艰，但经过航空保险人的不断探索与坚持，航空保险最终成为一项重要的险种。

7. 谁为将士买保险单

20世纪上半叶发生的两次世界大战，给全世界人民的生命财产造成了巨大损失，也给当时的保险业带来了沉重的打击。不过，战争也促使人们重新思考生命的价值和保险的意义。谁为参战的将士们买保险单成为一个大问题。

1914年6月28日，奥匈帝国王储弗兰茨·费迪南在萨拉热窝被一名年轻的塞尔维亚人刺杀，史称萨拉热窝事件。这一事件成为第一次世界大战的导火索。俄国支持塞尔维亚，奥匈帝国冒着与俄国开战的风险，坚守其在巴尔干半岛的利益。奥匈帝国得到德国盟友的支持。俄国对自身的安全和权威受到威胁而感到震惊，迅速调集军队。德国也出动了军事力量，紧随其后的是法国。同年8月4日，德国对比利时展开了军事行动，这一行为直接促成英国加入了战争。

此前，德国、意大利和奥匈帝国就已经形成"三国同盟"。英国、法国和俄国则形成"三国协约"。两大军事集团投入巨大的人力、物力和财力展开了一场殊死角逐。

越来越多的国家被卷入这场史无前例的大战中。截至 1918 年 11 月大战结束时，全世界共 31 个国家参战，世界主要大洲均受到波及，共有 15 亿人口卷入其中，约占当时全世界总人口的 3/4。两大军事集团所投入的兵力超过 7500 万人，约占当时男性总人口的一半。

第一次世界大战给人类带来前所未有的灾难。仅凡尔登一场战役，德国军队就损失 43.3 万人，法国军队损失 54.3 万人。巨大的死亡人数被人们称为"凡尔登绞肉机"。这场战争造成死伤人数 3000 多万人，由于战争而死于饥饿的人数也有 1000 多万人。巨大的人员伤亡给当时的保险业，尤其是人身保险业也带来巨大的挑战。

战争促使人们比以往更多地关注和思考人身保险的价值。保险对家庭和个人的保护，成为当时社会面临的一个实际问题。建立人身保险公司，成为解决这一问题的尝试。个人之间竞争性的生产生活，在战争时期被集体管理所取代，因此合作互助的人身保险获得了更为广阔的发展空间。

虽然私人保险公司也能很好地履行"一人为众、众人为一"保险原则，但是单靠零散的私人保险公司的力量，不可能在战争这种特殊情况下实现对社会成员的有效保护。因此，政府作为社会生活中广泛具有包容性的公共社会管理组织扛起了这杆大旗，通过不同的方式发挥了保险的作用。

在第一次世界大战前，保险业的发展速度加快，也开始变得越来越科学化、合理化。由于人们对保险有了更深入的理解，同时也对其有了更多的需求，世界主要的国家和地区人身保险的数量和个人的保险单都有所增长。但随着战争的爆发，人身保险业深受影响，主要体现在人身保险单签订总数、保险单合同、保险公司的财务状况和经验死亡率等方面。

第一次世界大战爆发后，人身保险单签订的总数减少，其主要有以下两个原因：

第一个原因是保险费因巨大的战争风险而大幅度提高。一些保险公司拒绝给加入军队和海军服役的人提供保险。特别是所有的保险公司把他们的保险费提高了很多，以至于对很多人来说，其个人经济实力已很难承受过高的保险成本。很多人有感于战争这一特殊异常的条件，想寻求保险的保护，但是他们不是被保险公司拒绝，就是因为高额的保险费而自动退出。

保险公司不知道，也不可能知道，在这样史无前例、惨绝人寰的世界大战中，死伤风险呈几何级上升，到底人身保险费如何制定才合适。一方面，以往战争的死亡数据不完整；另一方面，过时的数据也不能直接拿来用。战争参与人数和武器、手段都与以往不同，这样导致的结果是用通常的预测死亡人数的理论方法根本无法预估。所以保险公司就干脆直接大幅度上涨保险费。

第二个原因是许多保险经营者和销售者都不再从事保险活动，而是去战场服役了。

其他参战国家的人身保险业发展情况大体与英国相似。只有美国和日本由于本国的经济繁荣，更因为战争没有给两国带来巨大的创伤，其人身保险的数量呈现出巨大的增长趋势。在加拿大，一些保险公司的保险费只增长了 15%，最多不超过 25%。然而，保险公司的经营者并不知道实际的保险费率到底是多少。在一些地区，保险公司还增加了人身保险附加费。当时，无论是自动加入军队服役的人，还是被迫参军入伍的人，人们都愿意买一份人身保险来补偿战争给他们的亲人造成的损失。然而，保险公司在不遭受破产的前提下，不知道该收取多少保险费才可以使保险业务正常经营下去。

我们把目光转向德国。

第一次世界大战前，德国的人身保险公司享受了几年发展的黄金期。战争刚爆发时，无论是签订人身保险单的总数，还是新成立的人身保险公司的业绩，都获得了良好的发展。然而，随着战争的进行，德国许多保险机构被肢解，保险公司的许多成员被迫去服兵役。战争中在敌国经营的德国保险公司也遭受重创。例如，俄国大多数的保险都是由德国公司主导的，随着战争的进行，德国的保险公司一律被限制和没收。

战争对人身保险的影响不仅表现在保险费数额和保险单总数上，还表现在失效保险单和已解约保险单上。

一是如果保险单过期或在一定宽限期（一般是在 30 天）没有支付过期的保险费，将被视为失效保险单。许多拥有保险单的客户战争期间在某地区服兵役，这些投保人并不知道保险单已逾期，大多数人依赖保险公司发来的通知获取保险信息。然而，即使保险公司有投保人的家庭住址记录，但保险公司发来的逾期通知也很难送达投保人的手中。当时在战争状态下，通信联系变得异常困难。

二是许多在军队服兵役的投保人并没有钱来交纳逾期的保险费。在这种特殊情况下促使了许多国家保险立法的改革，其目的是使逾期的保险单继续有效。

第一次世界大战对人身保险的另一个影响是改变了保险单的条款内容。其具体的修改内容有两点：第一，保险单增加了军事服役条款，修改了伤残条款，加入了由于军事服役产生的意外事故风险；第二，保险单减少了限制条款。为了更好地理解保险单所修改的条款内容，有必要回顾所谓的"保险单合同自由化"的历史。

早在 19 世纪 80 年代，人身保险单对投保人的居住地和职业有很多限制，即使在同一国家内，如在美国某些区域，在保险单上很容易发现对投保人居住地的限制；对投保人职业的限制也很普遍，如投保人服兵役、参加海军是被禁止的。如果触及这些限制内容，保险单就会被视为无效，或者必须经过保险公司管理层的同意，且还需交纳一笔额外的高昂的保险费。随着社会立法的改革，保险合同日益自由化。不断加剧的商业竞争，促使保险公司不断端正自身的认识，认为战争导致大规模死亡损失是不可避免的，所以保险单对限制军事服役的人身条款也是不合适的。一大批有进取心的保险机构和公司希望保险单对潜在的投保客户有更多的吸引力，从而取消这些限制条款，是增强其保险单竞争力的最好途径。

在美国，保险合同的自由化成果尤为显著。美国的保险公司在第一次世界大战刚开始时，并没有对保险合同制定一些限制内容。到 1915 年底，美国 221 家人寿保险公司的人身保险单中 99.75% 都是有效的。这些有效的保险单中有 77.18% 是在 1915 年初签订的，其中均无针对无论是战争期间还是和平期间服兵役的限制。美国生命保险公司规定，如果投保人参军，只需交纳一笔额外的保险费，海外服役的投保人则需每个月交纳 6.25 美元的保险费。

法国的保险公司基本上是将普法战争的保险经验应用到这场大战中，即在正常的保险费率之外，多收取 5%~7% 的保险费。对于法国而言，以往的保险公司就有针对军事服役相应的保险条款，条款规定："即使投保人参加了军事服役，保险合同也不会终止。"同时保险单上也规定，投保人如果在停战 8 个月内死亡，保险公司将支付保险赔偿费给保险单上的受益人。在法国政府的建议下，保险公司同意把 8 个月缩减到 3 个月，同时也同意把战争期间多收取的保险费分摊给那些在战争中阵亡的士兵。

在奥匈帝国，人身保险公司在对待战争风险的态度上有很大不同。许多保险公司并没有因为战争而收取额外的保险费。然而，有的保险公司则拒绝承担任何形式的战争险。

第一次世界大战在带给人们沉重灾难的同时，也给世界保险业带来了许多思考和变革。谁为参战将士买保险，仍然是一个待解的难题。

8. "艾卡丽亚" 号沉船案

第一次世界大战还带来了另一个难题，那就是"艾卡丽亚"号沉船案引发的保险赔偿问题。第一次世界大战期间不仅有历史著名的凡尔登等陆上战役，也有像日德兰大海战这样著名的海战。海上的局势风云变幻，海船外出风险在战争期间成倍增加。风险的增长不仅给海上保险业的发展带来了机遇，同时也带来了挑战。

第一次世界大战期间，1915 年 1 月一艘名为"艾卡丽亚"号的轮船从美洲南部出发驶向欧洲。这艘"艾卡丽亚"号轮船属于英国兰德商船公司所有。该公司为这艘船在英国诺威治联合火灾保险公司投了保险。保险单上承诺，如果"艾卡丽亚"号在海上遭受损失，保险公司则为其支付保险赔款，但被敌对国俘获、夺取、扣留等类似的危险除外。无论是在战争宣战前还是在宣战后，如果"艾卡丽亚"号商船遭受敌对国或者战争的破坏，保险公司都不会为其赔偿。

"艾卡丽亚"号上了保险后，就按预期的时间离港开航了。它从南美洲驶离，经过数日的航行，到达英吉利海峡法国附近区域。但不幸的是，"艾卡丽亚"号被敌对国德国的鱼雷击中。它的船体被炸开两个大洞，受到严重损伤，一号船舱涌进大量海水。"艾卡丽亚"号被拖进法国的勒哈弗尔港。"艾卡丽亚"号如果一直停泊在这个港口，它本来是有机会获救的，也就不会出现后来一连串的事情了。但是历史容不得假设。

天有不测风云。一阵海风突然打破了海面上的平静。突起的海风致使停靠在勒哈弗尔港的"艾卡丽亚"号左右摇摆不定，这引起了港口管理层的注意，他们担忧"艾卡丽亚"号在此沉船，并阻塞港口。港口管理层作出决定，命令"艾卡丽亚"号开出勒哈弗尔港口，在防波堤附近的外港抛锚。

面对港口管理层坚决而无情的命令，"艾卡丽亚"号船长不得不含泪作出选择。此时"艾卡丽亚"号受损严重，船长只能选择在防波堤附近的外港抛锚，以等待救援。由于外港的海洋环境不佳，再加上当时恶劣的天气条件，对于船体本身就严重受损的"艾卡丽亚"号来说则是雪上加霜。由于船舱进水，船身重量猛增，导致船体失去平衡。船的一头在海平面以上，而船的另一头已经下沉到海平面以下。过了两天，"艾卡丽亚"号经受不住海浪的拍打，最终沉入海底。

"艾卡丽亚"号轮船的船东英国兰德商船公司要求保险公司进行赔偿。理由为这是发生在外港的海上保险事故，此事故属于保险单的赔偿范围。然而，诺威治联合火灾保险公司并不是这样看的，保险公司认为"艾卡丽亚"号是受到了德国鱼雷的袭击才船身受损，最终导致沉船。根据保险单上所签署的协议，战争所造成的船舶损失，保险公司概不赔付。就这样，双方对沉船起因争议不下，各执一词。最终英国兰德商船公司把英国诺威治联合火灾保险公司告上了法庭。

这起官司引起了英国舆论界和民间的广泛讨论，有些人支持商船公司，有些人支持保险公司。

英国地方法院审理了这起诉讼，支持了保险公司，认为"艾卡丽亚"号沉船并不是平常的海上遇险，它在外港抛锚并不是"打破因果链的行为"。其意思是抛锚在外港并没有阻止"艾卡丽亚"号最终沉船。地方法院的裁判依据是保险近因原则。这个裁决也得到英国上议院的支持。

保险事故发生原因的判断，依据的一个重要原则，即近因原则。

近因原则是判断是否需要保险赔偿的基本依据。近因是造成承保损失起决定性、有效性的原因。在"艾卡丽亚"号沉船案中，法院认定，遭到鱼雷攻击是造成"艾卡丽亚"号沉船的近因和主因。所以，保险公司应该受到战争条款的保护，不提供保险赔偿。

其实，人们对近因原则的探讨由来已久，一直争辩不止，没有定论。

有些人认为近因就是与事情的最后结果最临近所产生的原因，这种说法被称为"时间说"。比如，在 1890 年潘克诉弗莱明的案件中，投保人与保险公司签订保险单上的保险标的是物品，即一批柑橘水果。这张保险单包括以下条款：单独海损免除保险责任，除非船只被搁浅、沉船、燃烧或与其他船只相撞破损。签订保险单后，该船装载着这批水果出航了，在中途它与一艘船相撞，停靠在港口上修理了数日。修理期间，船上的一些柑橘被临时卸下船。当船最终到达目的地时，由于修理延误了时日，再加上中途的搬运，船上的柑橘已腐烂。柑橘所有人要求保险公司进行赔偿。法院裁决柑橘的腐烂是无法挽回的，海船相撞不能说是造成柑橘腐烂的近因。审理这个案件的主审法官埃谢尔法官说道："对于普通合同的损害行为，被告人应该对损害予以负责，但是对于海上保险，近因原则才是判案的依据。当事情一连串原因出现时，问题就产生了。这些存在的原因肯定制造了最后的结果。情况就是这样，根据海上保险法，只有最后的一个原因才应该被重视，其他的原因应该被排除。海船相撞可能是船开进港口进行修理的主因。然而，临近发生的搬运柑橘水果才是柑橘腐烂的主要原因。"

这起保险案件所裁判的依据是按照时间说。相似的案件还发生在 1869 年，一艘载有猪肉的货船由于天气恶劣，最终导致延误，船上的猪肉腐烂，发出了恶臭味。猪肉主人要求保险公司赔付，保险公司却拒绝赔付。法院裁决路上延迟是近因，造成了猪肉的腐烂，而不是海上的风险。

这两次判决结果都在英国《1906 年海上保险法》有所反映，其中规定，若保险标的因海上风险导致延期，进而造成损失，保险人不负任何赔偿责任。即便延期是承保风险所导致的直接结果，也不去考虑导致延期的原因，而是直接将延期作为损害发生的近因。可以说在 19 世纪中期的保险法案件中，法院会单纯地认定距离时间最近的原因是造成损失的近因。

对近因原则还有另一种说法，即判定导致事件的最终结果的近因，不是指时间上最近，而是指因果关系上最近，即对事情发展起决定性的、深层次的原因才是近因。这种说法被称为"效力说"。

近因究竟根据的是"时间说"，还是"效力说"，人们长时间争论不休。正如当代美国学者普鲁塞所说："近因是一个扑朔迷离的领域，对它的研究和分析仍然是一堆荆棘和一团乱麻，令人眼花缭乱。"正常来讲，人们往往首先认识到一件事情发生的最后结果，然后再从结果中去寻找原因。但是从结果中去追查发生的原因往往变得很困难。

近因的英文是 proximate cause。《元照英美法辞典》是这样解释该词的："近因指实质性原因。某项作为或不作为是造成或伤害的近因，则伤亡或损害是作为或不作为的直接结果或合理结果，即如果没有该原因，则结果不会产生。近因不一定与结果在时间或空间上最为接近，而是与造成结果最为接近。"《布莱克法律辞典》则作出如下定义："近因是一种自然的和连续的、未被插因所打断的原因。它是判断被告是否对原告所承担责任的最近原因。这里所谓的最近，不一定是时间或空间上的最近，而是一种因果关系的最近。造成损害结果出现的主因或动因或有效原因就是损害的近因极为最近原因。法律上的原因并不依赖于时间或空间上较近的附加原因和插因。"《牛津法律大辞典》则指出，近因是指一种与某种有害结果最密切联系的因果因素，这一因果因素未必与时间或空间有关。一般原则是追究近因而不是远因。所以，损失或伤害应归咎于最直接的因果要素，而非某些出现较早的因果要素，尽管后者可能是损失或损害的基本前提条件。

英国海险法学者维克多·多佛把上述几家的近因原则总结为：损失的近因，乃是在效率而非时间上所接近与损失的原因。在决定此原因时对于原因虽然可不计，但此学说必须以常识解释，才能支持而非否定当事人的订约意思，也就是在近因与最后损失之间，必须有一个未被阻断的直接连锁关系；倘若有任何新的阻断原因去排除以前的各原因，则依据该新原因自身所具有的效率、控制力等性质来决定。

综上所述，倾向认定近因是第二种"效力说"，是绝大多数人的观点，简单按照时间的先后顺序确定近因是不够合理的。1894 年英国的一个案件支持了这一点。据该案记载，原告投保了船只碰撞险，而没有投保海上风险所造成的损失。这艘船在欧洲的多瑙河航行时，与河上漂浮的障碍物相撞，船体的冷凝器被撞出一个大洞。船长把船停泊在港口，把冷凝器拖拽出来以便维修。但是在风浪的作用下，刚维修好的冷凝器再次爆裂。大量海水冲进，船长不得不舍弃船只，将它沉没海底。原告要求保险公司对这艘船只的全部损失进行赔偿。而保险公司只同意对相撞造成的损失进行赔偿，不对其后的损失进行赔偿。这个案件最后闹到了英国上诉法院，上诉法院也支持了法院的判决，法院的判决支持了原告船舶所有方。海上相撞是造成整艘船被弃的近因，也就是主要原因。

英国的上议院议员反对以往的司法审判过度强调时间发生的最后一个原因。真正的近因是指功效上的主要原因。

当然，主要原因并不一定都是时间上的最后一个原因。如果近因原则是指对于事情发生的最后时间点，那么对于在海上受损的船只还有什么例外可言呢？海水漫灌通常都是最后发生的。

通常一个事件发生的结果最终是由前一个事件所导致的。但当鱼雷击中"艾卡丽亚"号的时候，"艾卡丽亚"号并不是必然会沉船，船舶的所有者兰德商船公司可以决定把它拖拽上岸。对这一点没有人能够否认，达尼尔勋爵针对本案谈到："本案的最后判决主要取决于判断一个事实问题，即两个原因中到底哪个导致事情最终结果的主要原因。换句话说，哪个原因是'近因'。如果你能理解这个近因的近，并不单纯地理解为时间先后的问题，那么你对近因原则就能很好地理解了。"

罗德·肖勋爵对本案作了最好诠释，他说到："依我的建议，对这个主题有太多的修正之处。自从亚里士多德以来，对因果的探讨就持续不断。近因原则并不是指时间上的接近。谈到原因，他们的区别就像一串珠子或一串链条。但是，如果把这个当成一个形而上学的话题来讨论的话就不太合理，因为不完全是一种形而上学的问题。因果关系并不是一个链条，而是一张网。事件中网上的每一点，各个因素同时发生，每个点上的辐射都无限延伸。当这些影响因素相遇时，基于事实而判断哪个原因是近因。……真正的近因就是最有效力的原因。"

近因原则的历史可以追溯到很久远，对这一原则的争辩延续了很长时间，仁者见仁，智者见智。但是自从"艾卡丽亚"号沉船案发生后，人类社会越来越认可近因是最具有决定性、最有效的原因这一准则。

保险业经历了海上的风雨飘摇，走过了陆地上的战火烽烟，又来到了另一段不平静的岁月。

9. 大萧条后的保险业

20 世纪 30 年代起源于美国的经济大萧条，迅速波及世界其他国家和地区。大萧条是 20 世纪持续时间最长、影响最广、强度最大的经济衰退，不仅给美国民众带来了经济和心灵上的创伤，还沉重打击了世界经济。

那么在这场大萧条后保险业发展情况是怎样的呢？这要从当时的经济发展状况谈起。

19 世纪末 20 世纪初，美国全面完成第二次工业革命，基本实现工业化。

据资料统计，1860 年美国生铁产量还不到 100 万吨，1915 年已超过 3300 万吨，1899 年已占全世界生铁产量的 1/3；1899 年美国的钢产量已占全世界的 43%；1910 年美国已拥有电话 700 万部；1920—1921 年仅福特汽车公司年产汽车就达 125 万辆。工业化的完成使美国一跃成为世界强国。

随着 20 世纪 20 年代接近尾声，美国人对他们的富有和未来前景充满信心。在 1928 年夏天总统选举过程中，总统候选人胡佛表达了美国人的自信，他说："今天的美国人要比历史上任何一个时期都要接近完全战胜贫穷的最后胜利。贫民窟在我们的视线中渐渐消失。虽然我们还没有达到这个目标，但是如果我有机会继续执行当前政策最后 8 年时间，那么我们将在上帝的帮助下，会早日看到贫穷在这个国家彻底消失。"

胡佛的话是那个时代自信的典型，几乎没有人看到暗潮涌动的危险。

1929 年 10 月 24 日，美国纽约股票市场大震荡，当天抛售了 300 万股的股票。同年 10 月 29 日，这一天股票抛售量共达 1650 万股。这个月里，股票的票面价值下降了 40%，总价值达到 450 亿美元左右。

1929 年股票市场的震荡导致人们对未来经济不确定性的担忧，加速了经济的衰退。据《纽约时报》报道，25 个工业指数在 1924 年初已达到 110，1929 年 1 月上涨到 338，而到了同年 9 月则高达 452。但是，股票的实际价格并没有上涨。1929 年 9 月 5 日，著名的投资分析师罗杰·巴布森警告危机即将来临，但当时并没有出现恐慌。

巨大的拐点出现在 1929 年 10 月 23 日、24 日，当天的交易额达到 1300 万美元，往常都是 300 万美元。

银行和投资机构购买了人们抛售的大量股票，才暂时阻止了股市下滑。不过到了 10 月 28 日、29 日，恐慌再次出现，股票下滑一直持续到 11 月中旬。那时的股票价格已经比 8 月下跌了一半。股市崩盘，银行相继破产，美国进入大萧条时期。

大萧条时期直接导致美国的意外保险费下降了 30%。到了 1934 年，火灾保险费降到 20 年来最低水平。也许更为重要的是持续的大萧条，重塑了美国人对保险的态度，扩大了对风险的争论，寻找到了能更好地发挥保险作用的方法。

为了使保险可以更好地保护工人阶层，1933 年 6 月，美国国会通过了《格拉斯－斯蒂格尔法案》，促成了联邦储蓄保险公司（FDIC）的建立。

对于保险公司而言，增加资本以减少风险可能会增加更多的客户。但是，当时的美国社会出现一种新的意识，认为保险是一项公益事业，这种意识直接导致对保险需求的增长。在罗斯福任美国总统期间，政府加强了对保险机构的管理。20 世纪三四十年代，美国陆续颁布了几个法案，规定了保险公司产品出售的种类和方式，试图以此削减金融保险机构的权力。

大萧条迫使国家对金融机构实施更有效的监管。在监管过程中，美国政府更倾向于本国企业。一些美国媒体也高调声称，外国保险公司会给美国带来危险，因为这些国外保险公司建立了复杂的控股公司结构，以避免政府对其资产的审查和监管。1941 年，在美国的 82 家英国保险公司的分支机构均被抵押出去，抵押金额为 4.25 亿美元，这笔钱被用来支付金融公司的贷款。

当第二次世界大战爆发后，美国与国外保险公司的合作越来越受到美国当局的影响。唯独加拿大与美国有了更紧密的合作，加拿大的保险公司在美国收益颇丰。为此，我们有必要了解当时加拿大的保险业发展情况。从 16 世纪起，加拿大就沦为英国和法国的殖民地。1763 年，加拿大正式成为英属殖民地。1931 年，加拿大成为英联邦的成员。

20 世纪 20 年代开始的全球经济大萧条，结束了各国争相到海外投资的竞争局面。在全球贸易网络近乎崩溃的同时，与欧洲有紧密联系的保险网络也接近崩溃。美国颁布了贸易保护主义的《斯姆特－霍利关税法》，使这一状况更加恶化。

从 1931 年开始，英镑贬值、英帝国的贸易从以往的全球市场收缩到仅限于英联邦的更封闭狭小区域内。澳大利亚和新西兰开始使用英镑，并在 1936 年加入南美国家联盟。世界各地的贸易保护主义盛行，促使加拿大和美国的保险公司联系更加密切。

这期间加拿大保险业一个重要的市场是中国。加拿大人自从 19 世纪末就活跃在中国保险市场上。比如，1898 年成立的上海人寿保险公司就是由加拿大侨民建立的。截至 1941 年，4 家加拿大人寿保险公司占据整个中国的人寿保险市场。这 4 家保险公司分别是永明人寿保险公司、制造商人寿保险公司、联邦人寿保险公司和女王人寿保险公司。

加拿大保险业另一个重要的市场是美国。从 20 世纪 20 年代中期开始，虽然很多外国保险公司从美国本土撤离，但依然还有 99 家外国火灾和海上保险公司。这 99 家保险公司虽然赚取的利润很低，但是这些保险公司在美国的再保险市场中占有不可忽视的地位。加拿大的保险公司在美国发展速度很快，到 1930 年保险市场份额已达到 20%。

在 20 世纪二三十年代的欧洲，苏联建立、德国纳粹兴起、西班牙爆发内战等这一连串的事件对欧洲各国产生了重大冲击。英国国内也开始了长期的通货膨胀，工资水平持续下降，人均国民收入实际下降了 24%。比如，1933 年英国工人的货币工资与 1920 年相比，降低了 39%，降到了历史最低点。

这一时期，英国同美国一样，也加强了政府对保险领域的监管。就非寿险业的管理而言，政府展开了对工人补偿保险的调查，这对投保人产生了重要影响。这样一个困难时期似乎有利于人寿保险的发展，正如当时的报纸评论说："保险费和投保额的增长速度比 1914 年以前还要快，尽管 1914 年以前的那几年保险业呈稳定增长态势。"对比第一次世界大战前（1886—1913 年）保险业和第二次世界大战前（1922—1937 年）保险业的状况，保费收入每年的增长速度分别为 3.4%、4.4%，而投保金额的每年增长速度分别为 2.8%、4.3%。

这个时期英国海外的人寿保险业并没有显著发展。据统计，1928 年英国保险公司共签订了 46.2 万张保险单，其中 93% 的保险单是在英国本土签订的。然而，外国人寿保险公司在英国本土却占有越来越重要的地位。据统计，同样是 1928 年，外国人寿保险公司在英国共签订了 2.66 万张保险单。

可见，20 世纪二三十年代爆发的全球性大萧条，造成国际贸易额大幅度下降，同时，国际保险业领域竞争不断加剧。

1931 年英国非寿险市场最重要的变革是引入了机动车第三者责任险。这是英国 1930 年制定的新道路交通法的成果。相比欧洲大陆，很多国家已较早地制定并强制实施类似的法律，而英国很晚才制定这项法律。其实，这是因为英国保险公司害怕这项法律会导致那些不愿意购买保险的司机提出对更糟糕的风险进行索赔的要求。当时也见证了许多新险种的诞生，以及更多规避风险的方法的形成。针对不同的地区和机动车发动机机型，保险公司会提供不同的保险优惠金和保险费率。但是这一时期，保险公司开始抱怨机动车盗窃案件的大量发生，以致很难赚到钱。

随着英国汽车保有量不断增加，从 1920 年的 36.2 万辆增加到 1930 年的 156 万辆，1938 年英国的汽车数量达到峰值，为 264 万辆，其中 198 万辆属于私人车辆。与此同时，摩托车的数量也在增加，1920—1930 年，摩托车数量增长了 250%，总量达到 73.3 万辆，但是只有 1/3 的车辆有保险。1932—1938 年，摩托车保险费增长了 19.2%，而汽车保险费增长了 36.7%。

不断增多的汽车数量也导致了道路交通事故的增加。据统计，仅 1934 年就发生了 7343 起道路人员死亡事故。那个时候还没有实行汽车驾驶员行驶执照考试制度，直到 1943 年才开始实行这一制度，其后汽车引起的交通事故才有所减少。

第二次世界大战前英国的火灾保险保费收入有了显著增长。1919—1926 年，火灾保险的保费收入累计增长 23%。随后的几年，火灾保险市场相对有所萎缩，到了 1935 年降到最低点。这些年火灾事故不断，火灾保险公司赔付甚巨，仅 1923 年伦敦烟草仓库发生的火灾，保险公司就赔偿了 112.5 万英镑。

英国的雇主责任保险在大萧条前发展的速度很快，但是到了 20 世纪 20 年代中期，随着失业人数的猛增，雇主责任保险的增长速度也随之降下来。然而这一市场依然有着很强的竞争，共有 87 家保险公司涉足这个领域。

两次世界大战期间，英国出现了新的社会现象，人们增强了保险赔偿意识，更愿意诉诸法院要求保险公司赔偿最大损失。1939 年，一位皇家交易保险公司的高级管理者曾说到："法院给了民众最大程度的支持，这大大增强了民众的保险赔偿意识。如果发展速度太快，这事实上会产生一个新的社会问题。"

值得注意的是，第一次世界大战后，英国出现了国有保险公司。

1919 年，英国政府建立了出口信用保证局（ECGD）来鼓励出口。该机构专门针对出口销售提供长期的信用保险，因为这个领域的保险标的太大，以至于像贸易赔偿公司（TIC）这类的私人保险公司很难承受。出口信用保证局大多数投保方出口主要集中在政治风险程度很高的国家，一般的私人保险公司也不会对此提供保险服务。为了支持国内经济活动，也是为了使国家更有效、更方便地进入风险程度高的保险领域，英国才建立了国有保险公司。到了 20 世纪 30 年代，出口信用保证局开始对一些出口到苏联的货运船只提供保险，这种行为在以前是不可想象的，因为以前这在国内政治上是不被认可、不受欢迎的。由于西班牙内战的爆发，像出口信用保证局和贸易赔偿公司这类的保险机构战争损失风险增大了。在当时的劳合社主席内维尔的倡议下，各保险公司共同签署了一份协议，即英国主要保险公司暂停承保陆上战争风险。

从总体上看，英国的保险市场还是有活力的。这可以从各大保险公司不断推出种类繁多的新保险产品中看出来。大多数的保险公司都提供这些新兴的保险产品。在这里仅列出如下保险产品，就可见一斑。

皮货商赔偿险；

会计员赔偿险；

意外事故险；

脚、嘴保险；

猪瘟险；

钥匙险；

诽谤险；

汽油泵安装险；

个人安全借贷险；

高尔夫球手赔偿险；

无线电险；

妇女事故和所有疾病险。

欧洲大陆的情况并不乐观。在奥地利，外国保险公司的保费收入所占的市场份额从 1927 年的 21% 下降到 1934 年的 14%。奥地利的保险公司以往从海外赚得大量保费收入，但由于各个国家提高了关税壁垒，保险公司的海外收入大幅度下滑。在德国，一些国外的保险公司因为希特勒纳粹政权的崛起，而被迫关闭撤离。

美丽的地中海把欧洲与非洲彼此分隔，非洲长期受到欧洲殖民者的压迫与欺凌。在殖民过程中，保险业也被引入到非洲这片人类早期文明的所在地。英国皇家交易所在 1921 年就在撒哈拉以南的非洲设立了保险分支机构：首先是在尼日利亚的首都拉各斯；一年后在肯尼亚；1927 年又在黄金海岸的加纳。在肯尼亚，自从乌干达铁路修通后，上万名英国定居者在肯尼亚肥沃的土地上种植庄稼和饲养牲畜。商业联盟保险公司于 1929 年在此开设了分支机构。

然而，非洲保险市场发生巨大的变化是在 1936 年。在厄立特里亚，意大利在两年前就把这块土地作为征服邻国的基地。1935 年，意大利的所有大型保险公司均在此开设了分支机构，一年后保险机构开到了埃塞俄比亚。但是，在此正常经营的英国和瑞士的保险公司全部关闭。

与保险业同样受到欧洲殖民统治者控制的还有非洲近邻的中东地区。20世纪 30 年代开始，对伊朗的英伊石油公司的投资吸引了来自英国、德国、意大利、瑞士和印度的保险公司。针对石油开采等与之相关的保险，做得最为成功的国家是英国。伊朗也积极建立自己的国有保险公司，以结束外国保险公司在本国市场的统治地位。1935 年，伊朗的国有保险公司成立，所有政府机构和企业的保险都转入这家国有保险公司。

20 世纪二三十年代出现的全球经济大萧条，无疑给世界保险业的发展造成了重创，但也带来了新的发展机遇。在经历了两次世界大战后，世界保险业迎来了新的历史阶段。

第五章

世界当代保险的现状与趋势 （1945—　　）

1. 从中国走出的保险龙头 AIG

第二次世界大战后崛起的美国保险龙头 AIG，也就是美国国际集团，诞生于中国。1919 年，一位年仅 27 岁的美国小伙子在中国开了一家保险公司。这位小伙子名叫科尼利厄斯·范德·史带。史带在当时有"东方巴黎"美誉的上海租了两间门面，雇了两名职员，先后成立了美亚保险公司和四海保险公司（友邦保险的前身）。1921 年，美亚保险公司在中国保险业务中加入其他美国公司的代表，其中包括环球及罗格斯公司，帮助代理销售保险产品。多年后，史带又陆续将匹兹堡公司、宾夕法尼亚公司、国家联盟火灾保险公司加入他的阵营中来。

史带继续谋求得到普通人寿保险机构的支持，然而，由于当时保险公司还没有中国人口的预期寿命统计数据，美国没有保险公司愿意为此承担风险。

1921 年，史带成立了自己的亚洲人寿保险公司。这家保险公司最受人们欢迎的保险产品是 20 年期的储蓄保险单。该保险单的保险费率是建立在史带个人观察基础上得出来的，他发现，中国人的平均寿命要比西方人的平均寿命长。美国传记作家罗恩·谢尔普在《友邦背后的金融帝国》一书中写到："史带观察到，很多中国人都非常长寿，所以他推测，随着中国人生活水平的提高，中国人的死亡率会进一步下降。从保险公司的角度来看，投保人的寿命越长，保险公司赚的钱也就越多。考虑到中国人口众多，史带感觉到未来的市场规模将不可限量。想象一下，他可以为成百上千人提供保险服务，而许多外国保险公司却只把目光局限在当时中国为数不多的外国人身上。所以史带相信，为中国人提供人寿保险将会成为一个既没有竞争又不可限量的市场空间。"

不仅如此，史带还放眼更大的国际保险市场。1926 年，史带在美国纽约开办了一家保险公司的分支机构，该机构主要服务于北美的保险投保人。到了 20 世纪 30 年代末，虽然史带的保险公司在中国的总体业绩平平，但他在整个上海地区已建立多家人寿保险公司的分支机构。这成为他进一步拓展业务的基础。

1931 年史带联合中英商人，成立了国际保险公司。

1932 年，国际保险公司在拉丁美洲开设了保险业务。当时是乔治·莫什科夫斯基主管美洲业务，他从一家美国保险公司手中购买了中美洲和加勒比海地区的保险经营权。此后十多年，国际保险公司在拉丁美洲一直保持着较大的经营规模。

史带不仅眼光敏锐、视野开阔，而且还有强大的执行力。他充分利用当时的世界局势，谋求公司发展。1939 年，随着越来越多的国家濒临战争的边缘，史带决定暂时关闭上海的机构，把总部迁到了美国纽约。战争爆发后，史带缩减了意大利、德国和英国的保险机构业务规模，大力拓展美洲的业务。

1940 年国际保险公司在古巴建立了区域总部，随后陆续在南美洲建立了 6 家保险分公司。由于第二次世界大战的战火没有烧到拉丁美洲，拉丁美洲国家的经济在战争的夹缝中得到了发展，国际保险公司在拉丁美洲的保险业务也获得了较快增长。

第二次世界大战后，史带的助手谢凯重新开设了上海的保险业务。在战争结束之初，国际保险公司在中国赚取了高额利润。20 世纪 40 年代末期，由于一些外国公司对中国市场前景不明朗，陆续退出了中国市场。1949 年史带也把国际保险公司的中国总部迁至中国香港。20 世纪 50 年代后期，史带的国际保险公司完全暂停了在中国的保险业务。

与此同时，德国和日本正从战争的废墟中恢复过来。随着经济持续发展，国际保险公司通过向日本和西德占领区的美国军队出售保险，把业务拓展到了日本和德国市场。在第二次世界大战前，国际保险公司的欧洲保险业务仅限于法国、比利时和荷兰，并且保险公司在这 3 个国家的规模均相对较小。第二次世界大战后，欧洲本地的保险公司明显缺乏保险资金，业务发展相对滞后。史带敏锐地抓住了这一千载难逢的机遇，大举进军欧洲的保险市场。

海外市场不断增长的保险需求，也刺激了他的保险公司在美国本土的发展。1947年史带开始了一项重组计划，旨在恢复饱受战争摧残国家和地区的保险业务，为将来的发展奠定基础。史带第一个行动就是宣布注册美国人寿保险公司菲律宾分公司，并将该公司命名为菲律宾美洲人寿保险公司，美国商人厄尔·卡罗尔成为这家新公司的负责人。卡罗尔通过销售储蓄保险单，使新公司迅速成长，用了不到10年的时间就在菲律宾开设了60家分公司。菲律宾当时基本上没有现代银行，史带的保险单为菲律宾农民和小商人提供了一个良好的储蓄途径。

然而，史带的国际保险公司人寿保险业务规模依然相对较小。1948年史带实行了第二个公司重组计划。他在国际保险公司的名称前加了"美国"二字，其经营业务涵盖马来西亚、新加坡和泰国等东南亚地区，也包括香港的大本营。因为美国的公司在东南亚有良好的声誉，所以在保险公司前加"美国"二字，无疑具有重要意义，东南亚当地人都乐意在这家公司投保。

史带的第三个重组计划更为庞大。他在百慕大创建了两家大型保险公司，其中一家名叫美国国际再保险公司，这家保险公司主要是为了更好地维持人寿保险公司的正常运营，控制着人寿保险公司的投资项目，并为其提供再保险业务；另一家名叫美国国际海外保险公司。

1949年，史带发起成立了美国国际保险商协会。当时共有11家保险公司参加了这个协会。

20世纪50年代是美国国际保险公司快速发展时期，在西欧、中东、大洋洲和北非都有了保险分支机构。20世纪50年代末，美国国际保险公司的业务已经扩展到75个国家。1952年美国国际再保险公司收购了以经营火灾业务为主的美国环球及罗格斯保险公司。同年，其成立于1794年的子公司也被收购。此后史带收购了成立于1853年的美国家庭保险公司，该公司与罗格斯保险公司合并，统一被称为美国家庭保险公司，简称为美安保险公司。

然而，美国国际再保险公司的管理模式比较陈旧，收益波动很大。据统计，1957 年公司净亏损 140 万美元，第二年净利润超过 95 万美元。为了稳定收益，美国国际再保险公司于 1962 年将本土的保险代理业务卖给了另一家保险公司。同年，史带任命莫里斯·格林伯格为美安保险公司主席，专门从事定期和团体保险业务。格林伯格后来成为继史带之后的掌舵者，在当今世界保险业享有盛名。

格林伯格 1925 年出生在一个贫苦家庭。1942 年，年仅 17 岁的他虚报年龄参加了第二次世界大战，并在战争中获得铜星奖。1950 年他参加了朝鲜战争，并被授予上尉军衔。1953 年他复员后就职于大陆灾害保险公司，1960 年加入史带的保险团队，并负责发展海外业务和健康保险业务。

军旅生涯塑造了格林伯格钢铁般的精神意志，他的自我约束力强，对别人要求严格。比如，他曾给员工定了 4 条铁律：午餐不得饮酒；若有必要，只允许饮 1 杯；如若饮用 2 杯以上，当天禁止办公；如若饮用 2 杯以上，且到场办公，一律辞退。《财富》杂志经常会定期评选"美国最强硬的十位管理者"，几乎所有的 CEO 都不希望被列入这样一份名单中，但如果格林伯格没有入选，他会觉得失望。在跟别人交谈的时候，他最明显的一个特点就是炯炯有神的眼睛似乎总能看穿对方。所以很多人都有这样的一个感觉：只要格林伯格在场，你就会感到紧张。哪怕是房间有一大堆人，而你只是穿过房间跟其他人交谈，你都不会忽略格林伯格的存在。他会让所有人感到恐惧，不仅是员工，就连那些部门主管、客户、政府官员或者偶尔来公司的人无不如此，无一例外。

格林伯格掌管的美安保险公司专注于工商业意外险，保险费率由客户与公司协商确定，而不是由国家统一制定。保险公司还开设再保险业务来为主要的险种承担再保险的风险。

格林伯格开发了新的保险产品和服务。例如，个人事故保险，该保险强调免赔额。他推行的新的销售方式也引起了社会的广泛关注。不仅如此，格林伯格还借鉴了伦敦劳合社的保险经验，开始为美国公司提供承担大型商业风险的企业保险服务。

20 世纪 60 年代，史带的保险王国通过收购和重组，逐渐发展壮大。同时史带的保险团队不断推出新的保险产品，开拓新的销售市场。

1967 年，史带取得了宾夕法尼亚州匹兹堡市的联邦火灾保险公司的控股权。美国国际保险公司自从 1927 年就开始代理这家公司的海外业务，这家公司因受到高额保险赔偿损失而面临破产，但与史带合作后很快走出了困境。同年，史带也收购了新罕布什尔州保险公司，这家公司在 27 个国家都拥有经营保险业务的许可权，所以这家公司对史带来说意义非凡。除上述两家大型保险公司被收购外，一家小型财产保险公司和一家跨大西洋再保险公司也被史带收购。

这一年对史带和格林伯格来说意义重大。史带为了整合零散的公司机构和资产，决定成立独资的美国国际集团（AIG）。美国国际集团的成立标志着公司新一轮重组的开始。该公司持有包括美安保险公司和新罕布什尔州保险公司的股票，很快其他保险公司也陆续并入美国国际集团。1967 年格林伯格被任命为美国国际集团的总裁。第二年史带去世，他临终前对格林伯格说："汉克，我快不行了。我想让你知道，我很放心。我用不着为公司的未来担心了。现在我知道，一切你都管理得很好。"史带看到了他一手创立的保险帝国新时代的开端，却没有能看到其巅峰。

1969 年，美国国际集团上市。上市后，美国国际集团获得了联邦保险公司等多家保险公司的股权。1970 年美国国际保险公司及其附属代理机构和它的子公司都成为美国国际集团的全资子公司。

20 世纪 60 年代，国际政治局势风云变幻，美苏两大阵营剑拔弩张，菲德尔·卡斯特罗掌管古巴政权，美国国际集团在古巴的保险业务被取缔。幸运的是集团在近十年的时间里已经扩展到海外大部分市场，古巴的保险业务被取缔并没有对集团造成实质性的影响，公司的海外业务量依然保持增长。

为了加强海外地位，1972 年美国国际集团启动了一项"18 个月计划"。该计划旨在为欧洲、中东、非洲、中美洲、南美洲、远东和美国建立一个区域性的管理企业。同年，集团旗下的子公司人寿保险公司成为首家获准向日本民众出售保险的外资公司。

20 世纪 70 年代，美国国际集团通过组建一批专业类型的保险公司来提高其专业服务水平。集团成立了专门出售信用保险的美国国际信用公司、专为外国公司出售保险的北美管理有限公司、专为海上石油和天然气钻井平台提供风险担保的美国国际集团石油钻探公司。此外，格林伯格还创建了美国国际集团数据中心有限公司和美国国际集团爱尔兰分公司，收购了新罕布什尔州保险公司和联邦保险公司剩余的股份。美国国际集团的利润在 20 世纪 70 年代实现猛增，综合增长率大约为 20%。据统计，1975 年美国国际集团的净收入超过 5000 万美元。

美国国际集团在 20 世纪 70 年代继续进行公司的合并和重组。1976 年集团的子公司跨大西洋再保险公司被重组为一家大型再保险公司，该公司的股票分别出售给另外 7 家保险公司。1978 年重组后的大型再保险公司收购了史带建立最早的亚洲人寿保险公司。1979 年美国国际集团进入东欧市场，并与匈牙利、波兰和罗马尼亚的国有保险公司成立合资公司。几年后，美国国际集团也与南斯拉夫成立了合资公司。据统计，20 世纪 70 年代末，美国国际集团的年收入以 20% 的速度增长，集团规模也扩大了近 10 倍，集团公布的净收入超过 2.5 亿美元。

20 世纪 80 年代，美国国际集团大胆进入医疗服务领域，并投资了各种金融产品和大片房地产，不仅收购了联合担保公司、住房抵押保险公司、瑞士人寿保险公司、东南航空保险公司（后来重新命名为美国国际集团航空公司），而且还收购了联合雇主石油公司，获得了 109 个天然气井的股权。

1984 年 8 月 25 日，飓风"哈维"给美国东部沿海造成了毁灭性的损失，巨额的保险赔偿也沉重打击了美国国际集团，集团首次公布了利润下滑趋势。即使利润下滑，集团还是新成立了几家专业性的保险公司，如美国国际集团石油钻塔公司、美国国际集团能源公司、美国国际集团娱乐公司和美国国际集团政治风险公司等。与此同时，美国国际集团还开始对敲诈勒索承担风险。

1985 年，美国国际集团的利润率开始反弹。据统计，1985 年净利润达到 4.2 亿美元，超过 1983 年的盈利。1987 年美国国际集团的净利润超过 10 亿美元。同年，美国国际集团还获得了韩国政府的授权，结束了与韩国政府长达 15 年的谈判，开始在韩国市场经营人寿保险业务。美国国际集团也成为韩国第二大外国保险公司。其最大的竞争对手是早先进入韩国的美国信诺保险集团。

美国国际集团经过几十年的发展走向了巅峰，但并未忘记中国是其摇篮。格林伯格一直寻找机会让公司重返中国。1972 年尼克松访华，打破了中美冰冷的外交关系，这一消息给格林伯格带来希望。格林伯格说到：

"我希望我们能受到邀请。而且我希望能够成为第一家被邀请回到中国的公司。"

格林伯格与史带一样对中国有深厚的感情，所以他亲自参与返回中国的整个过程。在过去的几十年里，格林伯格对中国经济发展作出了巨大贡献。他曾经担任上海市市长顾问，并且在上海创建了国际商业领袖顾问委员会。他还授意史带基金会资助上海的一家儿童医院。早在 1993 年，格林伯格就捐款 51.5 万美元，从法国私人收藏家手中购得颐和园万寿山佛香阁西侧铜亭宝云阁流失的 10 扇铜窗，并无偿送还中国。据资料统计，迄今为止他捐赠给中国教育、文化、医疗、环保等领域的社会项目资金总数已高达 2.72 亿美元。他还积极帮助中国政府加入世界贸易组织。

1992 年，美国国际集团获得了中国政府颁发的第一张外资人寿保险公司营业执照。

2. 友邦保险与中国的"世纪之缘"

1992 年，在中国改革开放的浪潮中，当时全球最大的保险集团美国国际集团（AIG）的成员公司——友邦保险重回故土，成为改革开放后首家获准在中国内地经营寿险业务的外资保险机构。

1919 年，友邦保险创始人史带先生来到中国上海，开始了他传奇的金融保险事业。史带先生创建了友邦保险的前身——四海保险公司，办公地点为上海外滩的一座宏伟建筑，它就是现在蜚声中外的友邦大厦。此后公司更名为友邦保险并延续至今，成为少数起源于中国的国际性金融机构，同时也开启了与中国悠长深厚的"世纪之缘"。

一是重回中国，树立寿险行业标杆（1992—2001 年）。

1992 年友邦保险上海分公司成立后，友邦保险首次将保险营销员制度引进中国内地寿险市场，不仅培育了第一代专业保险营销员，还将现代商业保险理念和制度植入中国内地寿险市场，并引发了一场寿险营销革命。同时，友邦保险开创了一个全新的事业平台，帮助更多的人走向成功。

1992 年，友邦保险重回中国内地
保险市场的宣传海报

位于上海外滩的友邦大厦，
始建于 1921 年，1923 年 6 月竣工

友邦保险不仅为中国内地寿险市场培养了许多优秀的专业营销员，还更倾注努力，为保险业培养了大批出类拔萃的经理人和精算人才。1994 年以来，友邦保险先后与复旦大学、中山大学、中国科技大学、北京大学和南京大学著名高校合作成立了 5 家精算中心，提供专门的保险培训，以资助国内保险人才取得国际认可的精算专业资格。此外，为了提升友邦保险从业人员的专业素质，友邦保险还大力推广并资助员工参加国际寿险管理师（LOMA）和精算师的专业考试，中国内地首位拥有北美精算师资格的精算人才和首位寿险管理师都来自友邦保险。

与此同时，友邦保险在保险营运方面也不断推陈出新，力求通过与国际接轨的现代保险管理模式提升服务效率，为客户带来更佳的保险体验。

1994 年友邦保险成为中国内地首家为保户提供通过银行自动划付保费服务的保险公司。次年，公司开发的中国第一套自动核保系统投入使用。

1997 年友邦保险成为中国首个推出国际支援服务（AIAS）的保险公司，并在 1998 年再次推出中国首个 800 保险免费咨询服务。1999 年友邦保险则成为中国首家符合 ISO 9002 质量体系认证的寿险公司，并于 2000 年成为中国首批获准经营分红保险的保险公司。

1992 年 10 月，时任友邦保险董事长兼行政总裁谢仕荣在友邦保险
上海分公司的开业典礼上

二是直面竞争，稳健发展（2001—2008 年）。

2001 年中国正式加入世界贸易组织（WTO），中国保险市场变得更加开放和更具竞争性。在这一阶段，友邦保险凭借多年积淀的丰厚经验，依托专业的代理人队伍以及稳健、完善的经营机制，始终在国内保持稳健的发展，并一直位居外资寿险"领头羊"的地位。

在此期间，友邦保险在中国内地的业务范围逐步扩展到了北京、深圳、广东和江苏，营销员超过 2 万人，服务客户超过 200 万人。

在营销渠道拓展方面，友邦保险大力开发多元化经营，在建立强大的营销员销售渠道的同时，进一步拓展其他营销渠道和服务。2001 年友邦保险与银行和发卡组织合作，开创了中国内地采取保单质押方式办理银行信用卡的先河。2006 年友邦保险在华各分支公司获准经营团体保险业务并设立了公司电子商务网站，开展在线保险销售业务。至此，友邦保险建成了包括营销员、银行保险、电话营销渠道和电子商务在内的完整的多元化营销渠道。

2008 年，友邦保险集团积极参与广东金融基础设施建设，率先进驻佛山南海"广东金融高新技术服务区"，投资兴建面积超过 63000 平方米的顶级商务大厦。同时，友邦保险还积极协助地方政府进行"广东金融高新技术服务区"项目推广，介绍多家国际金融机构洽谈进驻服务区，积极参与和促成粤港金融合作的相关会谈和项目实施。这一举措充分显示了友邦保险集团对中国市场的强烈关注和信心。

此外，友邦保险自重返中国市场以来，一直以实际行动履行企业公民应尽的义务。从 1999 年在安徽青阳捐资兴建"友邦春蕾小学"资助当地贫困儿童，到 2008 年筹资 600 万元成立专门的"友邦保险爱心基金"，用于重建在汶川地震中受损的四川德阳福利院，帮助孤残儿童重获新家，友邦保险每年都与员工一起为所在地的少年儿童教育、医疗救助事业的发展贡献力量。

在 2003 年 SARS 疫情和 2008 年汶川地震等重大灾害发生时，友邦保险及其员工通过捐款、献血、志愿者服务以及建立绿色理赔快速通道等方式，帮助灾区群众尽快消除灾害影响，履行保险企业应尽的社会责任。

三是历经危机，涅槃重生（2008—2010 年）。

2008 年美国次贷危机引起的华尔街金融海啸，导致当时全球最大的保险集团——美国国际集团（AIG）出现危机，作为 AIG 成员公司的友邦保险通过稳健的经营、完善的风险管理体系、优质的品牌以及众志成城的决心，经受住了金融危机的考验，在逆境中保持了业务稳定。

金融危机期间，友邦保险集团 2000 万名客户的留存率达 99%。虽然在 2008 年 9 月 AIG 遭遇困境后，退保率在随后的几个星期有所上升，但在半年内退保率已恢复正常。友邦保险保持成功的基础是建立在亚洲 90 多年的历史和在中国内地 17 年的经营经验之上的。友邦保险的财务实力强劲，在亚洲 15 个国家或地区经营并盈利，共有超过 20 万名营销员。

友邦中国在此次金融危机中，举全公司之力，充分发挥品牌优势，以出众的产品品质、专业的客户服务以及雄厚的财务实力，向所有顾客履行了友邦保险的郑重承诺。

作为中国领先的外资保险公司，友邦保险在危机中尽管受到众多不确定经济因素的挑战，但仍然留存并继续招募营销人员。友邦保险享有盛誉的管理水平、产品研发能力和销售平台，以及运作效率和持续稳定的盈利能力，成为友邦集团和友邦中国攻克难关的优势。

友邦保险完善的风险管理体系也为友邦中国安然度过危机立下汗马功劳。友邦保险集团设有专门的集团风险管理委员会，秉承稳健经营的原则，友邦中国还设有独立的风险管理部门，通过一整套完整的风险管理体系对各种风险进行监控。

友邦中国风险管理体系包括建立架构、建立内容（评估公司会面对哪些风险）和建立流程（考量如何管理和应对这些风险）三大部分。在架构上，友邦中国已建成由最高管理层负责、风险管理委员会监督管理、风险管理部门统筹协调、各相关职能部门承担责任的全面风险管理组织架构。在内容上，定期对各类金融、营运和战略风险进行识别和评估，并采用关键风险指标、情景（压力）测试等手段对风险进行准确计量，确保管理层对公司目前面临的重大风险有全面和及时的掌控。在流程上，按照友邦保险集团和监管机构的要求建立了一系列全面风险管理的流程和制度，从风险管理文化建设、培训教育、应急机制、风险评估与应对、控制活动、信息与沟通等方面实现风险的防范与降低。

此外，在金融危机期间，友邦保险得到了包括保险监管机构、各地政府、广大客户、合作伙伴及媒体在内的各界友人的帮助、指导和信任，使得友邦中国能在这场金融风暴中经受住考验，真正成为一家立足未来、灵活高效并注重成长的公司。

四是专注保障，重塑标杆（2010—2012年）。

对于友邦保险集团和友邦中国而言，2010年是意义重大的一年。历经了金融危机的洗礼，友邦保险控股有限公司于2010年10月29日顺利完成在香港的首次公开招股（IPO），成为一家独立的上市公司。友邦以高达205亿美元的集资额，在上市时成为历来香港证券交易所规模最大以及当时全球第三大的首次公开招股，这是友邦历史上的重要转折点。

首次公开招股取得成功，是市场一致看好友邦保险集团遍布亚洲市场的分销渠道及业绩表现。上市后，友邦成为一家专注于为亚太区内提供人寿保险产品及服务的卓越企业，凭借对亚洲地区的专注、在区内的业务规模、内涵价值及盈利能力，加之为客户提供的服务水平和效益，令友邦在众多竞争对手中脱颖而出。

借上市良机，友邦集团做了将产品开发、人力资源、财务投资、IT 服务更多授权至各个国家和地区，更加贴近市场和客户，更快地制定方案，实现全面的本地化策略发展。友邦中国作为友邦保险集团第四大战略市场，在上市后的两年内，为集团业绩增长提供了扎实的动力基础。

友邦中国自 2010 年起，专注于五个策略的全面推进，包括营销员体制创新和转型、保障型产品升级和开发、多元化渠道发展与合作、高效运营模式探索和员工人才培养和提升。上市后，友邦中国大力倡导"保险回归保障本源"的行业理念，从推广保障观念、优化产品结构以及提升服务质量等多角度着手，身体力行，推动实践。仅 2011 年，通过有效的业务转型，友邦中国在提升客户保障额度方面就已取得了显著的成果，同比 2010 年，寿险和重疾险等保障类产品新单增长 21%，寿险、意外险和重疾险的保额增长分别达到 16%、22% 和 26%。

2012 年 2 月 24 日，友邦保险集团公布了截至 2011 年 11 月 30 日经审计的综合业绩，友邦中国全面发挥业务潜能，逆势而上，在总加权保费收入、新业务价值和税后营运溢利等领域再攀高峰，与 2010 年同期相比，分别提升了 15%、50% 和 70%。对于友邦中国而言，随着创新的综合保障产品销售增加，新业务价值取得持续增长，无论是利润还是内涵价值等各项指标均令人鼓舞。

在此期间，友邦保险凭借良好的品牌口碑、创新的产品以及优良的服务，在社会各界获得多项荣誉和肯定。2010 年友邦保险被《华尔街日报》的 Media 杂志评为"亚太区排名第一的国际保险品牌"。2010 年至今，友邦中国获得来自权威机构、媒体颁赠的奖项超过百个。

为积极履行企业社会责任，持续有效地开展公益项目，2008 年 11 月，友邦保险与中国儿童少年基金会合作成立"友邦保险爱心基金"，友邦中国初始捐款金额为 600 万元，截至 2012 年，友邦保险共向友邦爱心基金注资 1000 万元。在北京、上海、广州、深圳和南京 5 个省市，共援建"友邦爱心图书馆"15 间，受惠儿童万余人。2010 年 11 月，在人民大会堂新闻发布厅举行的"安康计划"实施 10 周年纪念暨表彰大会上，友邦保险以其长期关爱弱势儿童成长，持续为"安康计划"作出的突出贡献，荣获由中国儿童少年基金会授予的"中国儿童慈善奖"。2012 年 3 月，友邦在汶川地震后与中国儿童少年基金会联合援建的友邦德阳福利院正式落成。

五是改革创新，致力成为"首选"公司（2013—2016 年）。

2013 年，在坚守"回归根本"的策略方向和"保障专家"的业务定位下，在"四大革新"战略计划的指导下，友邦中国不断践行改革创新，于 2013 年完成第一个五年计划目标，提前一年实现新业务价值翻三番，为集团 2013 年度的卓越业绩贡献强大推动力。

以友邦保险集团上市为契机，友邦中国推出"四大革新"战略计划，从发展模式、产品结构、销售渠道和管理模式全面推进改革创新，专注于以提升企业价值为核心的可持续发展。特别是在"回归根本"的产品结构革新之路上不断深化：提升客户保障力度，细分市场需求，丰富完善多元化的产品结构。友邦中国在 4 年时间里，将保障类产品比例从 38% 提高到 63%，专注为中国客户提供保障和长期储蓄类产品。

友邦中国在谋求产品条线业务转型的同时，也积极强化销售渠道革新力度，打造"职业化、专业化、信息化、标准化"四化营销员。

同时，友邦中国也积极"触网"，建立了淘宝旗舰店和微信客户端。此外，互联网和大数据时代为企业创新提供了新的技术手段，线上结合线下（Online to Offline）的混合营销模式以及营销员渠道 AIA Touch 销售平台的升级，不仅推动了直接销售，更有效地提高了客户服务效率，辅助营销员渠道转型为更专业、更信息化的顾问式销售团队。

友邦中国不仅业务屡创佳绩，更在品牌推广上频频发力。2013 年底，友邦保险推出品牌定位——"真生活，真伙伴"，向中国市场传递友邦人的郑重承诺：不管世事变迁，友邦保险总以最真挚的心与客户同步体会人生，时刻尽心为客户提供最适合的解决方案，致力成为中国客户真生活中的真伙伴。

在 2013 年提前 1 年完成上市后首个五年计划目标，并在完成了新业务价值成长 3 倍的战略目标后，2014 年，友邦中国开启了又一个五年战略发展计划，并且正式提出了全新的公司发展愿景——"成为您的首选"。在这一愿景的鼓舞下，友邦中国坚持"革新"道路，为广大客户提供周全的保障，为公司业务增长带来持续动力，为所有员工成长创造良好的环境。

友邦保险在中国市场专注于解决保障缺口，尽力为客户提供全面保障，同时确保企业可持续发展的策略获得了显著成效。无论是"卓越营销员"战略，还是与各个银行伙伴深化合作，都提升了友邦保险为客户量身定制更高价值的产品和服务、满足他们的个性化偏好和需求的能力，使友邦成为越来越多中国人首选的保险公司，同时也收获了令人瞩目的骄人业绩。2014 财政年度，友邦中国业绩再创新高，在新业务价值（VONB）、税后营运溢利（OPAT）和年化新保费（ANP）等领域再攀高峰，与 2013 年同期相比，分别提升了 55%、38% 和 25%。

友邦中国 2015 财政年度的业绩再攀新高，在新业务价值（VONB）、税后营运溢利（OPAT）和年化新保费（ANP）等领域增长显著，与 2014 年同期相比，分别提升了 45%、28% 和 44%（按固定汇率基准计算）。友邦中国已成长为集团 18 个市场中新业务价值贡献第三大市场，以及集团增速最快的市场之一。这份卓著的成绩归因于友邦在个险渠道、产品策略及客户服务等各方面的全面变革转型。

此外，在产品策略方面，友邦中国深耕细分市场，基于对高净值人群和少儿重大疾病市场的需求，深入洞察定制了一系列产品和服务，开拓了新的可持续增长点；而在客户服务方面，友邦中国全面启动"易计划"，通过推进文化和思维模式的转型，鼓励以客户需求为核心的创新，简化流程，升级系统，致力于创造高于客户期待的优越体验，提升运营效率，引领市场向客户型企业全面转型。

2016 年，友邦中国再上新台阶，成为集团 18 个市场中新业务价值贡献第二大市场。这份卓越的业绩表现得益于友邦中国坚持"以服务为驱动""以客户为中心"的企业文化转型，以及不断强化营销员渠道建设。

友邦中国坚持以五年计划确定的"服务领导力"战略为导向，全面推进"易计划"（EODB），通过梳理客户流程，解决服务流程中的客户"痛点"，简化流程和优化系统等工作，来创造高于客户预期的优越服务体验。友邦中国 2016 年针对客户推出的"金装理赔"服务，通过创新化、人性化的重疾理赔前置服务、电子查询平台、重疾关爱礼包等服务举措，主动关爱重疾客户，缩短客户理赔周期，深受客户和媒体好评。之前友邦中国推出的"AIA360客户调研平台"等项目也真正实现了倾听客户真实反馈，为提升客户体验提供了有力支持。友邦中国全新上线的电子化客户及营销员服务和管理系统更是大大简化了流程，为客户带来全新的"易"体验，探索与打造真正的以客户服务为驱动的企业文化。

六是坚守与革新并重，建设中国最受信赖的保险公司（2017—2018年）。

自2017年开始，中国保险业加快了行业监管和政策改革的步伐，品质发展和保障为本成为行业转型的主旋律。随着各项新政的影响力逐渐显现，国家鼓励商业保险参建多层次社会保障体系等政策的助推，中国保险业的发展踏上了价值转型的新征程。

位于广东省南海的友邦金融中心于 2013 年 9 月建成启用

友邦保险荣获"2018第一财经金融价值榜"年度保险公司

友邦中国从2010年上市后就启动了以价值和品质为核心的转型，在过去7年新业务价值成长超过12倍，这使得友邦中国不仅在集团亚太18个市场中成长最快，在价值成长上也远超行业平均水平。此外，友邦还推出了全新的品牌承诺"健康长久好生活"，旨在通过一系列全新方式参与大众健康生活管理，帮助更多家庭享受健康生活方式带来的幸福与快乐。友邦通过发布"健康友行"以陪伴与关怀客户的日常健康管理，实现了品牌从保障专家到客户健康管理伙伴的定位升级。2017年更是保险业深化转型的"关键年"，在2017年接连出台的"强监管"条例推动下，加速回归保障的商业保险将日益发挥其在社会民生中"稳定器"的作用。

2018年初，友邦中国正式开始带领企业实施跨越百年的"新五年计划"。该计划为友邦中国制定了全新的使命、目标和策略，特别是将建立"中国最受信赖的保险公司"确定为新五年的公司愿景，将客户的信赖作为保险公司长期发展的基石。

友邦中国的"新五年计划"由"一个中心，两个投入，三个业务策略"六大支柱组成，即"以客户引领的业务革新"为中心，大力投入卓越人才与组织能力建设和科技驱动领先优势，着力发展营销员渠道优质增员、营销员渠道3.0转型和卓越多元渠道的三大业务策略。

2019 年，是友邦保险"百年华诞"，承载着继往开来的使命，友邦中国始终坚守为客户提供品质保障的初心。面对中国寿险业仍蕴含着巨大的机遇和挑战，友邦中国将不断革新，通过新五年计划的推行，实现成为中国最受信赖的保险公司的愿景，和同业一起引领行业不断转型，再塑中国保险业的优良品质。

3. 信用也能保险

信用在人们的日常生产和生活中起着非常重要的作用。古今中外有关信用的名言不胜枚举。比如，法国作家莫里哀说过："一个人严守诺言，比守卫他的财产更重要。"日本作家池田大作说过："信用是难得易失的，费十年工夫积累的信用，往往由于一时的言行而失掉。"中国唐代张弧在《素履子·履信》写到："可终身而守约，不可斯须而失信。"中国伟大先贤孔子更是谈到"民无信不立"，警示人们信用的重要性。

20 世纪下半叶，各种信贷工具的发明和使用，使信用显得更加珍贵。

1958 年 9 月的一个清晨，美国加利福尼亚州弗雷斯诺市居民在他们自家的邮箱里，收到了一封来自美洲银行的信。信封里有一张塑料卡片，并附有使用说明，上面写着：用这种卡片不仅可以在商店赊账消费，而且不用一次性付清全部贷款。当时全市 45% 的居民是美洲银行的客户，那天清晨共有 6 万多位居民收到了这张奇怪的卡片。这就是当今社会无处不见的信用卡。

信用卡的创意最早源自一位名叫弗兰克·麦克马拉的美国商人。有一天，当他和他的律师布鲁明代尔在一家餐厅用餐时，突然意识到自己把钱包丢在另一套西装里了。他只好打电话让他的妻子来结账。这个尴尬的经历让麦克马拉萌生了创建信用卡的想法。信用卡随后就这样诞生了。

我们知道，信用卡可以凭借个人的信用额度赊账消费，但如果信用卡用户没有向银行按时还清账单上的借款，发行信用卡的银行就会蒙受损失。那么谁可以替银行担保个人的信用风险呢？那当然是信用保险了。

信用也可以保险。这一险种最初是国家进出口贸易中的出口信用保险。

20 世纪五六十年代，随着国际贸易的恢复和发展，各国商品进出口市场迫切需要保险公司提供信用保险来防范购买方的逾期违约风险。一方面，对于许多贸易公司而言，买方延期付款会增长贸易额；另一方面，这些公司也将面临违约逾期、破产等风险，这些风险将严重影响其自身的经济实力。当代法国保险学家吉恩·巴斯坦把信用保险定义为"一个安全系统，支付保险费的债权人将得到保护，可以弥补预期损失"。

信用保险又称为信用担保保险、贸易信用保险、商业信用保险。信用保险是一种保险险种，企业和个人通过购买这种保险险种可以保护自身免受买方违约的风险。不仅如此，企业可以向消费者延长信用期限，降低消费者支付违约的风险。信用保险相对其他保险险种而言，是一种新型保险险种。它用来保护产品的制造商、销售商等商业团体，以弥补过多的债务违约损失。

如今社会到处都是各种信用风险，如银行为了收取利息向借款人提供贷款，但一旦借款人违约就会给银行造成损失，影响银行的正常运营。再如卖方基于对买方的信任，允许买方赊账延迟付款，但是一旦买方经营不善，出现违约不能按时付款，那就会对卖方造成经济损失。有时信用风险甚至可以导致企业破产。

实际上，信用保险的历史最早可以追溯到 18 世纪。1766 年，普鲁士教授沃姆斯向当局提议开设一种类似进出口贸易担保的保险险种，该险种可以担保海上风险，以减少商人的损失，但当局并没有采纳。

1839 年，一位名叫桑吉内蒂的意大利人，出版了一本名为《破产损失保险的新理论》的专著，明确提出了信用保险。这本书使他成为信用保险的创建者。

1849 年，法国的银行家马莱，第一次为贸易信用风险担保，随后巴黎其他 4 家银行纷纷效仿。但经过短暂的成功后，这几家银行不得不停止他们的信用保险活动，这是因为银行很难区分银行业务与保险业务，而且他们很多客户逾期违约，造成这几家银行损失惨重，所以不得不决定停止签署信用保险单。

现代信用保险发展于英国，这并不是偶然的，而是由众多历史因素所决定的。英国率先开始工业革命，建立了日不落帝国，海外贸易发达。随着海外贸易的发展，贸易支付违约风险也随之增加，信用保险也就应运而生。

19 世纪中叶，英国的财产和意外事故保险公司率先担保信用风险。1852 年，英国成立了世界上第一家专业信用保险公司——商业信用互助保赔协会与赔偿互助担保协会。1871 年英国债务保险社成立，由于 1893 年澳大利亚出现金融危机，导致这家保险社破产。不过信用保险的这一尝试在全欧洲已经"开花结果"。

1906 年，瑞士苏黎士成立一家综合信用保险公司，该公司主要经营国内商业保险。

1917 年，德国成立赫尔姆斯保险公司，专营信贷保险业务。如今该公司已经成长为德国最大的信用保险承保公司，在德国的市场占有率为 50%。

1919 年，英国成立出口信用保险局，英文缩写为 ECGD。出口商品往往具有高风险，私人保险公司很难为其提供保险服务，所以出口信用保险局为了鼓励出口，专门针对出口商品提供长期的信用保险。

1921 年的比利时、1922 年的丹麦、1923 年的荷兰分别成立了本国的信用保险公司。这些信用保险公司如今依然活跃在世界保险舞台上。

1946 年，法国成立科法斯外贸信贷保险公司，该公司目前已成为世界上最大的出口信用保险机构，因此是这一领域的佼佼者。

经过几十年的发展，欧洲的信用保险市场已经成长为全球最大规模的信用保险市场之一。

美国人最早尝试通过保险来减轻信用风险所造成的损失则是在 1837 年。这一年威廉姆·哈斯金斯曾尝试信用保险，他说："信任，是一个人对他的同伴所产生的一种高贵感觉。信任像古代神器一样，会再次被人们所供奉。它将作为一种财富和富有的手段而被珍视、复活和革新。它将带给国家和个人最大的幸福。"但哈斯金斯的努力只是短暂的，直到 19 世纪末，纽约、新泽西和路易斯安那州分别在 1885 年和 1886 年通过了法令，允许成立保险公司承保信用保险。

1889 年，美国新泽西州的新泽西信用保险公司被兼并，这是第一家被兼并的信用保险公司。1895 年，美国海洋事故与担保公司设立并承保信用保险。不过好景不长，1907 年美国发生金融恐慌，造成保险公司巨大损失，纽约保险局的资产大约从 100 万美元降到 35 万美元。

1961 年，美国成立对外信用保险协会（FCIA），专门提供出口信用保险。

1980 年，对外信用保险协会保险总额为 55 亿美元，保费收入达到 3000 万美元，共有 2000 多家企业参与投保。

第二次世界大战后，一些国家和地区普遍把扩大出口作为发展本地经济的主要战略，而作为支持出口的政策性金融工具——出口信用保险得到了大力扶持。

1956 年，澳大利亚成立出口融资与保险公司官方出口信贷机构。

1957 年，印度成立印度出口信贷担保局。

1966 年，香港出口信贷保险公司在中国香港成立。

1971 年，加拿大成立出口发展公司。

1975 年，新加坡出口信贷保险公司成立。

1976 年，韩国进出口银行成立，第二年承保出口信贷保险业务。

1988 年，中国人民保险公司正式开办出口信用保险业务。

1999 年，日本成立日本国际协力银行，是日本官方出口信用机构。

2001 年，中国出口信用保险公司成立。

各国出口信用保险机构的建立也促使国际信用保险联合组织的成立。

1928 年 4 月，国际信用保险协会在法国巴黎成立，卡斯伯特·希斯担任首届主席。1934 年英国、法国、意大利和西班牙的保险商在瑞士伯尔尼成立国际信用和投资保险人联盟，简称伯尔尼协会。截至 1974 年，伯尔尼协会已经有来自 24 个国家的 32 位保险机构成员。

2017 年，伯尔尼协会共有来自全世界 73 个国家的 84 名代表成员。中国人民保险公司、中国出口信用保险公司都是该协会的正式成员。

如今世界上不仅有伯尔尼协会这类的信用保险联合组织，还有更大范围的信用担保联合机构。1988 年 4 月 12 日，世界银行设立多边投资担保机构。该机构是 1945 年世界银行成立以来最年轻的世界银行组织机构。这个组织机构成立之初有 29 个成员国，分别为巴林、孟加拉国、加拿大、巴巴多斯、智利、塞浦路斯、丹麦、厄瓜多尔、埃及、德国、瑞士、格林纳达、印度尼西亚、牙买加、日本、约旦、韩国、科威特、莱索托、马拉维、荷兰、尼日利亚、巴基斯坦、萨摩亚、沙特阿拉伯、塞内加尔、瑞典、英国和美国。

多边投资担保机构的成立宗旨是为发展中国家的非商业风险提供投资信用保险，促进外国投资商对发展中国家的投资，来支持发展中国家经济的发展。该机构的成立大大提高了投资者对发展中国家的投资信心。

虽然信用保险这一新的险种已经传播到了全世界，截至20世纪末，信用保险市场潜在价值超过1万亿美元，全球每年信用保险保费收入约合60亿美元，但是还有些国家和地区并没有真正意义上的信用保险，如非洲大部分地区、阿拉伯国家、亚洲部分地区、南美洲国家、东欧大部分地区等。

信用保险按照保险标的划分，可划分为商业信用保险、银行信用保险和国家信用保险三大类。商业信用保险承保的是商品买方的信用；银行信用保险承保的是银行的信用；国家信用保险承保的是借款国的信用。

信用保险根据地区划分，可划分为国内信用保险和出口信用保险。国内信用保险主要承担国内买方违约的风险；出口信用保险主要承担出口国家的政治风险。

政治风险是指因一个国家出现影响稳定的政治事件而给他国企业带来的损失，如爆发战争、颁布限制外资企业的法令、发布禁止外国商船驶入本国港口的命令等政治事件，均有可能影响正常的自由贸易，使本国的公司企业不能按照贸易合同规定的时间支付款项，从而造成逾期违约。政治风险的承保范围取决于单一保险单上的具体规定。例如，一些出口信用保险单可能拓宽政治风险承保的地理范围，延伸到买卖方所属国家以外的国家和地区。但就一般而言，政治风险的承保范围主要有以下几种：政府下令停止贸易支付；交易延迟、外币短缺和货币不能自由兑现；战争、战时军事管制、国内骚乱、国内暴动、叛乱、革命；进出口许可证被取消，封港令被发布；贸易商品被政府征收；政府发布命令中断贸易合同等。

政治信用风险由于风险太大，此类风险往往是由各国出口信用保险公司和进出口银行这类公共部门来承保。信用保险是投保人和保险公司双方之间所达成的保险合同，双方都对对方负有义务和责任。对于信用保险而言，贸易一方提供的商品、服务和劳务所构成的应收款项是唯一可保的，公司企业购买信用保险，是为了确保他们的应收款项免受客户长期违约、破产等事件影响而导致损失。

信用保险公司将履行责任弥补政治或者商业风险所造成的损失。保险公司通常会调查买方的经济实力，评估商品交易活动中存在的信用风险。为了更好地评估风险，保险公司会把银行、讨债公司等机构所提供的信息作为参考数据。如果保险公司评估商品交易过程中的风险过高，保险公司有权力减少购买方的信贷数额，甚至取消购买方的信贷资格。

信用保险单不仅可以为单笔贸易担保，而且还可以为多笔贸易共同承保。大多数保险单中都会规定保险公司被赋予代位求偿权。保险公司根据合同规定，可以直接向违约的购买方提出赔偿要求，或直接通过采取法律手段予以起诉，或通过讨债公司等其他途径追回欠款。在这种情况下，被保险人对买方的所有经济要求和附属权利都会以经济赔偿的形式转移给保险公司。

除合同上所规定的应付账款外，违约方还应向保险公司支付隐瞒个人不良信息违约金和法律诉讼费等相关费用。信用保险与其他类型的保险也有很多不同，比如承保时间期限，信用保险的承保范围是由保险单期限内的风险所决定的。即使保险单到期，如果实际损失发生在保险期限以后，保险公司也应承担赔偿责任。

当今社会，商人做生意的风险意识越来越强。比如，很多公司20% ~ 30%的资产都属于应收款项，其中包括应收票据、应收账款等。商人和贸易公司很难判断买方是否会逾期欠款，逾期违约给一家公司带来的经济成本是很大的，而且对于不同的工业部门和国家而言，损失程度也是不同的，商业各个领域都会受到贸易债务的影响，所以信用保险公司在风险管理方面发挥着举足轻重的作用。信用保险最大的好处就是保证公司企业能够顺利获得应收账款。

信用保险不仅为卖方提供了保障，同时也增强了买方的竞争优势。如果投保人的信用良好，可以在信用保险单上增加新的条款，获得更高的信贷额度，进一步增加自身的竞争优势。

总之，信用保险的好处包括：通过损失补偿，确保企业经营安全；协助企业建立风险防范机制，共同规避应收账款风险；提升债券信用等级，给予企业融资便利；支持企业提高市场竞争能力，扩大贸易规模。

根据伯尔尼协会的资料统计，2001 年成员的出口信用保险费总额大约为 36 亿欧元，2012 年达 61 亿欧元，2015 年总额就达 65 亿欧元。据瑞士再保险公司统计，2013 年全球出口信用保险费总收入达 106 亿美元，其中美国的市场份额占比为 40%。

中国人讲"信"是一种对自身的要求，认为"信"是一个人之所以为人的基本条件。而现代社会讲的是"信用"，一字之差，境界大不同，信用讲的是对信用的使用，确保"欠债还钱"。如今信用保险这一新兴险种随着信息技术的发展走进千家万户，电子商务普及更是带动信用保险的推广。信用保险从某种意义上来说形成了现代信用经济。

4. 抓捕逃亡卫星

1984 年 11 月 8 日，人类历史上展开了首次大规模太空"抓捕行动"。不过这次行动"抓捕"的不是人，而是两颗卫星。

这到底是怎么回事呢？

原来在 1984 年 2 月，有两颗升空不久的卫星突然与地面指挥中心失去了联系，就像突然间"逃走"了一样。其中，一颗卫星名叫"韦思塔 6"号，属于美国西部联合公司所有；另一颗名叫"帕拉帕 2"号，属于印度尼西亚广播事业管理部门所有。这两颗卫星的"反常举动"，使为其承保的劳合社付出了高达 1.8 亿美元的保险赔偿金。

劳合社为了挽回一些损失，决定另外投入 1050 万美元展开搜救工作，试图抓捕这两颗逃亡的卫星。航天专家先是部署了两颗通信卫星，实施"抓捕行动"的是"发现"号航天飞船的航天员乔·艾伦和怀特·休斯。艾伦首先发现了"帕拉帕 2"号卫星，并使航天飞船向卫星靠拢，休斯则减慢了卫星的旋转速度。

艾伦向卫星插进一个"螫针"，把"帕拉帕 2"号卫星与飞船紧紧地联系在了一起。正如他曾经回忆道："螫针的尖端刚刚进入管口，我头盔上的灯光已经全部照进去，我用力推进，让螫针插得更深，然后我拉开控制杠打开开关。此时，我看到针头弹出，最后把螫针紧紧固定在了卫星的底座上。停表，我已经把它固定住了。"

最终，宇航员顺利捕捉回"帕拉帕 2"号卫星。一两天过后，"发现"号开始捕捉"韦思塔 6"号卫星。宇航员戴尔·加德纳走出了航天舱，捕获到"韦思塔 6"号。

当捕获成功的消息传到伦敦劳合社的时候，一位劳合社的保险人命令敲响劳合社卢廷钟。卢廷钟一直悬挂在劳合社大楼里，钟声成为一种信号，在重大事件发生时钟声就会响起。

在惊叹人类这一非凡成功之举的同时，我们也好奇，保险业是怎么与航空业联系在一起的呢？这个问题的答案可以追溯到久远的历史，那里有航天保险的源头。

古代的人们经常会抬头仰望天空，广袤的天空使爱思考的人类对它产生了无限的遐想，他们对天文现象的观察和解释，不仅服务于生产，而且服务于当时的政治和宗教。但也有一些人梦想着离开地球去探索外太空世界。例如，17 世纪法国的讽刺作家西拉诺·德·贝尔热拉克写了《另一个世界，或月球上的国家和帝国》《太阳上的国家和帝国的趣事》两本书，描述了人们到月球和太阳的科幻旅行。

两个世纪以后，享有"科幻小说之父"美誉的法国作家儒勒·凡尔纳和英国科幻小说家、历史学家赫伯特·乔治·威尔斯相继出版了他们描述地球以外世界的科幻小说。凡尔纳的《从地球到月球》、威尔斯的《星际战争》《月球第一人》均用当时的科学原理来描述外太空旅行的情景，比如碰到了外星人等。

为了让外太空旅行早日成为现实，科学家们都在努力试验各种有效方法，以挣脱地球重力的束缚。20 世纪初，当时的科学技术已经证明可以通过加快物体的速度实现进入地球轨道，甚至彻底摆脱地球的重力，直接到达外太空。

俄国大学教授、数学家康斯坦丁·齐奥尔科夫斯基率先对航天领域作出科学研究。1903 年，他发表了《利用喷气式器械探测宇宙空间》一文，该文阐述了宇宙飞行的许多原则。他用尽一生钻研航空科学，直到 1935 年去世。他不断出版错综复杂的太空领域研究理论著作。他最先论证了利用火箭进行星际交通、制造人造地球卫星和近地轨道站的可能性，指出发展宇航和制造火箭的合理途径，找到了火箭和液体发动机结构的一系列重要工程技术解决方案。虽然他在有生之年没有机会把研究理论方法用于实际的太空飞行中，但他的著作无疑极大地影响了后来的苏联和其他欧洲国家的航天研究。由于他对人类航天事业作出了突出的贡献，他被后人称为"航天之父"。1954 年苏联科学院设立了齐奥尔科夫斯基基金金质奖章，用于表彰在航天领域作出杰出贡献的科研人员。他的名言"地球是人类的摇篮，但人类不可能永远被束缚在摇篮里"激励着一代又一代的航天人对宇宙探索的不懈追求。

20 世纪三四十年代，火箭学从大量理论研究转到实际应用。德国、俄国和美国走在了那个时代的前列。然而随着世界大战的脚步逐渐加快，政治局势也因此变得越来越紧张，各国均把迅速发展的火箭技术用来研发先进武器。

1934 年德国的科学家发射了 2 枚火箭，火箭垂直升空超过 1.5 英里的距离，约合 2.4 千米，火箭发射成功了。但他们的研制成果很快被德国军事部门所注意，火箭试验被禁止。那时只有得到军事部门的允许才能开展相关的研究。

德国政府在波罗的海的海岸城市佩内明德建立了一个火箭测试基地。多恩贝格尔任军事长官，冯·布劳恩任技术工程师。1942 年 10 月 3 日，布劳恩等火箭专家成功发射了德国 V-2 火箭，V-2 含义为第二代复仇武器，该火箭利用酒精和液态氧能产生 6 万磅的推力，V-2 火箭可装载大约 1600磅的炸弹，发射距离大约 200 英里，飞行最高高度大约 50 英里。

1944 年 9 月 6 日，V-2 火箭第一次在战场上使用。两天后，大约有1100 枚 V-2 导弹袭击了英国，伯明翰受到重创。

虽然 V-2 火箭在战争中被当作军事武器来使用，但后来 V-2 火箭对美国和苏联早期的航天研究产生了重要影响。1945 年初，布劳恩和他的整个火箭研发团队投降了美国，他们相信只有在美国可以继续从事他们的火箭研究和太空探测计划。不久，他们来到美国，帮助美国建造 V-2 火箭。德国的这支火箭研发团队对美国早期的火箭制造起了关键性作用。

第二次世界大战结束后，美国和苏联成为对手，世界很快进入了"冷战时期"。

1957 年的一个事件极大地刺激了美国，促使其加速推进太空计划。1957 年 10 月 4 日，苏联发射成功了第一颗到达地球轨道的"伴侣"号人造卫星。美国被苏联成功发射第一颗人造卫星所震惊。"伴侣"号人造卫星标志着美国和苏联两个超级大国间正式拉开了太空竞赛的序幕。

苏联最初保持着领先的地位。在发射第一颗人造卫星的 1 个月后，苏联又发射了另一颗人造卫星进入太空，这颗卫星搭载了一只名叫莱卡的小狗，莱卡成为第一位太空旅行者。苏联检测了莱卡的呼吸、心率和其他生命指标，他们报告莱卡在外太空存活了下来。

美国也不甘示弱。1957 年 12 月 6 日，美国尝试用"先锋"号火箭把一颗卫星送到太空。不幸的是在发射过程中，"先锋"号火箭在空中发生翻转，随后落回地面爆炸。

1961 年，苏联再次领先于美国。1961 年 4 月 12 日，苏联把年仅 27 岁的航天员尤里·加加林成功送上太空，加加林由此成为人类历史上第一位进入太空的人。与此同时，美国也在紧锣密鼓地加紧实施所谓的"水星计划"，该计划也准备把航天员送到外太空。在加加林进入太空 3 个星期后，美国人艾伦·谢泼德被美国航天局送上太空。1962 年美国人约翰·格伦成为首位环绕地球飞行的宇航员。

尤里·加加林

这些振奋人心的航天事件，激励着全球的天文爱好者，可以说掀起了一股太空热。美国和苏联转移了他们争夺的焦点，把目光投向了月球。

太空竞赛成功与否，事关一国的国际地位，所以美国政府和苏联政府均对他们的太空计划给予了大力支持。1961 年，美国总统肯尼迪宣告美国要在 60 年代末完成登月计划。

为了做好登月的准备工作，美国宇航局制定了麦道双子星计划，并从大学、企业和技术中心招募了 40 万人来发展急需的航天技术。美国在 1965—1966 年共进行了 10 次载人飞行，其中航天员成功完成了太空行走、航天器对接等高难度技术。除此之外，美国宇航局还应用了最新的燃料设备和计算机设备。

1967 年，苏联发射了联盟号宇宙飞船，但最终以失败告终。

美国继麦道双子星计划后，又制定了阿波罗登月计划。该计划要比美国历史上任何一次太空计划都得到更多公众和政府的资助与支持。1967 年"阿波罗 1"号起飞前不幸失火，3 名航天员全部遇难，最终宣告"阿波罗 1"号以悲剧收场。失败是成功的垫脚石，失败过后，美国阿波罗计划迎来了成功。1968 年"阿波罗 8"号成功实现人类首次载人太空绕月飞行。航天员威廉·安德斯在太空拍下了著名的"地球在月球边缘升起"的照片。

1969 年 7 月，总统肯尼迪要把一个人送到月球的承诺成为现实。世界 6 亿名民众通过电视看到了"阿波罗 11"号火箭发射升空的场景。3 天后，航天员尼尔·阿姆斯特朗和巴兹·奥尔德林驾驶着"鹰"号登月舱，成功到达月球表面。当阿姆斯特朗迈出月球的第一步时，他说出了此后在无数场合常被引用的名言："这是个人迈出的一小步，但却是人类迈出的一大步。"

"阿波罗 11"号创造了历史，这次成功登月被普遍认为是美国宇航局太空计划最具有标志性的事件，也是 20 世纪最重要的历史时刻之一。

美国宇航局之后又进行了 5 次登月飞行，最终以 1972 年"阿波罗 17"号顺利登月为标志，正式完成了阿波罗登月计划。该计划的完成使美国的航天发展走在了世界的最前列。

20 世纪 70 年代，国际社会在太空领域有了广泛的合作。为了共同使用太空资源，1975 年美国和竞争对手苏联开展了合作，共同制定了阿波罗—联盟测试计划。同年，欧洲航天局成立。1976 年苏联首次把一位来自别国的太空乘客送到外太空。

1972 年，美国制定航天飞机计划。以往的航天火箭都是一次性的，往往只能执行一次飞行任务，而航天飞机可以搭载 8 名航天员多次往返太空与地面。航天飞机计划发起人说到，航天飞机的发明将会使人类太空旅行成为一种廉价的生活方式。然而后来的事实证明，此说法对航天飞机宣传态度过于乐观。

1981 年第一代航天飞机成型。当时共有 5 架航天飞机被投入使用，分别是"哥伦比亚"号、"挑战者"号、"发现"号、"奋力"号和"亚特兰蒂斯"号。不幸的是，航天飞机在 1986 年遭遇巨大挫折，"挑战者"号在升空后不久就发生了爆炸，飞机内 7 名宇航员全部罹难。"挑战者"号的爆炸是美国宇航局历史上最严重的航天事故。

"挑战者"号航天飞机 7 名宇航员

航天活动蕴含着巨大的风险，航天事故的发生往往会带来巨大的损失，所以航天保险也就由此诞生。

商业太空保险最早出现在英国，劳合社最先倡导承保这一险种。法国、德国和意大利的保险人也很早就对太空风险作出了评估，但这几个国家直到1979年12月阿丽亚娜运载火箭发射才进入这一市场。

在航天保险发展早期，航天风险主要是由国际航空保险公司来承保，因为相对来说，航空市场对航天风险要比其他险种的保险市场更为熟悉。然而航空保险人很快发现，承保航天风险非常困难，因为这要求对航天风险进行专业评估，并且航天保险索赔率更高，一次失败的发射很容易损失所有的保险费，航空保险人很难承受。所以，航天保险需要专业的航天保险人。1962年美国交通卫星公司成立，该公司是第一家致力于卫星科技商用的公司，并积极发展卫星保险业务。

1965年4月6日，美国交通卫星公司承保第一笔业务是"晨鸟"号卫星保险，保险单总额350万美元，主要承保范围是卫星发射前的风险。继1965年首例保险实践后，1968年出现了第一份针对卫星进入轨道风险的保险，1975年又出现了第一份卫星在轨寿命保险。

世界上第一张太空人身保险单是希腊承保的"阿波罗11"号宇宙飞船上的宇航员人身保险。第二张这样的保险单是由美国国家航空航天局为一架航天飞机上的宇航员承保的。

航天保险具有技术复杂性，同时这类保险风险极高，所以在早期愿意提供这类保险服务的保险公司数量极少，航天保险公司的数量在保险公司总数中只占很小的比例。航天保险市场是一个国际化市场，如今不仅有包括伦敦、巴黎、慕尼黑在内的欧洲卫星航天保险中心，还有纽约、华盛顿在内的美国航天保险中心。

与其他保险险种相比，航天保险公司需要积累更多的航天保险经验数据。据统计，卫星保险市场至少需要发射600颗卫星来精确风险大小。1968—2005年，共有534颗上了保险的卫星发射升空，卫星保险技术发生了巨大的变化。

由于航天意外事故一旦发生，损失巨大，并直接影响保险公司承保与航天相关的其他风险，所以航天保险的早期发展并不太乐观。因此，欧美发达国家均出台了与航天保险相关的法律规定，如美国的《商业航天发生法修正案》中确立了商业航天发射的保险和损失赔偿制度；俄罗斯的《俄罗斯联邦空间活动法》中确立了保险制度；日本的《日本宇宙开发事业团法》中要求航天活动必须办理强制保险等。到了 20 世纪 80 年代，航天保险才开始快速发展，平均每年都会为 30～40 颗卫星上保险。

航天保险发展至今，已有 50 多年的历史，该保险的风险分类和保险承保范围大致确定了下来。从总体上看，航天保险主要有两大类：一类是第一方财产保险，第二类是第三方责任保险。

第一方财产保险的承保范围包括卫星火箭发射前、发射过程和卫星地球轨道运行阶段。为了满足航天项目的特殊需求，第一方责任保险单以全险为基础。这意味着该全险保险单覆盖任何原因引起的损害，包括偶发的自然灾害造成的事故和设计不当导致的航天器失灵事故。事实上，火箭一旦发射，航天部门就不可能预测并解决出现的任何意外事故，所以这个全险保单对航天人来说尤为重要。

第三方责任保险主要是保护宇航员和其他与航天活动相关的参与者。该保险承保在火箭发射前、发射过程中，以及卫星轨道运行阶段对第三方所造成的人身和财产损失。

航天保险的发展虽然从 1986 年"挑战者"号航天飞机的失事降低到历史最低点，但是从第二年开始，一直呈上升趋势。据统计，1996 年全球航天保险市场的保费收入约为 8.5 亿美元，同时火箭发射保险的全球市场保费规模约为 6.5 亿美元。据不完全统计，全球有 350 多家保险公司在从事航天保险业务。

随着我国航天技术水平的不断提高，以及卫星发射数量的持续增加，我国的航天保险也不断发展壮大。据《中国航天》杂志最新的数据统计，我国目前共有 26 家保险公司参与航天保险项目，注册资本金高达 1053 多亿元（约合 169 亿美元），折合国内航天保险市场一次卫星发射保险的理论承保能力约 1.6 亿美元，实际承保能力达 1.5 亿美元，接近西方发达国家水平。

世界航天保险从无到有，从小变大。航天保险人在这几十年的发展道路上历经坎坷，实属不易。1977 年欧洲和美国接连发生的发射事故使刚走上正轨的航天保险遭遇了沉重打击，几乎耗尽了此前的全部利润，很多保险公司也因此退出了航天保险市场。1987—1997 年是航天保险历史上最辉煌的 10 年。其间，大部分保险人对不断成熟的航天技术和可观的发射数量充满信心，单次发射的承保能力首次突破了 10 亿美元。不幸的是，1998 年对于航天保险来说是灾难性的一年，这一年保费收入总计 10 亿美元，而赔偿总额却高达 14 亿美元。连续发生的赔偿使得保险费率居高不下，这一局面一直持续到 2004 年，此后，世界各国航天发射成功的好消息频传，才逐渐得到改观。总之，随着航天保险市场不断完善成熟，未来全球航天事业的发展道路会越来越宽阔、越来越安全。

5. 国际保险市场重心的转移

第二次世界大战后，国际保险市场重心从英国转移到美国。

美国的保险市场是当今世界最大的保险市场。据统计，2002 年美国的保费收入总额超过 1 万亿美元，约占国内生产总值的 9.6%。美国的非寿险保费在 1996 年占世界份额的 40.32%，到 2002 年已经增长到 47.66%。寿险保险在同期也增长到 31%。

然而，我们不能只看数额。最能体现一个国家保险业发展程度的指标是保险密度和保险深度。保险密度是按全国或地区计算的平均保费。保险深度是指保费收入占国内生产总值的比重。据资料统计，2002 年美国的保险密度为 3461.6 美元，其中非寿险密度为 1799 美元，寿险密度为 1662.6 美元；2002 年美国的保险深度为 9.58%，其中非寿险为 4.98%，寿险为 4.60%。

美国的保险公司和机构约占全球总数的 35%，市场占有份额超过仅次其后的 4 个国家数额之和。美国保险就业市场也很广阔，大约 2.1% 的劳动力人口从事保险业。2003 年美国保险公司提供了 140 万个就业岗位，此外有 84 万人分别在保险机构、保险经纪公司和其他与保险相关的企事业单位从事工作。

美国保险业的发展与美国 20 世纪下半叶成为世界经济霸主的地位密切相关。有资料统计，1945 年第二次世界大战结束后，美国虽有全世界 6% 的人口和土地面积，却占有资本主义世界工业生产量的 2/3，外贸出口额的 1/3，黄金储备的 3/4；生产资本主义世界 1/3 的小麦、1/2 的棉花、70% 的玉米；开采 62% 的煤和石油，冶炼 61% 的钢；生产 48% 的电力和 84% 的汽车；拥有全世界 84% 的民用飞机，85% 的冰箱和洗衣机。1974 年 6 月，英国外交大臣欧内斯特·贝文感慨地说："美国今天正处在拿破仑战争结束时英国的地位。拿破仑战争结束后，英国掌握全世界财富约 30%，而今天，美国则掌握大约 50%。" 第二次世界大战结束后，美国的国民生产总值翻一番，到 20 世纪 70 年代初又翻一番，海外投资也从 120 亿美元增加到了 800 亿美元。美国传记作家威廉·曼彻斯特在《光荣与梦想：1932—1972 年美国社会实录》中写到：

"美国人的生活水平已经到了让世界其他地方的人们难以理解的程度，近 60% 的美国家庭自报工资收入达到中产阶级水平。仅从 40 年代后期起，中等家庭收入已经从 3083 美元提高到 5657 美元；即使算上通货膨胀率，增长率仍然达到 48%。用阿道夫·伯利的说法，美国那个时候正处于'飞奔的资本主义'剧痛当中。无产阶级正在被改造。一对流水线的工人正在驾驶着昂贵的汽车，去购买股票。1954 年 5 月的《幸福》杂志上报道，'该是改变美国中产阶级消费者旧日形象的时候了。他不是，并且已经多年不是小地产主或者杂货店老板了。如果要找它的典型代表，或许是底特律的车工了。'"

美国在第二次世界大战后生活水平的提高必然会刺激消费者对保险产品的需求。同时，战后美国国内生产总值的极大增长，庞大的黄金储备为美国保险业提供了充足的资本金，是美国保险业发展的强有力支撑。

考察美国的保险业是如何从保险业传统强国英国手中夺得第一宝座的，这个问题的答案至少可以追溯到 18 世纪。

英国在北美殖民地建立的第一家保险公司是友好互助合作社。该保险社创建于 1735 年，位于南卡罗来纳州的查尔斯顿市。当时美国还没有独立，这第一家保险组织存在的时间很短，只有 5 年时间。7 年后，本杰明·富兰克林联合其他几位费城知名人士成立了一家互助保险组织，称为费城火灾保险社，该保险组织一直运营至今，是美国历史最悠久的保险公司。本杰明·富兰克林后来协助起草了美国《独立宣言》，是美国《1787 年宪法》的主要签署人之一。

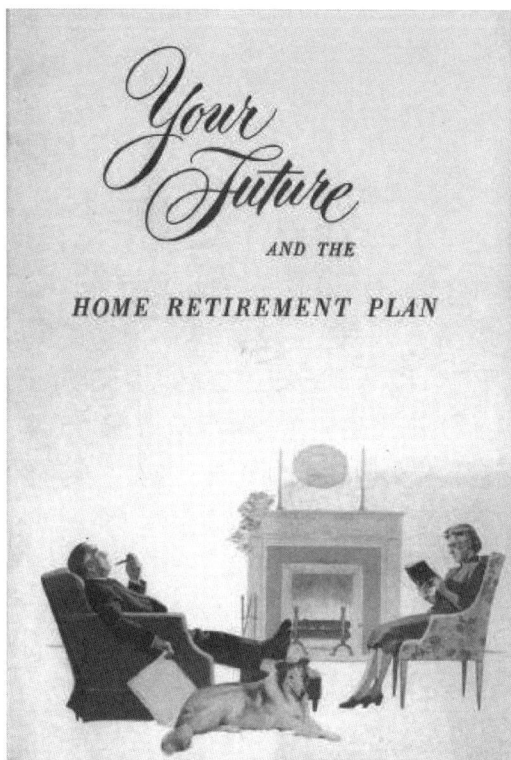

第二次世界大战后美国的保险广告

1759 年长老会宗教团体建立专属基金，为组织内部成员提供人寿保险服务。从某种意义上说，这是美国历史上第一家人寿保险公司。1792 年，美国革命战争胜利 10 多年后，美国成立了一家保险股份公司，这就是著名的北美保险公司。但北美保险公司成立初期的经营情况并不乐观，运营的前五年只卖出了 6 张保险单。

1812 年，宾夕法尼亚人寿保险公司成立，这是美国历史上第一家销售年老金和人寿保险的保险公司。

在 1810 年以前，美国的保险公司虽然已经有多个保险险种，但海上保险这一最古老的险种依旧是美国社会最主要的险种。

1813 年美国联合保险公司把一部分火灾保险业务分摊给了纽约秃鹰火灾保险公司，这是美国历史上最早的再保险。

1835 年纽约发生大火。火灾过后保险公司开始对不同地区派驻代理机

构，扩大了对灾害风险的地理承保范围。随后，各类保险公司在不同地区
设立分支机构成为普遍做法。

1871 年 10 月，芝加哥发生大火，大火共造成美国保险公司 9500 万美
元的赔偿损失。1872 年 11 月，波士顿大火造成保险公司 5000 万美元的损
失。这两次大火导致美国大批保险公司破产，公司的破产也说明了当时保
险公司保险费率不合理。所以 19 世纪七八十年代，保险公司协调保险价格
成为一种惯例，这种改变维持了保险公司的正常经营。

美国人身保险单数量在 19 世纪、20 世纪转折时期有了快速增长。据统计，
1910—1920 年，仅股份互助人寿保险公司一家的人身保险单就增长了 158%。

19 世纪也见证了美国保险业在国际保险市场的扩张，尤其是 1885—
1905 年扩张速度最快。例如，截至 1900 年，仅公平人寿保险公司一家保险
公司就在 100 多个不同的国家和地区开设了保险业务。

繁荣与危机并存。1906 年 4 月 18 日 5 点 12 分，美国旧金山发生大地
震，地震后又发生了火灾。这是美国在世纪转折点上的一次伤痛。大地震
和火灾共给当时的美国保险公司带来了 2.35 亿美元的保险损失。

1906 年大地震后的旧金山

1911 年 3 月 25 日，纽约三角衬衫工厂发生大火（详细情节参看第四章
改变美国社会的一场大火）再次打击了美国社会，给当时美国的保险业带
来了严峻的挑战。然而坚强和勇于探索的美国保险人在困难面前毫不畏惧，
勇往直前。

第一次世界大战期间，虽然美国保险业发展进程缓慢，但经济社会转型接近完成。美国从农业国家转变为工业国家，提升了工人的地位，推动了团体保险的发展，与此同时，社会团体也呼吁减轻工商业领域的雇工风险，雇工风险保险由此诞生。

第二次世界大战后，技术创新掀起新热潮。技术革新也对保险业产生了重要影响。第二次世界大战前，海上保险和火灾保险在美国保险业中占有主导地位。比如，大约30%的保费收入都来自火灾保险。第二次世界大战后汽车的普及率越来越高，美国各州政府要求汽车都要上责任保险。这一措施产生的结果是，汽车保险取代海上保险和火灾保险成为保险业的主流。1971年汽车保费占总的财产保费的47%，到1989年此比例下降到43.6%。相比较而言，1971年火险保费的比重下降到6.3%，1981年降为不到5.1%，到1989年，其市场份额只剩下不到3.4%。汽车保险的这一主导地位一直持续到20世纪90年代，甚至到21世纪的早期，比重仍达到总的财产保费的50%。

汽车保险在20世纪七八十年代推出了无过失汽车保险，旨在控制汽车保险的成本，改善调节汽车事故赔偿要求的效率。无过失汽车保险有两个显著优点：第一，在事故中，不管谁是事故的肇事人，保险投保人都能从保险公司获得保险赔偿。第二，如果事故造成严重伤残的，投保人有权起诉提出进一步的赔偿。

美国改革侵权责任体系，推动了责任保险的发展。第二次世界大战后侵权成本呈上升趋势，1950年侵权成本只占国内生产总值的0.6%，但到了2003年，这一比例增长到了2.2%。保险公司承担着不同种类、不同大小的风险。随着责任范围的延伸扩展，保险公司更是承担着始料未及的赔偿损失。

农作物保险这类传统保险在第二次世界大战后也有了明显的增长。农作物很容易遭受自然灾害的侵害，如洪水、干旱、冰雹、虫灾等。农民可能因一场自然灾害损失所有的农业收入。1963年美国农民购买了总保额超过28亿美元的冰雹保险，数额是1951年的两倍。大约有75%的保费收入集中在美国中部玉米带、北部平原区和阿巴拉契亚山脉地区。

20世纪七八十年代，随着商业环境的变化，人寿保险产品也发生了变革。越来越多的丰富多彩的人寿保险产品具有了储蓄功能，这进一步满足了客户对资产管理的多样化需求。信息技术的进步也使保费管理形式更加灵活，保险人会根据投保人自身的经济实力，决定投保人何时交纳保费，交纳多少保费。1985 年市场引入一种新型的人寿保险产品，该保险产品刚开始很成功，占据了超过 30% 的人寿保险市场，但因为市场保险费率逐渐降低，再加上 20 世纪七八十年代动荡不安的局面，这款保险产品的市场占有率也随之下滑。

然而，第二次世界大战后，美国产品责任保险、医疗事故保险、环境责任保险和其他种类的责任保险的责任成本上升，对国民经济产生了重要影响。美国保险业经常会面临不确定的高额责任赔偿要求，有时甚至超出了保险公司的赔偿能力。例如，20 世纪 80 年代美国石棉赔偿案就造成了美国保险公司的破产危机，引起 20 世纪 80 年代中叶的责任危机。

从总体上看，美国保险市场经历了 200 多年的发展，如今依然充满活力。与此相比，英国的保险业就显得有些英雄暮年了。

第二次世界大战后，英国虽然经历了战争的摧残，但其保险市场依然雄踞欧洲之首，位居世界第三大保险市场，仅次于美国市场和日本市场。

英国的保险市场占据世界保费收入的 9%。同样，英国的人寿保险市场也是全欧洲最大的人寿保险市场，是世界第三大人寿保险市场。像财产责任保险这类一般性的责任保险市场，英国是欧洲第二大保险市场，仅次于德国，是世界第四大保险市场。英国的人寿保险市场约占整个欧洲人寿保险市场的 20%。保险市场投资规模占欧洲保险市场投资资产规模的 34%，约等于德国和法国两国之和。另外，保费收入占本国国内生产总值的比重在欧洲国家中排名最高，在世界上仅次于美国。

保险业是英国海外收入的重要来源，对英国的经济起了重要的促进作用。保险不仅起到保障作用，同时对英国人来说也是一种重要的储蓄工具。英国的人均保费支出在欧洲国家中最高，排在世界第三位。根据国家官方数据统计，平均每年人寿保费支出，排除个人养老金支出，从 1991 年的386 英镑，增长到 2003 年的 418 英镑。保险业的投资约占股票市场规模的 20%。

英国的保险业面临激烈的竞争与挑战，需要面对来自不同国家和地区的保险公司的挑战。小型保险公司想要生存和发展，就要在所谓的利基市场上把握住机会。利基市场是指那些小型的保险公司应当选择一个很小的保险产品和服务，在某一方面集中优势，从而在保险市场上形成竞争优势，否则只能被大公司兼并或者破产。同时，大型的保险公司需要不断开发新型的保险产品，制定特色的销售策略，以使它们在全球保险市场中赢得竞争。

劳合社和伦敦的保险市场也面临来自海外日益激烈的竞争压力，这种压力包括快速增长的百慕大保险市场及美国国际集团（AIG）。

根据美国商业部1981年对英国再保险市场的评估表明，对国外的保险公司和再保险公司而言，英国市场仍具有很大的吸引力。但到了20世纪80年代末和90年代初，英国的保险市场因美国的重大灾害和再保险责任受到严重影响，大约有70家保险公司倒闭，劳合社也差点关门停业。1989—1995年有26家保险公司被清算破产，数十家小公司被别的大公司兼并。经过这一轮的重组，保险市场逐渐由几家大型保险公司所掌控。

凤凰保险公司于1971年兼并了奔宁保险公司和布拉德福德保险公司。

1984年，凤凰保险公司被太阳联盟和伦敦国际保险公司兼并，凤凰保险公司这家在英国历史上年代最久远的保险公司从此退出历史舞台。

1984年，法律通用人寿保险公司兼并了英国胜利再保险公司。1972—1973年，美国金融巨头国际电话电报公司ITT兼并了英国两家大型保险公司，分别是伦敦＆爱丁堡保险公司和超额保险公司。20世纪90年代末还有两起著名的兼并案例，一起是1998年苏黎世金融服务集团兼并了英国著名的鹰星保险公司；另一起是1999年法国安盛保险集团兼并了佳联皇家交易保险公司。

第二次世界大战后，英国的保险市场发生了很大的变化，外国保险公司占据英国保险市场越来越高的市场份额。保险公司通过兼并重组和改革，逐渐融入全球化的浪潮中。

虽然国际保险市场重心从英国转到了美国，但自然灾害、恐怖主义、保险诈骗和互联网等带来的一系列新风险，将使美国、英国等主要保险市场面临更加严峻的挑战。

6. 全球保险网的形成

20 世纪下半叶以来，信息化浪潮不仅冲破了原有的束缚，也缩小了世界各个国家和地区之间的距离，世界进入全球化新阶段。第二次世界大战后，全球经济的一体化最初主要表现在工业产品贸易领域。然而，到了 20 世纪 70 年代，由于世界主要发达资本主义国家普遍减少了对外国金融公司的法律限制，新兴国家也向外资开放了本国的金融市场，金融全球化也成为一个明显的趋势。

海上保险和再保险等业务领域具有了显著的全球化特征。同时，保险业与其他国家的商业领域开展了更为广泛的合作。越来越多的家庭和公司不再只局限于在本国购买保险。保险公司的承保范围也不再局限于一国一地，许多保险公司在国外保险市场开设分支机构，销售保险产品，成为国外保险市场重要的组成部分。随着保险全球化的进展，全球保险网逐步形成。对于欧洲的保险市场而言，1994 年创建的欧洲保险统一市场具有里程碑的意义。自那时起，由于制定了"单一的通行证"，只要欧洲经济区的保险公司得到本国监管机构的授权，就可以在欧洲经济区其他的国家直接设立保险机构，同时也可以在本国直接向欧洲经济区其他的国家提供保险服务。

此外，欧洲保险统一市场的建立也促使各国政府减少了对欧洲以外国家保险公司的限制。这为国外的保险公司提供了广泛的市场发展机遇。据统计，2009 年德国保险市场的保费收入为 1710 亿欧元，是全球第五大的保险市场，也是外国保险公司最重要的投资市场。在 2008 年德国保险市场的主要险种中，大约有 1/4 的保费收入来自外国保险公司，而在 1984 年，这一比例仅为 12%。

根据德国联邦金融管理局的数据显示，2008 年外国保险公司的市场份额大约为 21%。由 10 家最大的欧洲保险公司组成的三大外国保险集团，也跻身于德国十大保险公司之列。更多的外国人直接投资于德国的保险公司，投资数额也在不断增加，如今已达到 160 亿欧元。

保险全球化的另一个重要驱动力是信息和通信技术发生了革命性变化，全球数据通信网络为跨境保险提供了全新的交易可能性。长期以来，国内投保人对海外保险的需求量在不断增长，保险人经常需要陪同他们的工商业客户到海外洽谈生意，这成为保险公司积极扩展海外保险市场的重要动机。此外，保险公司还可以学习借鉴海外保险市场的经验和技术，增强自身的市场竞争优势。通过在多国销售保险产品，保险公司可以扩大经营规模和承保范围，实现风险分散和利润增长双赢的目的。

由于发达国家的保险普及率普遍较高，保险公司在其本国的增长率较小，所以发达国家的保险公司积极投身于前景乐观的新兴保险市场中，以实现高增长。这些新兴市场包括日本、中国、韩国、新加坡、中国香港、南非等国家和地区。新兴国家和地区在 20 世纪下半叶迅速崛起，其中以亚洲为代表，越来越多发展中国家的保险公司将目光瞄准发达国家的收购机会，以便配置其日益增加的资本，并实现区域市场的多元化，发展中国家的保险业如今在世界保险业占有重要的地位。

近几十年来，新兴国家和地区的保险业呈现出较快的增长趋势，是全球保险市场增长的主要力量。据瑞士再保险公司的资料统计，2016 年新兴市场占全球寿险和非寿险保费的比例已从 2000 年的 5% 上升至 20%。然而，从人均保费来看，新兴国家与工业化国家差距巨大，只有工业化国家的 $1/40 \sim 1/60$；从保险深度来看，新兴国家同样也只有工业化国家的 $1/3 \sim 1/4$。2016 年新兴市场因自然灾害造成的总经济损失中，有保险保障的约占 11%，而发达市场则为 42%。这说明新兴国家和地区的保险业发展空间和发展潜力巨大。2000 年、2010 年和 2016 年不同市场占全球总保费的份额见图 1。

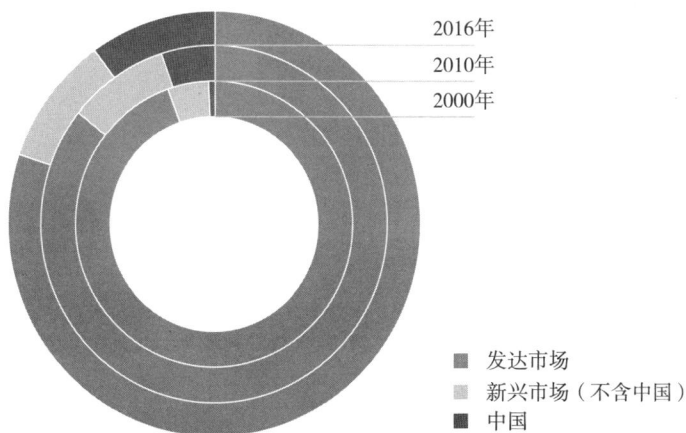

图 1　2000 年、2010 年和 2016 年不同市场占全球总保费的份额

全球化助推世界保险业的发展。另据瑞士再保险公司的统计，2015 年全球保费总收入比 2014 年增长了 3.8%。非寿险保费总收入比 2014 年增加了 3.6%，达到 20200 亿美元。全球直接寿险保费总收入达到 25340 亿美元，实际增速达到 4.3%。全球保费总收入为 45540 亿美元。2015 年新兴市场总保费收入上升 9.8%，为 8500 亿美元，保费增速依然高于 GDP 增长率。世界各国各地区保险业日益成为相互协调统一的整体，全球保险网逐渐形成，使联系更趋紧密。

7. 史无前例的保险赔偿

2001 年 9 月 11 日，美国纽约市遭受恐怖袭击，震惊了全世界。与"基地"极端组织有关的 19 名武装分子劫持了 4 架航空公司的飞机，并对美国境内实施自杀式袭击。前两架被劫持的飞机撞上了纽约世界贸易中心（以下简称世贸中心）的双子楼，第三架飞机撞上了华盛顿特区外的五角大楼，第四架飞机在宾夕法尼亚的城外爆炸。"9·11"事件造成了巨大的经济损失和人员伤亡，给美国人民带来了沉重打击。这起严重的恐怖袭击事件也带来了保险史上最大的一笔保险赔偿，给全球保险业的发展蒙上阴影。

2001 年 9 月 11 日上午 7 时 59 分，美国航空公司第 11 次航班飞机从波士顿起飞前往洛杉矶。起飞后，这架飞机突然在中途雷达和应答机上消失，地面控制中心根据以往经验判断这架飞机可能被劫持了。

8 时 20 分，航空管理局用雷达查看飞机的航行路线，很明显这架飞机已经偏离了正常的航线，航空管理局更加确信飞机被劫持的推测。同时，航空管理局也观测到美国联合航空公司第 175 次航班也偏离航道，它从新泽西上空转弯，不再往西至加利福尼亚指定目的地，而是飞往北部的曼哈顿世贸中心。

当天 8 时 21 分，飞机上的乘客报告称，劫机的恐怖分子已经掌控飞机很长时间了，并且杀害多名机上人员。

8 时 28 分，飞机掉头飞往纽约市。正巧的是 8 时 44 分，美国国防部长拉姆斯菲尔德正在五角大楼与国会代表克里斯托弗·考克斯谈论恐怖主义。

拉姆斯菲尔德回忆道："我在房间中刚谈了几分钟，随后就出事了。"

事实上正如他所说的，过了 2 分钟，8 时 45 分，美国航空公司第 11 次航班就撞到 110 层楼高的世贸中心大厦北塔楼的第 100 层。飞机上装载着 2 万加仑的燃油，这次撞击迅速在这座摩天大楼上留下一个巨大的、不断燃烧的大洞，有数百人当场死亡，数百人被困。

9 时 3 分，美国航空公司第 11 次航班撞击的 18 分钟后，另一架被劫持的美国联合航空公司第 175 次航班撞上了世贸中心南塔楼的第 90 层。这次撞击引起了巨大的爆炸，周围的建筑物和街道上迅速充斥着正在燃烧的大楼残骸。

袭击者是来自沙特阿拉伯和其他阿拉伯国家的恐怖分子。据报道，这次恐怖行动是由"基地"组织头目本·拉登策划和组织的。本·拉登声称这次行动是为了打击报复美国对以色列的支持。恐怖分子对这起袭击事件作了充分的准备，一些人已经在美国居住了一年多，并在美国航空学校学习了飞行技术。

这 19 名恐怖分子轻而易举地过了美国机场安检，顺利登上了开往加州的飞机。恐怖分子选择这几次航班，主要是因为飞行路途遥远，飞机上均携带着大量燃油。起飞后不久，恐怖分子就控制住了飞机，把普通的喷气式飞机变成了制导导弹。

当纽约爆发恐怖袭击事件后，世界各地都为之震惊。欧洲主要航空公司命令已经在飞往美国各个城市的飞机立即掉头返航。

美联社萨拉索塔 9 时 26 分电，美国总统布什正在佛罗里达州给一群天真活泼的孩子读课文，这时一名白宫工作人员匆匆走入，俯在他身边耳语几句。布什顿时愣了好几秒钟，随后他坚持给孩子们读完了课文。

上午 9 时 45 分，正当数百万人盯着电视观看纽约正发生的这一惊人景象时，美国航空公司第 77 次航班在美国国防部五角大楼的西侧坠毁。坠毁引燃飞机上燃油，迅速燃起一场大火，导致五角大楼部分建筑物倒塌。飞机上的 64 人全部遇难，大火造成 125 名军事人员和民众死亡。

距离五角大楼遇袭不到 15 分钟，世贸中心的南塔楼在巨大的灰尘和烟雾中倒塌。倒塌掀起的浓烟冲上数百米高空，并蔓延到整个曼哈顿。人们惊慌失措，来不及等待救援，有的人甚至从窗口跳下逃生。上午 10 时 30 分，双子楼北塔楼这个庞然大物也倒下了。

与此同时，由于第四架被劫持的飞机起飞时间被推迟了，所以机上的恐怖分子没有完成袭击目标。机上的乘客通过手机知道了纽约和华盛顿发生恐怖袭击事件的消息，并向地面指挥中心发出呼救。

机上的乘客都知道自己性命难保，决定与恐怖分子展开生死搏斗。乘客的这一壮举感人至深，其中一位名叫托马斯·伯内特的乘客，通过手机告诉他的妻子："我们都知道我们都会死，但我们决定在死之前做点什么。亲爱的，我爱你！"

机上的乘客与 4 名恐怖分子展开了生死角逐。最后飞机翻了身，以每小时 500 英里的速度向地面栽去。飞机于上午 10 时 10 分在宾夕法尼亚西部的一个小村庄坠毁，机上的 92 名乘客全部罹难。

11 时 5 分，美国政府下令疏散华盛顿所有政府部门人员。至此，美国度过了惊心动魄的 2 个多小时。

"9·11"事件的整个过程被当时的中国驻纽约总领馆总领事张宏喜记录了下来，他在《相知纽约》一书中写到：

"2001 年 9 月 11 日早上，我一到纽约曼哈顿十二道 520 号我国驻纽约总领馆的 16 层办公室，就听到外面的警笛声特别刺耳、特别长、特别多。我感到十分异常，便打开窗户往外看，发现一辆接一辆、没头没尾的一长串警车、救火车、救护车呼啸着飞速向南驶去。

"我随着车队驶去的方向一望，大吃一惊，啊呀，不得了，世贸中心北楼上部冒着浓浓的黑烟，被风一吹滚滚飘向远方，构成一幅令人悚然的画面。

"在我的办公室透过窗户斜向南方，正好能望到世贸中心两座大楼。这时我还不知道大火是恐怖分子劫持的第一架飞机撞击北楼造成的，但我根据多年的外交经验明白这是一个重大事件，会成为世界头号新闻。

"于是我立即要旁边办公室的同志找摄像机、照相机把这一场景拍下来。在别人找摄像机、照相机的同时，我回到窗户旁继续向世贸中心观望，看到两架直升机围着世贸中心大楼打圈飞而不敢靠近。

"突然我又看到一架飞机从新泽西州那边飞来，在海面上空拐着大弯朝世贸中心的方向飞来。我想，世贸中心正着大火，这架飞机还朝着那个方向飞去干什么？当我还没有反应过来时，这架飞机就撞上了世贸中心的南大楼，冒出了一个巨大的红火球，我甚至好像听到了轰的一声巨响，尽管总领馆距世贸中心有近5公里的路程，实际上我是听不到声音的。我立即意识到极其严重的事件发生了！

"我以最紧急的命令把在馆的其他领导召集到我的办公室，宣布进入紧急状态，关闭总领馆，清查馆内人数、研究形势和商讨对策。从此我日日夜夜坚守在办公室三个星期，处理各种事务。"

"9·11"恐怖袭击事件共造成3000多人死亡，这些人来自90多个不同的国家和地区。美国又遭遇了一次"珍珠港事件"，珍珠港事件是第二次世界大战时期日本策划的一起偷袭美国海军太平洋舰队基地珍珠港的事件，此偷袭事件共造成约有2400人死亡，事件爆发后美国正式对日本宣战。

"9·11"事件给保险业带来巨大损失，保险公司需要支付多个险种的赔偿金，比如4架飞机的损毁赔偿、4架飞机的乘客意外伤害赔付、4架飞机的第三者责任赔偿、直接的财产损失、间接的责任损失、人身意外伤害保险赔付、责任保险赔付和再保险分摊等。据瑞士再保险公司估计，美国世贸中心的恐怖袭击对美国的损失约合210亿美元。无论是自然灾害，还是人为事故，"9·11"事件造成了人类历史上最大的保险损失。世贸中心双子楼的恐怖袭击直接导致保险索赔数额剧增。

美国常务总代理协会的执行理事柏妮丝·海因茨女士谈到"9·11"事件对保险业的影响的时候说到：

"'9·11'事件所产生的影响是广泛的、错综复杂的，而且是前所未有的。风险变得无处不在，你永远都无法确定到底谁是你的敌人，没有哪一个城市或地方更安全或更危险，它将从此改变保险公司的经营方式。"

"9·11"袭击事件共造成保险损失约300亿~580亿美元，涉及全球约150家保险公司和再保险公司。这次袭击事件的损失是保险史上赔偿数额最大的一次，是1992年"安德鲁"飓风保险赔偿数额的1.5倍。商业地产保险、营业中断保险、职工的补偿、健康、飞机责任保险和一般的责任保险每一项赔偿都超过上亿美元。

很多欧洲的保险公司和再保险公司承担了大笔的保险损失。据德国最大的安联保险公司估计，公司将支付给纽约和华盛顿的客户7亿欧元，约合6.4亿美元的保险赔偿金；世界第二大再保险公司瑞士再保险公司损失估计约7.22亿美元；由沃伦·巴菲特投资控股的伯克希尔·哈撒韦公司和美国通用再保险公司总额估计高达10亿美元；法国的安盛保险集团损失达到4亿美元；法国再保险公司损失2亿美元；美国丘博保险公司损失更是高达12亿美元。日本的再保险公司因不堪巨额赔付而倒闭，曾在20世纪为"泰坦尼克"号赔偿巨额损失的大西洋互助保险公司这次也因不堪赔付而倒闭。"9·11"恐怖袭击事件后的世界股市开盘时，保险公司类股票应声下跌。

美国保险界并没有预测到"9·11"恐怖袭击事件，更没有预测到这会成为人类历史上最大的保险赔偿，所以他们先前并没有恐怖袭击之类的保险，也没有相关的附加保险费去支付这类损失。沃伦·巴菲特在一封写给伯克希尔·哈撒韦公司讨论2001年第三季度保费收入的信件中写到："我们都很愚蠢，我们和其他保险公司竟然都没有对这类恐怖袭击行为设置附加保险费！"出乎意料、数额庞大的保险赔偿金给保险公司造成巨额的开支，公司收入大幅度下滑。

事实上，早在1993年世贸中心就遭到一次恐怖袭击，还有1995年俄克拉荷马市也遭遇过一次爆炸恐怖袭击，但是美国的保险公司并没有把国内恐怖主义当成一种风险来对待，更没有明确把这种风险等同于其他种类的风险。这主要是因为之前的恐怖袭击造成的损失都很小。所以在"9·11"恐怖袭击事件发生之前，美国的商业保险和家庭保险中，并没有明确对恐怖主义进行承保。

"9·11"事件发生后，美国的保险公司发现对于大量的恐怖主义风险来说，很难从再保险公司获得赔偿以弥补恐怖袭击所造成的损失，很少有再保险公司能提供巨额的保险理赔金来赔付这类的恐怖主义保险。例如，在"9·11"事件发生之前，芝加哥奥黑尔航空公司以每年12.5万美元的保费投保7亿美元的保险赔偿额；然而在"9·11"事件之后，恐怖主义保费升到690万美元，并且只能提供1.5亿美元的保险赔偿额。

保险公司警告说，如果再发生一起同样大小的恐怖袭击，将会摧毁整个保险业。其实此言并不是无凭无据的，2000年美国的保险业资产超过

9210 亿美元，其中约有 5% 是现金储备和可以立即兑现的短期投资。保险公司进一步放言，规模庞大的恐怖主义的不确定风险，实际上是根本不可能被承保的。

2001 年 10 月，代表美国所有保险公司利益的美国保险服务局，向美国国会提交了一份各州保险业的请愿书，要求把恐怖主义排除在所有商业保险的承保范围之外。到了 2002 年初，由 50 个州所组成的美国，共有 45 个州允许保险公司把恐怖主义风险排除在所有商业保险承保范围之外。到 2002 年 9 月 11 日，"9·11" 事件一周年之际，美国只剩下寥寥几家公司敢于承保此类恐怖袭击保险。

这种退缩情形有悖于保险业的服务宗旨，几家私人企业集团呼吁美国联邦政府进行必要的干预。例如，建筑和房地产行业声称，恐怖袭击类保险的缺失，将延缓灾后重建工作，并严重影响整个建筑行业的发展。

为了回应恐怖袭击和上述呼吁，2002 年 11 月 26 日，美国国会通过了《恐怖主义风险保险法案》，其中规定联邦政府将与保险公司共同分担恐怖主义风险。当时的美国总统布什签署了这一法案。

《恐怖主义风险保险法案》规定，保险公司有责任与投保人签署任何种类的恐怖主义风险保险单，承保范围和免赔额一定要与非恐怖主义风险保险承保范围相同。但是，该法案并没有具体说明保险费率应如何制定。该法案规定只要国家安全局把非美国籍的外国人制造的事件定性为恐怖事件，或者一起事件损失超过 500 万美元，那么联邦政府和保险公司将共同分担损失。

联邦政府与保险公司共同承担损失的最高额度可达 1000 亿美元，政府承担 90% 的损失，保险公司承担 10%。如果损失超过 1000 亿美元，美国财政部将具体决定损失在保险公司和中央政府之间的分配比例。

美国国会要求美国财政部评估该法案的实际效果，并在 2005 年 6 月 30 日决定是否需要更新此法案，是否需要通过一份新的恐怖保险法案来代替它，还是应该把这类保险整个交给保险公司。

对于恐怖袭击保险，国外的专业保险公司已经经营了许多年，尤其是伦敦劳合社的保险市场，但是恐怖袭击保险需求量较少。美国 "9·11" 事件发生后，伦敦的保险商发现需要进一步完善恐怖袭击保险，同时投保人对这一保险险种的需求量猛增。劳合社的代理人引领着恐怖袭击保险市场的发展方向，该市场也不断扩大到美国、百慕大等其他国家和地区。

欧洲大陆的法国在恐怖保险立法方面也走在前列。1986 年 9 月 9 日，法国立法规定，保险公司均应为恐怖活动风险提供保险。2002 年，法国制定了《保险管理和恐怖主义法案》。同年，德国成立了埃克垂姆斯公司，它是由德国的私营保险公司和再保险公司所组成的公司，直接对恐怖主义风险进行承保。埃克垂姆斯公司的股东提供第一层 15 亿欧元风险保障，再保险公司提供第二层 5 亿欧元风险保障，以及德国政府提供第三层 80 亿欧元风险保障。

恐怖主义风险保险不仅需要私人保险团体的有效运营，而且还需要政府再保险作为有力支持。公共部门的介入有效地保障了私人保险公司对于恐怖风险保险的稳健支出，也减轻了恐怖袭击风险和一场恐怖袭击所带来的直接和间接的后果。保险不仅是分散风险的一种途径，而且是减少未来不幸事件所造成损失的一种良好方法。当一次大规模的恐怖袭击事件发生时，保险有助于国家、社会、民众的团结与稳定。2001 年 9 月 11 日，恐怖分子对美国的恐怖袭击，给全球保险业带来了巨额损失。但是保险业经历了数百年的风雨沧桑，已经有了牢固的根基，不会因一时的灾难而轰然坍塌，灾难只会促使人们吸取惨痛的教训，进一步走向成熟。随着 21 世纪的到来，信息化技术日新月异，保险业进入了大数据时代。

8. 保险业大数据时代的来临

随着计算机网络技术的逐渐成熟，移动宽带迅速提升，云计算、互联网应用更加丰富。更多的传感设备、移动终端接入网络，由此产生的数据及数据增长速度不断攀升，人类由此进入大数据时代。保险业的大数据时代也随之来临。早在 1980 年，著名未来学家阿尔文·托夫勒就在《第三次浪潮》一书中，将大数据热情地赞颂为"第三次浪潮的华彩乐章"。

当代美国作家罗伯特·托马斯在《大数据产业革命》这本书中讲述了一个真实的故事。

　　20 世纪 30 年代的某一天，乔治·伯纳德·丹齐格在美国伯克利分校的宿舍床上懒散地躺着，思考着接下来的 24 小时他要做什么和他的未来。他带着许多志向来到加利福尼亚大学的伯克利分校。但是正如经常发生的一样，志向被阻挡，他的愿望只能等到以后的某一天来实现。

　　正当他凝视前面的一幢楼时，看到了伯克利的萨瑟塔。突然间他重新获得了自信，认为他的未来仍然在自己手中掌控着，他仍然可以在这所大学的某个部门内部谋得一份教习，传播知识。

　　这个时候已是下午 3 时，乔治要准备第二天早上 8 时的最重要的一场考试。这场考试将决定他在伯克利的地位，他的未来再次变得不确定起来。明天的考试迫使他再次打开书包，通宵读书。他熬夜看书直到第二天早上 3 时，然后躺在床上休息了。

　　随着太阳逐渐升起，晨晖照亮了他的卧室，他睁开了眼，然后惊奇地发现，他为什么没有听到闹铃响。他立即感到事情不妙，立马从床上起身，抓起眼镜，看了一眼闹钟，上午 8 时 30 分。考试已经开始了整整 30 分钟！乔治立马穿上衣服，冲出了房门。

　　乔治跑步冲刺到考试楼，教授见到他露出惊讶的表情。教授以为他生病去医院，或者认为他对错过考试这种事并不会放在心上。乔治声音急促地解释了原因。教授也就让他进了考场并说到："乔治，如果你答完了考卷上的试题，就再做一做我在黑板上写的那三道有难度的附加题目。"

　　乔治进入考场后没有浪费一分钟时间，坐在前排很快地从试卷开头飞速作答。考试总共 3 个小时，所以当乔治在 8 时 50 分进入考场开始答题时，很多考生基本上做完了将近一半的题目。将近两个小时过后，乔治答完了试卷上最后一道题目，把目光转向了黑板上的那三道题，乔治是最后一个离开考场的。他清楚地记得他没有做完。乔治羞怯地走到教授面前，重新解释了他的情况，对没有时间完成黑板的题目感到抱歉。令人惊讶的是，教授再次给了他一次机会，让他回到寝室继续完成剩余的题目。

　　到了下午 3 时，距离他在卧室反思他的未来已经过去整整 24 个小时。乔治打算努力攻克其中一道题，放弃其他的题目。他花了 8 个小时，咬紧牙关攻克了第一道题目，对完成的难题信心满满。他跑出宿舍，穿过校园，把答案塞在了教授办公室门下,他再次回到宿舍已经是第二天1时了。

早上7时,乔治被电话铃声惊醒,电话是教授打过来的,他听到教授在电话中说到:

"乔治,我真不敢相信,你真正地解决了黑板上的一道方程式!这真是具有历史性意义的一天。"

乔治感到迷惑不解,问教授到底是怎么回事,教授回答到:

"乔治,当分发考试卷的时候,我告诉学生们写在黑板上的是三道不可解答的方程式。我希望他们在额外的时间里试着解决,但他们没有人能够解出。你完成了我们觉得不可能完成的事情!"

乔治用线性编程解决了一种方程式,事实上是种单纯形算法,这也是Microsoft Excel计算机求解程序的核心。如果当初乔治准时到达考场,听到教授告诉学生这是不能求解的难题,他或许取得不了这个历史功绩。乔治提出了单纯形算法,他对于统计学、运筹学、计算机科学和如今的大数据应用均有重大的贡献。

大数据的"大",一是指容量大,二是指价值大。随着互联网的发展,根据IBM公司公布的数据,截至2012年底,全世界的数据总量达到2.7ZB(1ZB约合1万亿GB)。这些数据量相当于美国国家图书馆所有藏书信息量的20倍,而且这一数据还在以每年翻一番的速度不断增加,预计到2020年全球数据总量将超过40ZB。这些数据将被电脑、硬盘、手机、平板等终端,以各种各样的方式存储起来,形成数据库。大数据的真正意义还在于大价值,价值主要通过数据的整合、分析和开放而获得。大数据的核心在于充分利用现实中呈爆炸式增长的数据,在其中发现新知识、创造新价值。大数据的本质是解决预测问题,保险业经营的核心是风险预测,所以大数据为保险业的发展提供了绝佳的机遇。

大数据时代已经开始在保险业掀起了新一轮的浪潮。多渠道进入海量的数据资源,再加上保险人利用主观分析能力,使以前的不可能变为可能。例如在汽车保险中的动态风险管理,动态风险管理是保险精算科学的一种加速形式。以前保险精算科学是收集所有相关数据,用模型和专业知识来考虑风险,然后作出决定。动态风险管理是基于时间流来作出实时决策。让我们用两个模型探讨一位22岁女性购买汽车保险的案例。

精算保险：收集所有与这位 22 岁女性相关的数据，其中包括她的驾驶记录、汽车类型、地点、犯罪记录等，把这些相关数据进行整合，利用概率、死亡率和复利等方法估算收益，最后基于这些因素，保险公司给这位女性提供汽车保险单。

动态风险管理：保险公司在她的车上安装一个传感器，每天收集她开车的路程和时间、行车路线、加速和减速时的加速度及她的目的地。当她开车时，传感器会检测汽车的移动。换句话说，这就是一套车载监控系统，保险公司会根据她的个人驾驶记录，不断给她的保险单定价。如果她的记录良好，保费就会被降低。保费是为她量身定做的，不是基于估算，而是基于实际的数据。

大数据为汽车保险公司提供了前所未有的精准数据，使保险公司能够更加深入地了解事故原因，更加准确地认识不同驾驶方式造成的事故风险。保险大数据也将反作用于汽车制造业，帮助其改进生产工艺，增强安全性能。据世界卫生组织估计，道路交通事故每年导致 120 万人丧生，给各国经济造成的损失占国民生产总值的 1%～3%。如今，一部分在道路上行驶的汽车使用了先进驾驶辅助系统（ADAS）等技术，这些技术帮助我们逐步减少汽车事故的发生。根据瑞士再保险公司的资料统计，到 2020 年，基本、先进和高级的各类 ADAS 预计可减少 4.3% 的道路交通事故量。

然而，动态风险管理应用范围远远超过驾驶保险和汽车保险。在大数据时代之前，用生命表、巨灾发生率表等纵向历史数据来判断死亡率、损失率。但在大数据时代，可以从生活作息、运动频率、兴趣爱好等多种横向维度来得出更直接、有效的结论，建立一种"动态生命表"的模式，这样就能够形成一种自主维护、动态展示的生命表，从而达到对保险标的的精确定价。

科技发明会不断地完善投保人个人的"动态生命表"，如常见的智能手环、智能手表、智能眼镜、智能手机和计步器等。这些智能科技可以很好地获取个人的运动状况、运动距离、运动量和睡眠质量等数据。此外，它们可以利用社交平台，让使用者与相关者进行指标的对比，从而起到一种激励的作用，推动使用者通过持续锻炼改善健康状况。不仅如此，它们甚至可以检测到使用者的一些健康数据，比如对心率、脉搏、呼吸频率、体温、热消耗量、血压、血糖、血氧、激素、BMI 指数和体脂含量的检测，帮助使用者动态管理自身的生理和健康指标。

如今，动态风险管理发展速度越来越快。2011 年 3 月，欧洲法院宣布，在保险合同中，把被保险人的个人性别作为一种风险因素构成歧视。到 2012 年 10 月，欧洲的保险公司不再根据被保险人的性别而制定不同的保险费率。为什么保险公司会把性别作为量化风险的一种方法呢？这是因为在此前，30 岁以下的男性开车出事故的概率是同龄女性的两倍。保险公司也有经验表明对于男性的索赔额是女性的 3 倍。

性别平等的理念决定了对年轻男性造成的盲目歧视是不公平的。所以需要用更加适合的指标来预测风险，而不是简单生硬地使用性别分析，这就需要基于个人真实的驾驶能力进行动态风险管理。动态风险管理可以应用到任何以数据为中心的保险过程中。在大数据时代，动态风险管理将变得很平常。

动态风险管理可以促使个人调整自身行为，使消费者对其自身的行为更负有责任。通过这种方式，保险可以提供一种价格信号来推动消费者过一种低风险的生活。

现代保险业开始接受新的风险管理方法，在业务流程中实现了自动化，提升了速度。互联网在线保险销售成为保险市场的重要销售渠道。消费者可以在网上接受保险报价，这只需要短短几分钟。这与过去相比，发生了巨大的改变。过去的保险销售需要经过多次面对面的会谈。保险单可以在线生成、获取，互联网的开放意味着保险公司可以在一天的时间内签署一系列的保险单。据《2016 年互联网保险行业研究报告》显示，2013 年互联网保费规模占总保费规模的 1.7%；2014 年互联网保费规模为 858.9 亿元，同比增长 186.3%，占总保费规模的 4.2%；2015 年互联网保费规模为 2234 亿元，同比增长 160.1%，占总保费规模的 9.2%。

保险公司不仅可以利用互联网签订电子保险单，而且还可以充分利用这一工具提升企业形象。美国安泰保险公司开发了一款名为"生命游戏"的社交游戏，玩家可以记录个人的健康和保健目标，也可以与其他人在线联系并分享目标。他们也可以将自己的目标发布在 Facebook 或 Twitter 上。这一举措提高了安泰保险的可见度和客户参与度，同时也提升了该品牌的知名度。

　　保险公司通过对大数据进行分析，使理赔追踪变得更加方便快捷。当运动型多功能车（SUV）首次出现在美国市场上时，保险公司就注意到其极高的翻车事故发生率。保险公司难以理解为何有如此高的事故率。这到底是因为车辆本身的原因，还是驾驶员的某些行为不当造成的呢？通过从头到尾研究相关的理赔数据，保险公司终于找到了罪魁祸首——某些型号SUV配备的特定品牌的轮胎。于是，保险公司根据代位求偿原则发起了针对这些轮胎生产厂家的追偿攻势。他们按照年份和车辆标识码从数据库中搜索出此前已经赔付过的案例，并以此进行追偿。

　　类似的追偿案例在电器行业也有出现，即对那些诱发火灾问题的烟囱和洗碗机的生产厂家进行追偿，召回数据和质保数据是发现这些问题的关键。使用图表分析、模式分析、群组网络图表分析、数据库及社会媒体等分析技术，保险公司可以更好地发现欺诈行为。从在线渠道和自动系统收集行为数据，可以帮助保险公司判断是否构成欺诈。这些模式可以用来对抗日益复杂的保险欺诈行为。

　　美国开发出一个保险反欺诈的共享理赔数据库NICB EyeQ。该数据库中的数据由会员单位提供，总共收录了超过3.5亿条与保险反欺诈相关的数据，这些信息向所有会员单位和执法部门开放。用户可以通过多字段查询，进行反欺诈数据比对。同时，这款数据库还配有300多名保险欺诈调查员，高效地审核各种索赔并向成员单位提供疑似欺诈信息和技术支持。

　　据统计，美国保险欺诈犯罪防治的投入产出比为1：27，即在防止欺诈犯罪上每投入1美元可挽回27美元的损失。

　　大数据能够创建复杂的风险模型，这种模型对于巨大的自然灾害尤为需要。据统计，20世纪50年代，自然灾害造成的全球损失总额不少于500亿美元；到20世纪60年代，该数额上升到700亿美元；到20世纪80年代，该数额则超过2000亿美元，而到了20世纪90年代，超过7000亿美元。不断增长的自然灾害损失驱使保险公司通过巨灾风险建模来管理、定价风险，以减轻损失。巨灾风险建模是指通过计算机测量自然灾害所引起的潜在损失。保险业正在使用越发复杂的风险模型来预测未来的巨灾损失。

　　面对大数据浪潮，世界各国政府积极作出反应，以应对新时代变革。

2012 年 3 月，美国国防部、能源部等联合发布了大数据专项研究计划——大数据研究和发展计划，计划投入 2 亿美元用于研究国家重大领域和行业所急需的大数据处理技术和工具。2013 年 1 月，英国商业、创新和技能部宣布，将注资 6 亿英镑发展八类高新技术，其中 1.89 亿英镑用来发展大数据技术。2013 年 4 月，法国经济、财政和工业部宣布，将投入 1150 万欧元用来支持 7 个未来与大数据相关的投资项目。2013 年 2 月，中国科技部公布了国家重点基础研究发展计划，其中大数据计算的基础研究是重要支持方向之一。

当代著名的发明家、思想家、语言学家库兹韦尔写过一本名为《奇点临近》的书，该书揭示了科技发展给人类社会带来的巨大影响。作者在书中写到："人类社会发展到今天，正不断地临近一个奇点。奇点是一种可以撕裂人类历史结构的能力，它的突出影响是改变人类理解能力的本质。"

一场无声的革命正在悄然进行。大数据就是一个奇点，也是这场无声革命的推动者。它必将改变我们的思维方式、行为方式和日常生活，也必将改变世界保险业。世界保险史将随之揭开新的篇章。